Kriegsschiffe in der Erprobung

Anatoli Iwanowitsch Sorokin
Wladimir Nikititsch Krasnow

Kriegsschiffe in der Erprobung

Militärverlag der Deutschen Demokratischen Republik

Originaltitel: **Корабли проходят испытания**

Ins Deutsche übertragen von Dr. Egbert Broßmann und bearbeitet von Kapitän zur See Hans Mehl

Sorokin, Anatoli Ivanovič;
Krasnov, Vladimir Nikitič:
Kriegsschiffe in der Erprobung/von
A. I. Sorokin; W. N. Krasnow.
– 1. Aufl. – Berlin: Militärv. d. DDR, 1989
– 224 S.: 113 Ill. –
Übers. aus d. Russ.

ISBN 3-327-00764-0

1. Auflage

Lizenz-Nr. 5
Printed in the German Democratic Republic
Gesamtherstellung: IV/10/5 Druckhaus Freiheit Halle
Lektor: Fregattenkapitän Hans-Ulrich Geburzi
Typografie: Günter Molinski
Zeichnungen: Kramer (4), Kuhlmann (1)
Einbandgestaltung: Wolfgang Ritter
LSV: 0559
Bestellnummer: 747 194 2
01380

Inhaltsverzeichnis

An die Leser

Das ist wohl das erste Buch über Prüfungen und Prüfer von Kriegsschiffen der russischen und sowjetischen Flotte. Die Autoren – Held der Sowjetunion Vizeadmiral Anatoli Iwanowitsch *Sorokin* und der Doktor der Militärwissenschaften Kapitän zur See Wladimir Nikititsch *Krasnow* – sind nicht nur Seeoffiziere, sondern gleichfalls erfahrene Schiffsprüfer. Sie schrieben ein Buch über ein Gebiet, in dem sie sich gut auskennen und viele praktische Erfahrungen gesammelt haben. Es ist allgemein bekannt, daß jedes Schiff vor der Übernahme in die Flotte eine wichtige Prüfung, die staatliche Abnahme, bestehen muß. Von der vollständigen und sorgfältigen Erprobung der Kampf- und Fahreigenschaften und der Seetüchtigkeit sowie der technischen Anlagen hängen die Sicherheit des Schiffes und der erfolgreiche Dienst in starkem Maße ab. Die Abnahme, oder wie man früher sagte, die Probe, durchliefen schon die Segelschiffe im 18. Jahrhundert. Davon zeugen die Eintragungen jener Zeit in den Schriften des Admiralitätskollegiums. Die Seetüchtigkeit, das Aus- und Einbringen der Segel und die Artilleriebewaffnung wurden eingehend überprüft. Selbstverständlich änderten sich die Prüfungsprogramme wesentlich mit dem Aufkommen der Dampfschiffe, die mit Propellerantrieb ausgerüstet waren. Es wurden Geschwindigkeitstests in eine Meßstrecke einbezogen. Die Methodik dieser Prüfungen erarbeitete und verwirklichte in der Praxis der bedeutende Wissenschaftler und Schiffbauer *A. N. Krylow*. Äußerst schwierig gestaltete sich die Auswahl der optimalen Antriebspropeller, an deren Lösung sich u. a. auch *D. I. Mendelejew* beteiligte. Bei aller Vielfalt waren die Prüfungen jener Periode mit ernstlichen Mängeln behaftet. Systemlosigkeit und unzureichende Vollständigkeit hatten in einer Reihe von Fällen tragische Folgen. So wurden im Laufe des Russisch-Japanischen Krieges gewichtige Schwachstellen in bezug auf die Kampfeigenschaften einiger Schiffe offensichtlich, die bei den Abnahmeprüfungen nicht aufgedeckt worden waren. Das bewog das Marineministerium, neue Wege zur Vervollkommnung der Schiffsabnahme zu suchen. Infolgedessen wurde 1909 die «Ständige Kommission» für die Schiffsprüfung der Seekriegsflotte gebildet.

Die «Ständige Kommission» für die Schiffsprüfung der sowjetischen Flotte wirkt seit 1927, als begonnen wurde, eine große sowjetische Seekriegsflotte aufzubauen. Von da an war ein einheitliches und streng reglementiertes Schiffsprüfungssystem gültig, womit in den Jahren vor dem zweiten Weltkrieg über 600 Kampfschiffe geprüft und an die Flotte übergeben wurden. Der Bau und die Abnahmeprüfungen von Schiffen wurden auch in den schweren Jahren des Großen Vaterländischen Krieges nicht unterbrochen. Im Krieg waren die Schiffe der sowjetischen Seekriegsflotte härtesten Anforderungen ausgesetzt, die sie ehrenvoll bewältigten.

Dieses Buch vermittelt einen interessanten Einblick in die Geschichte des russischen und sowjetischen Schiffbaus, von den Segelschiffen der Epoche *Peter I.* bis zu den kernkraftgetriebenen Schiffen.

Held der Sowjetunion
Flottenadmiral *G. Jegorow*

Schiffsprüfer

Über Prüfer neuer Techniken, insbesondere über Testpiloten, ist nicht wenig geschrieben worden, aber von Schiffsprüfern ist nur einigen etwas bekannt. So einen wichtigen, interessanten und in gewisser Beziehung heldenhaften Beruf gibt es aber.

Ein neues Schiff entstand: ein Atom-U-Boot oder ein U-Boot-Abwehr-Kreuzer, ein Minensuch- und -räumschiff oder Raketenschnellboot – unterschiedliche Klassen und Typen moderner Kriegsschiffe. Die Abnahmeprüfung in See ist eine schwierige und nicht ganz ungefährliche Angelegenheit. Es werden Raketen und Wasserbombenwerfer, Reaktoren und Turbinen, Funkmeß- und Navigationsanlagen sowie elektronische Nachrichten- und Steuereinrichtungen geprüft.

Für jedes Schiff ist die See-Erprobung das schwerste Examen. Wenn bei normalem Einsatz die Wetterprognose mit Sturmwarnung die Seeleute nicht erfreut, suchen dagegen die Schiffsprüfer geradewegs Stürme und Orkane. Das Schiff legt mitunter Tausende Meilen durch Meere und Ozeane, in Polar- und Äquatorgebieten auf der Suche nach extremen Wetterbedingungen zurück, unter denen seine Kampfeigenschaften erhalten bleiben müssen. Der U-Boot-Abwehr-Kreuzer MOSKWA überquerte fast den gesamten Atlantischen Ozean, bis er den «geforderten» Sturm vorfand. Die Prüfer erprobten die Seetüchtigkeit des Kreuzers im Ozean bei taktischem Waffen- und Technikeinsatz.

Beim ersten Tieftauchversuch eines U-Bootes wächst mit jedem Meter der Druck auf den Schiffskörper. Wenn beim Schweißen der geringste Fehler zugelassen wurde und infolgedessen im Druckkörper ein mikroskopisch kleines Loch bleibt, schießt ein scharfer Wasserstrahl in den Innenraum, und es bildet sich ein Nebelschleier, der die Handlung der Mannschaft unter Havariealarmbedingungen erschwert. Die Katastrophe des amerikanischen Atom-U-Bootes THRESHER im Jahre 1963 trat eben gerade während eines Tieftauchversuches ein.

In der sowjetischen Seekriegsflotte wird einer bestimmten Offiziersgruppe die verantwortungsvolle Aufgabe der Schiffsprüfung übertragen. Die Prüfer müssen nicht nur ein grundlegendes taktisches und technisches Wissen besitzen, sondern auch Willensqualitäten, Mut, Reaktionsschnelligkeit und Entschlußkraft, um richtige Entscheidungen in Sekundenschnelle in konkreten Situationen treffen zu können.

Der erste Raketenstart von einem Schiff, das erste Artillerie- oder Torpedoschießen ist mit einem gewissen Risiko verbunden. Der Konstrukteur einer neuen Waffe kann nicht jede auftretende Situation voraussehen und berücksichtigen. Die Erprobungen an Land unterscheiden sich wesentlich von denen auf dem Schiff. Aber die Erfahrung und das Können, der Mut und die Selbstbeherrschung des Prüfoffiziers helfen ihm.

Das Schiff legt vom Ausrüstungskai ab und begibt sich zur Probefahrt. Die Erbauer und Seeleute sind gespannt, wie sich das Schiff auf seiner ersten Fahrt bewährt.

«Bei Fahrt unter Segeln und voller Ladung erproben...»

Als erstes russisches Kriegsschiff gilt das 22-Kanonen-Schiff ORJOL mit einer Wasserverdrängung von 250 t. Es wurde im Dorf Dedinowo an der Oka bei Koloma 1668 erbaut und war als Geleitschiff für Kauffahrer im Kaspischen Meer gedacht.

Die ORJOL wurde in Nishni Nowgorod mit Artillerie bestückt.

Es sind keine detaillierten Schilderungen über die Erprobungen und Abnahmen dieses 3-Mast- und 2-Deck-Schiffes überliefert. Es ist jedoch bekannt, daß auf der ORJOL «aus den Kanonen ein Pulverschuß abgegeben wurde, alle Kanonen unversehrt geblieben sind und das Schiff damit geeignet war», worauf der Zarenerlaß folgte:

«Das Schiff, welches im Dorf Dedinowo gebaut wurde ... soll den Namen ORJOL erhalten. Am Bug und Heck soll ein Adler (russ. Orjol) angebracht und auf den Fahnen und Flaggen Adler aufgestickt werden.» [1]

Der ORJOL war allerdings ein unglückliches Schicksal beschieden. Viele Jahre lag es ohne Aufgabe in einem Nebenfluß der Wolga im Astrachaner Gebiet, und dann wurde es baufällig.

Das erste russische Kriegsschiff – die ORJOL

Die Schiffsliste der russischen Seekriegsflotte beginnt mit der ORJOL. Offiziell ist der 20. Oktober 1696 das Geburtsdatum der russischen Seekriegsflotte, als auf Drängen *Peter I.* nach der Einnahme der türkischen Festung Asow die Bojarenduma beschloß: «Kriegsschiffe sollen sein.»

Unter *Peter I.*, der zu Recht als Gründer der Flotte angesehen wird, wurden viele Werften eröffnet. Die erste staatliche Kriegsschiffswerft – die Solombalsker – wurde von *Peter I.* in Archangelsk eingerichtet. Im Jahre 1694 lief dort das erste 3-Mast-Kriegsschiff mit starker Artilleriebewaffnung, die Fregatte ST. PAWEL, vom Stapel, die mit 24 Kanonen ausgerüstet war, und bis 1701 waren schon sechs Schiffe fertiggestellt. In der Nähe von Cholmogor sind auf der Werft von den Kaufleuten *Bashenin* ebenfalls Kriegsschiffe gebaut worden.

Um die Gründung der Baltischen Flotte zu beschleunigen, beschloß *Peter I.* im Jahre 1708, Linienschiffe und Fregatten in Archangelsk bauen zu lassen. Dort wurden sieben 52-Kanonen-Linienschiffe und drei 32-Kanonen- Fregatten fertiggestellt, die bekannt wurden als die «Archangelsker». Die Schiffe wurden von Archangelsk nach Reval (heute Tallinn) um die skandinavische Halbinsel herum übergeführt.

Im Jahre 1713 lief in Archangelsk noch das Linienschiff GAWRIIL vom Stapel. Zwei Jahre später allerdings wurde der Kriegsschiffbau auf dieser Werft eingestellt. Die Baltische Flotte wurde mit in Petersburg und im Ausland gebauten Schiffen aufgefüllt. Der Kriegsschiffbau in Archangelsk wurde erst nach dem Tod *Peter I.* wieder aufgenommen.

Aus der Woronesher Werft kamen jene Schiffe, die die Armee bei der Einnahme von Asow unterstützten. Am 19. November 1698 eröffnete *Peter I.* feierlich den Bau des ersten Flaggschiffes, des 58-Kanonen-Schiffes PREDISTINAZIJA. Innerhalb von zwei Jahren war es fertiggestellt und unter voller Takelage in See gründlich überprüft worden.

Der Schiffskörper zeichnete sich durch gute Proportionen und fließende Linienführung aus. Die PREDISTINAZIJA, bis 1712 im Dienst, hatte eine gute Stabilität, war sehr manövrierfähig und das schnellste Schiff in der Asow-Flotte. *Peter I.* äußerte sich begeistert über dieses Schiff: «Sehr schön, ordentlich proportioniert und künstlerisch gestaltet sowie groß gebaut.»

Die Asow-Flotte, die in Woronesh erbaut wurde, wuchs und gedieh schnell. Schon im Sommer 1699 kreuzte das russische Geschwader mit zehn Schlachtschiffen, 11 Galioten und 13 Brigantinen im Asowschen Meer, was für die türkische Seite nicht belanglos sein konnte. Sie unterschrieb schließlich den Friedensvertrag, der Asow, Taranrog, die gesamte Küste des Asowschen Meeres und die Steppe bis zum Dnepr für russisches Gebiet erklärte.

Auf Erlaß *Peter I.* wurde 1702 die Sjasker Werft für den Bau der zukünftigen Baltischen Flotte gegründet. «Im jetzigen Jahr 1702 ... werden für die Verteidigung und Abwehr der schwedischen Truppen auf dem Ladogasee sechs 18-Kanonen-Schiffe am Fluß Sjas, 30 Werst (altes russisches Längenmaß, 1 Werst = 1.06 km) vom Ladogasee entfernt, stationiert», lautete der Erlaß des Zaren. [2]

Am 1. Mai 1702 erfolgte auf dieser Werft die Kiellegung und nach sieben Monaten der Stapellauf zweier Fregatten. An ihren Masten wehten jedoch keine Seekriegsflaggen. Die Abnahmekommission, die die Erprobung vornahm, schätzte sie als untauglich ein.

Während der Probefahrt zeigten sie sich nicht besonders seetüchtig, und der Schiffskörper war stellenweise undicht. Die Eile, mangelnde Erfahrung und auch die Verwendung von frischem Holz für den Schiffbau traten zutage. Der Hauptbaumeister der ersten Schiffe für die Baltische Flotte, der Nowgoroder *I. J. Tatischtschew*, mußte die Fregatten schnell in Brander umrüsten, die AETNA und VESUV genannt wurden.

Um eine erneute Blamage zu vermeiden, wies *Peter I.* an, die nächsten Schiffe, die 28-Kanonen-Fregatten MICHAIL ARCHANGEL und IWAN GOROD, «ohne Eile, mit Bedacht» zu bauen. Und die Schiffe erfüllten die Erwartungen des Zaren. Die Erprobungen bestätigten eine gute Seetüchtigkeit, der Schiffskörper war dicht. Die MICHAIL ARCHANGEL wurde von *Peter I.* besonders hervorgehoben, der die Fregatte zum «Flaggschiff» ernannte und auf ihr seine Flagge hißte. (Die dem Namen nach ähnliche ARCHANGEL MICHAIL war ein in Archangelsk 1712/13 von *Gerens* gebautes 52-Kanonen-Schiff.)

Die Olonezker Werft wurde ebenfalls 1702 auf Befehl des Zaren auf dem Lodejner Feld am Fluß Swir gegründet. Das erste Schiff, das vom Stapel lief, die Fregatte STANDART, wurde unter dem Kommando *Peter I.* 1703 nach Petersburg zur Bewaffnung und Erprobung übergeführt und verblieb bis 1729 im Dienst.

Sofort nach der Gründung der neuen russischen Hauptstadt an den Ufern der Newa, Sankt Petersburg, beschloß *Peter I.*, hier das Zentrum des Schiffbaus zu errichten. Die Grundsteinlegung der Werft war 1704, der Kriegsschiffbau blühte aber erst richtig nach den Siegen bei Poltawa und der Einnahme des schwedisch besetzten Wyborg (1709/10) auf.

Im Juni 1712 lief das erste große 54-Kanonen-Schiff, die POLTAWA, vom Stapel, das von *Peter I.* und *F. Sklajew* projektiert worden war.

Als Beginn des Schiffbaus in Petersburg gilt die Kiellegung des Schiffes NADESHDA von *F. Sklajew* im Jahre 1706 auf der Hauptadmiralitätswerft. Bald wurde das Schiff nach Kronstadt übergeführt, wo es ausgerüstet, bewaffnet und später erprobt wurde.

Die POLTAWA (Länge 39,6 m, Breite 11,6 m) war das erste Schiff, das in ausgezeichneter Qualität ohne jegliche Hilfe von Ausländern gebaut worden war. Die Grundabmessungen entsprachen der verbindlichen Tabelle «der guten Proportionen», und es hatte eine gute Manövrierfähigkeit und Seetüchtigkeit. Zusammen mit *F. Sklajew* hatte *Peter I.* die Tabelle der typisierten Grundabmessungen von Schiffen verschiedener Klassen («gute Proportionen») erstellt. Mittels Zarenerlaß waren Abweichungen von dieser Tabelle streng verboten.

Das hohe Heck war mit einem Schnitzwerk versehen, das sinnbildlich den Sieg über die Schweden bei Poltawa 1709 darstellte. Die Bewaffnung bestand aus 18-Pfund-Batterien auf dem Unterdeck, und auf dem Oberdeck waren 12- und 3-Pfund-Kanonen aufgestellt.

Die Bestimmung des Waffenkalibers in Gewichtseinheiten wurde in Rußland mittels einer Verfügung *Peter I.* eingeführt. Das Gewicht einer gußeisernen Kugel von 2 Zoll (50,8 mm) Durchmesser entsprach dem sogenannten Artilleriepfund (etwa 1,2mal größer als das «Handelspfund»). Somit wurde eine Kanone mit doppelt so großem Kaliber, 4 Zoll, in jener Zeit «8-Pfund-Kanone» genannt. (Der Rauminhalt und das Gewicht wachsen in der dritten Potenz in Abhängigkeit vom Durchmesser.)

Nebenbei bemerkt: *Sklajew* baute nicht nur Schiffe, sondern führte auch anderweitige Aufträge der Flotte aus. So erklärte er die in Finnland gebauten, zum Übersetzen von Artillerie und Lasten der russischen Landungstruppen gedachten Boote als untauglich. Nach einer Überprüfung verwies *Sklajew* auf die schwache Ausführung der Boote. Bestenfalls konnten die Boote «zum Überführen von Proviant und anderen leichten Ladungen» eingesetzt werden, nie aber Kanonen transportieren. Viele Schiffe wurden im Beisein von *Peter I.* getestet. Es ist beispielsweise bekannt, daß ihn die Erprobungsergebnisse des 3-Deck- und 80-Kanonen-Linienschiffes FRIDEMAKER sehr befriedigten, das vom Zarenliebling *F. Sklajew* gebaut wurde. Das Schiff lief unter dem Kommando *Peter I.* aus und zeigte «eine gute Seetüchtigkeit und leichte Fahrt». Die FRIDEMAKER verblieb 15 Jahre in der Baltischen Flotte.

Nach der Erprobung der INGERMANLAND (64 Kanonen) schrieb *Peter I.* dem Schiffbaumeister *R. Koseniz* folgende Beurteilung: «Ich erkläre Ihnen, daß das Schiff unter Segeln ausgezeichnet läuft und es das beste ist, besser als sein Schwesterschiff, und die Erprobung bestanden hat.» [3]

Nach dem Muster der INGERMANLAND wurde auch die MOSKWA gebaut. Unter *Peter I.* wurden bis 1725 auf 25 Werften insgesamt 100 Linienschiffe, ungefähr 200 Brigantinen und über 300 Galeeren gebaut.

Die Abnahmeprüfungen waren eine Pflichtetappe auf dem Weg von der Kiellegung des Schiffes bis zur Übernahme in die Seekriegsflotte. Niederschriften über solche Prüfungen findet man im Buch des Admiralitätskollegiums: «Am 19. Juni 1729 hörte das Kollegium den Admiral und Vizepräsidenten zu den diesjährigen Schiffserprobungen an. Ohne Ausnahme waren alle seetüchtig, um so mehr die PETER I. UND II., die bei allen Erprobungen gut war, in der Fahrt, der Festigkeit, unter Segeln und beim Wenden, im Bau ohne Fehler sowie in der künstlerischen Gestaltung, so daß man den großen Meister für seine Kunst und Arbeitsmühen loben sollte. Obwohl die Fregatte ROSSIJA, entgegen den Erwartungen, nicht ganz so schnell war, wurde dem Kapitän *Nikolas* angewiesen, im weiteren die erforderlichen Handlungen in der Kreuzfahrt unter Segeln auszuprobieren. Nach Anhörung des Kollegiums wurde für diese Schiffe eine Erprobung in Anwesenheit des Admirals und Vizepräsidenten *Siwers* befohlen, und darüber ist dem Obersten Geheimen Rat zu rapportieren und noch zu erklären, daß das Schiff PETER I. UND II. nach den Zeichnungen des seligen und hochgerühmten Imperators *Peter des Großen* gebaut wurde und alle Belange berücksichtigt wurden, die Festigkeit, die Fahreigenschaften unter Segeln und der gute Zustand, damit sein Werk unvergeßlich und gerühmt sei. In das Revaler Hafenkontor ist ein Erlaß zu schicken, für die Erprobung der Fregatte ROSSIJA und der Suche nach gebührenden Handlungen unter Segeln von dem bestimmten Kommandeur.» [4]

Nach Abschluß der Erprobung der Fregatte ROSSIJA tagte das Admiralitätskollegium am 3. September 1729 erneut und hörte «den Bericht aus dem Revaler Kontor, daß die Fregatte ROSSIJA mit dem Schiff PRINZ JEWGENI zusammen unter Segeln erprobt wurde und um vieles besser war als die PRINZ JEWGENI. Eine Abmessung weist eine Differenz von 15 Zoll auf, und sie hat nicht zu dichte Stagen und Wanten.»

Und hier die Niederschriften aus den Büchern von 1737 zu den Abnahmeprüfungen der neu erbauten Schiffe: «Entsprechend dem Rapport in Kronstadt ist Admiral *Gordon* ein Erlaß zu schicken, das in Archangelsk eingelaufene Schiff NEPTUNIUS bei Fahrt unter Segeln und voller Ladung zu erproben, wenn jenes mit Proviant aus Reval ausläuft. Über den Zustand bei der Überprüfung ist dem Kollegium zu rapportieren.» [4, S. 294]

Interessant sind die Resultate der Vergleichsprobefahrten von verschiedenen Schiffen und die Einschätzung ihrer Kampfeigenschaften und Seetüchtigkeit, die in jenem Buch enthalten sind.

«Im Rapport der kommandierenden Offiziere zur See-Erprobung der Kanonenschiffe und Prahmen sowie den Mitteilungen zur Artillerie von dem Rat *Liman* und Kapitän *Okulow* wird berichtet, daß die Schiffe bei Fahrt unter Segeln am Wind und bei Backstagbrise besser als die Fregatte WOIN waren und die Prahme bei Segelfahrt den Fregatten nicht folgen konnten. Was die Wirksamkeit der Schiffe für das Gefechtsfeuer aus Mörsern und Haubitzen betrifft, entspricht es den Dreimastschiffen, jedoch erreicht es jene nicht ganz.» [4, S. 708]

Vergleichsproben wurde auch die Fregatte MITAU unterzogen, die von den russischen Schiffbauern *G. A. Okunew* und *I. S. Ramburg* erbaut wurde. Die Prüfungen leitete der Admiral *T. Gordon* auf der Krasnogorsker Reede im Finnischen Meerbusen. Der Admiral berichtete dem Admiralitätskollegium, daß bei den Erprobungen in Fahrt als auch vor Anker die Fregatte MITAU, die «nach französischer Manier», d. h., der Längsfestigkeit wurde die größte Aufmerksamkeit gewidmet, gebaut war, eine bessere Seetüchtigkeit aufwies als die nach gewöhnlichem Muster gebaute Fregatte gleichen Typs ROSSIJA von Meister *R. Brown*.

Als Auszeichnung für die solide Fregatte ZARIN ANNA IWANOWNA wies der Oberintendant an, «für die Wäsche eine Truhe oder ähnliches zum gängigen Preis für *Okunew* und *Ramburg* kaufen» und «jeden außerhalb des Lohnes 300 Rubel aushändigen.» [5]

Die von *Okunew* und *Ramburg* gebauten 54-Kanonen-Schiffe ASTRACHAN und ASOW erprobte Kapitän *Barsch*, worüber im Buch des Admiralitätskollegiums eine Eintragung existiert: «Am 4. August 1737 wurde der Rapport Kapitän *Barschs* über die Erprobung der Schiffe ASOW und ASTRACHAN auf der Fahrt von Kronstadt nach Reval angehört. Obwohl *Barsch* in dem Rapport den Zustand der Schiffe und gründlich die Bemerkungen darlegt, ist in demselben Rapport nicht alles erklärt. Deshalb wies das Kollegium an, *Barsch* einen bestätigten Erlaß zu schicken, daß er von den Schiffen, auf denen er war, einen ausführlichen Rapport verfassen soll. Von den anderen Schiffen soll er von den Kommandanten detaillierte Informationen einholen und sie an das Kollegium senden.» [4, S. 56] Diese Schiffe befanden sich 16 Jahre in Dienst, wobei die ASTRACHAN 1749 an Vergleichsprüfungen mit einem neuen Schiff teilnahm. «Das geprüfte neu gebaute Schiff ALEXANDER NEWSKI und die Schiffe KRONSTADT und ASTRACHAN liefen wohlbehalten in den Kronstädter Hafen ein, und Kapitän *Kejser* rapportierte dem Hafenkontor, daß das geprüfte Schiff bei den Probefahrten am Wind, halben Wind, Backstagbrise und vor dem Wind die Schiffe KRONSTADT und ASTRACHAN hinter sich ließ und die schnellsten Wendungen vollführte.» [4, S. 63] Das Kollegium schrieb vor, die Schiffe bei voller Ladung zu prüfen, dabei den Tiefgang am Bug und Heck zu ermitteln und die Probefahrt «vor dem Wind, am Wind und insbesondere mit Wendungen» durchzuführen. Außerdem waren unbedingt das Fallen und Einholen des Ankers zu überprüfen und alle Mängel, «schwerwiegende und auch kleine», zu berücksichtigen. Die See-Erprobung von neuen Schiffen dauerte im allgemeinen einen Monat. So wurden auf Befehl des Vizepräsidenten des Admiralitätskollegiums Graf *Kuschelew* die neuen Schiffe BLAGODAT und ARCHISTRATIG MICHAIL am 15. Juli unter dem Kommando von Kapitän *Stengel* auf Probefahrt beordert und liefen am 15. August 1801 wieder in den Hafen ein. Aus den Niederschriften in den Büchern des Admiralitätskollegiums folgt, daß die Fahrtprüfungen der gebauten Schiffe von Offizieren abgenommen wurden, die nicht der Schiffsbesatzung angehörten. Im allgemeinen nahmen Offiziere des vorgesehenen Heimathafens unter Leitung von Flaggoffizieren und Stabskommandeuren teil. So nahm der herausragende Flottenführer *F. F. Uschakow* oft an Abnahmeprüfungen teil. Noch Fregattenkapitän, prüfte er 1782 die Fregatten PROWORNY und ST. MARK. *Uschakow* würdigte Neuerungen jener Schiffe: Ihr Holzrumpf hatte am Unterwasserteil Kupferplatten. 1796 leitete Admiral *Uschakow*, schon Befehlshaber der Schwarzmeerflotte, die Abnahmekommission für die 74-Kanonen-Schiffe SACHARIJ und ELISABETH, die in Cherson nach einem Projekt des Schiffbauers *A. S. Katasanow* gebaut worden waren.

Die Besatzung (oder wie man damals sagte, die «Kader») wurde im allgemeinen sofort nach der Kiellegung des Schiffes zusammengestellt und auf die Werft befohlen. Diese Praxis stammt aus der Zeit *Peter I.* von dem Mitstreiter des Zaren, *A. D. Menschikow*, der richtig erkannt hatte, daß der Kommandant am meisten an einem qualitätsgerechten Schiff interessiert sei. *Menschikow* berichtete am 21. Januar 1717 *Peter I.*: «Für die Schiffe, die im nächsten Frühjahr vom Stapel laufen, bestimmte ich zwei Kapitäne: *Gofta da Nauma* und *Senjawin*, damit in meiner Abwesenheit beim Bau keine Fehler zugelassen werden. Und ich machte ihnen Hoffnungen, daß sie im nächsten Frühjahr Kommandanten der Schiffe werden, damit sie um so eifriger bei der Direktion auftreten.» [4, S. 14]

Die Teilnahme der Besatzung am Bau des Schiffes war Pflicht. Sie wurde mittels Anordnung vom Chef des Marinestabes verfügt: «... daß die Stabs- und Oberoffiziere jeder Besatzung sich unbedingt bei dem Schiff aufhalten, für das sie bestimmt sind, und während der Bauzeit die Arbeiten und die Qualität des verwandten Holzes beaufsichtigen. Die Unteroffiziere und Matrosen werden unter Aufsicht des Kommandeurs und der Offiziere zu Schiffsbauarbeiten herangezogen.» [6, S. 38]

In Archangelsk wurde 1821 die 36-Kanonen-Fregatte KREJSER, Wasserver-

Fregatte PALLADA
(Federzeichnung)

drängung 650 t, gefertigt. Am Bau und an der Abnahme beteiligte sich die Mannschaft unter dem Kommando von *M. P. Lasarew*, des späteren berühmten Admirals. Die Fregatte zeigte bei den Erprobungen eine ausgezeichnete Seetüchtigkeit.

Russische Fregatte PALLADA
Stapellauf: 1. 9. 1832; Bewaffnung: 18× 24-Pfund-Karronaden, 32× 18-Pfund-Kanonen, 2 Landungsgeschütze; Besegelung: 1 – Außenklüver, 2 – Klüver, 3 – Vorstengestagsegel, 4 – Stagfock, 5 – Fock, 6 – Vormarssegel, 7 – Vorbramsegel, 8 – Vorroyalsegel, 9 – Vorgaffelsegel, 10 – Großbramstengestagsegel, 11 – Großsegel, 12 – Großmarssegel, 13 – Großbramsegel, 14 – Großroyalsegel, 15 – Großgaffelsegel, 16 – Kreuzbramstengestagsegel, 17 – Kreuzmarssegel, 18 – Kreuzbramsegel, 19 – Kreuzroyalsegel, 20 – Besan

14
13
19
18
16
12
17
20
15
11
0
10
20
30

8
7
10
6
1
2
9
3
5
4
40
50m

Das zaristische Linienschiff ASOW vor dem Wind

Lasarew schrieb: «Ich kann die ausgezeichnete Qualität nicht genug loben, die die Fregatte KREJSER ... bei starkem Wind unter Beweis stellte.» [7] *M. P. Lasarew* nahm auch am Bau des Linienschiffes ASOW in Archangelsk teil. Hierbei schlug er beispielsweise vor, am Unterwasserteil Kupferplatten anzubringen und die Artilleriebewaffnung zu verstärken. Die Erprobungen der ASOW sind in Kronstadt im September 1826 durchgeführt worden. Die Abnahmekommission fand am Schiff «vieles wirklich ausgezeichnet, sehr passend und nützlich für die Flotte». Für die Tapferkeit, Kühnheit und das seemännische Können der Besatzung in der Nawarinsker Schlacht wurde der ASOW erstmals in der Geschichte der russischen Flotte die höchste Auszeichnung für vorbildlichen Kampfeinsatz – die Georgsflagge am Heck – verliehen. Die ASOW war das erste Gardeschiff der russischen Flotte.

Die Besatzung von neuen Schiffen wurde mittels «höchster Verfügung des Za-

Der 110-Kanonen-Dreidecker IMPERATOR ALEXANDER I. (1827)

ren» aus dem Flottenpersonal bestimmt, die der Chef des Marinestabes bekanntgab: «11. März 1826. Für die in Petersburg im Bau befindlichen Schiffe werden folgende Besatzungen zusammengestellt: für das 74-Kanonen-Schiff ALEXANDER NEWSKI – aus der 14. Flotte, für das 110-Kanonen-Schiff IMPERATOR ALEXANDER I. – aus der 15. Flotte und für das 84-Kanonen-Schiff IMPERATORIN ALEXANDRA – aus der 16. Flotte. Jede Besatzung hat aus 200 Matrosen und entsprechender Anzahl von Offizieren und Unteroffizieren und nichtmilitärischen Dienstgraden zu bestehen. Mit den Matrosen sind ebenfalls die Kronstädter Mannschaften aufzufüllen, deren Fregatten und andere Kriegsschiffe auslaufen. Mit der Vorbereitung zum Stapellauf der neuen Schiffe ist die Besatzung mit Matrosen von anderen Schiffsmannschaften aus den oben geannten Flotten entsprechend der Personalvorschrift aufzufüllen. Vizedirektor *Butakow*.» [6, S. 18]

Im Dezember 1826 wurde die Kontrolle des Schiffbaus den soeben gegründeten Schiffsingenieurkorps übertragen. Der Befehl des Admiralitätskollegiums lautete: «Die heutigen Schiffbaumeister, wie Draftsmam, Timmerman, Offiziersdienstgrade, werden in Schiffsingenieure umbenannt ... Der Generalmajor *B. S. Katerin* vom Schiffsingenieurkorps erhält die Kontrollbefugnis für die Festigkeit und qualitätsgerechte Ausstattung der Schiffe, für die Projekte und Zeichnungen zum schiffbautechnischen Teil und aller dem Aufgabengebiet entsprechenden Arbeiten.» [6, S. 18].

Der Stapellauf der Schiffe erfolgte gleichfalls auf Zarenbefehl: «Der Imperator befiehlt, das auf der Ochtinsker Werft gebaute 74-Kanonen-Schiff ALEXANDER NEWSKI morgen, am 7.(Dezember 1826) um 10.00 Uhr, ohne Zeremonie zu Wasser zu lassen und danach dort das 74-Kanonen-Schiff WELIKI KNJAS MICHAIL auf Kiel zu legen.» Für einen Stapellauf erhielten die Erbauer, darunter die Schiffsingenieure, eine Belohnung. «Für ein Linienschiff oder eine Fregatte werden jedem Erbauer drei Silberrubel ausgegeben.» [6, S. 218]

Nach dem Stapellauf wurde auf dem Schiff der Wachdienst eingeführt. «Solange das Schiff in Petersburg liegt, hat auf ihm ein nicht zur Besatzung gehörender Wachoffizier rund um die Uhr zu sein, sowie eine aus einem Unteroffizier und 14 Mannschaftsdienstgraden bestehende Wache. Sie müssen vier Posten einnehmen: auf dem Backdeck, Achterdeck und an den zwei Fallreeps. An der Kajüte ist ein Gefreiter aufzustellen, und der andere hat für Rapporte in der Hauptadmiralität zur Verfügung zu stehen.» [6, S. 246]

Es wurde eine Kommission berufen, der «gewandte und erfahrene Artillerieoffiziere angehörten, die zur Kontrolle, Erprobung und Abnahme der für die Flotte hergestellten gußeisernen Geschütze geschickt wurden». Für die Geschützabnahme gab es strenge Vorschriften.

«Geschütze sind nicht abzunehmen, deren Mängel die Geduldsgrenze überschreiten und folgendes nicht gewährleisten: falls die Wände weniger als ein Viertel Kaliber dick sind, wenn auf der Oberfläche so viel Vertiefungen, Lunker, Narben, Risse und andere Fehler sind, daß sie das Geschütz entstellen. Im Rohrlauf dürfen keinerlei Vertiefungen und Risse sein.» Wenn man bei der Kontrolle der äußeren und inneren Oberflächen keine «unerlaubten Fehler» entdeckte, wurde das Geschütz mit Pulver und Wasser getestet. Nach jedem Schuß wurde die Kanone auf unzulässige Lunker überprüft. Für die Wasserprobe wurde das Mundstück nach oben gehalten und das Zündloch mit einem mit Speck eingefetten Holzpfropfen verstopft. Danach goß man in den Lauf Wasser und erzeugte mit einem Pumpenzylinder Druck. Die Kanone wurde nicht abgenommen, falls «auf der äußeren Oberfläche sich Wasser zeigte oder der geringste feuchte Schweiß auftrat.» Wenn die Außenfläche der Kanone trocken blieb, wurde die Erprobung abgeschlossen. In diesem Falle unterschrieben der Flottenoffizier und der Beamte von der Bergbaubehörde («Abgebender») die Abnahmeurkunde, und der Betrieb erhielt die Zahlungsquittung.

Im Jahre 1802 wurde das Ministerium für die Seestreitkräfte (ab 1815 Marineministerium) gegründet. Ihm gehörte das Admiralitätskollegium und das -departement an. 1827/28 löste man das Admiralitätskollegium auf und bildete statt dessen den beratenden Admiralitätsrat. Die Handlungen der Flotte leitete der Marinestab. Die Leitung des Schiffbaus und Haushaltsfragen blieben beim Marineministerium. Dem Ministerium gehörte das Schiffbaudepartement für «Maßnahmen zur Vorbereitung des Schiffbaus und zur Kontrolle ihrer Ausführung ...» an.

Das Departementkomitee, das aus Inspektoren, drei Schiffsingenieuren und drei «geschickten Flottenkapitänen» bestand, leitete den Bau von Kriegsschiffen und ihre Erprobung. Das typisierte Prüfungsprogramm für Segelschiffe sah die Besichtigung und Überprüfung der vollständigen Ausrüstung des Schiffes, der Räumlichkeiten und Gefechtsstationen, das Setzen und Einholen der Segel, das Führen des Schiffes bei Wind aus verschiedenen Richtungen und die Prüfung der Seetüchtigkeit bei unterschiedlichem Seegang vor. Die gesamte Artilleriebewaffnung wurde beim Übungsschießen erprobt. Die Feuerlösch- und Lenzeinrichtungen setzte man probeweise in Betrieb.

Vom Segel zur Dampfmaschine

Im Jahre 1807 ging das erste mit Dampf angetriebene Schiff von *R. Fulton*, die CLERMONT, auf Jungfernfahrt. Zwischen Petersburg und Kronstadt begann 1815 der Linienverkehr des ersten russischen Frachtdampfschiffes. Es schien, daß schon bald die Rauchfahnen des ersten russischen Dampfschiffgeschwaders am Horizont zu sehen sein würden. Bis zu einem Geschwader war es jedoch noch sehr weit. Im Gegenteil, das Tempo des Segelschiffbaus wuchs weiterhin. In den Bestand der Schwarzmeerflotte wurde ein Segel-Linienschiff nach dem anderen aufgenommen, deren Prototyp, das 84-Kanonen-Linienschiff SILISTRIJA, sich auf großer Fahrt bewährte.

Im Herbst 1838 nahm nach den erfolgreichen Abnahmeprüfungen das Linienschiff TRI SWJATITELJA (Kiellegung 29. 12. 1835, Stapellauf 28. 8. 1838) seinen Flottendienst auf, das auf der Nikolajewer Werft (Baumeister – Oberst *A. N. Worobjew*) gebaut wurde, drei Jahre später die DWENADZAT APOSTOLOW

Das Linienschiff TRI SWJATITELJA ohne Besegelung

(Kiellegung 4. 10. 1838, Stapellauf 15. 7. 1841; Wasserverdrängung 4790 t, Länge 63,62 m, Breite 18,14 m, Segelfläche 2900 m^2; Artilleriebewaffnung: 28× 68-Pfund-, 72× 36-Pfund-Kanonen; Besatzung 1000 Mann) und noch einige Jahre darauf die Schiffe PARISH (Kiellegung 18. 7. 1847, Stapellauf 23. 10. 1849; Tiefgang 7,67 m; Artilleriebewaffnung: 24× 24-Pfund-Kanonen) und WELIKI KNJAS KONSTANTIN (Baumeister–Oberleutnant *S. I. Tschernjawaski*, Kiellegung 7. 5. 1850, Stapellauf 29. 9. 1852).

Die Schiffe der Schwarzmeerflotte zählten zu den besten Linienschiffen der Seglerperiode. Zu ihrer Artilleriebewaffnung gehörten neue effektive 68-Pfund-Bombenkanonen, die 14 Kabellängen (1 Kabellänge = 0,1 sm = 185,2 m) weit schossen. Der Kommandant der DWENADZAT APOSTOLOW, Kapitän zur See *W. A. Kornilow*, schrieb in seinem Rapport: «Mein Schiff zeigte auf der letzten Überfahrt ausgezeichnete Qualitäten. Es ließ sich bei einem achterlichen Trimm von 11 Zoll mit dem Ruder ausgezeichnet steuern; am Wind bei Sturzwellen erreichte es mit einem gerefften Bramsegel mehr als 8 Knoten ...» (8) In dieser Periode waren die 84-Kanonen-Linienschiffe GAWRIIL, (Kiellegung 28. 8. 1838, Stapellauf 19. 11. 1839), SWJATOSLAW (Kiellegung 15. 6. 1841, Stapellauf 25. 6. 1847), TSCHESMA (Kiellegung 26. 6. 1842, Stapellauf 23. 10. 1849, Wasserverdrängung 4030 t, Länge 59,74 m, Breite 17,37 m, Tiefgang 7,21 m, Segelfläche 2770 m^2; Artilleriebewaffnung: 4× 68-Pfund-, 60× 36-Pfund-, 20× 24-Pfund-Kanonen; Besatzung 770 Mann), ROSTISLAW (Kiellegung 16. 5. 1843, Stapellauf 1. 11. 1844, Wasserverdrängung 3890 t, Länge 59,74 m, Breite 16,76 m, Tiefgang 7,21 m, Segelfläche 2770 m^2; Artilleriebewaffnung: 8× 68-Pfund-, 56× 36-Pfund-, 20× 24-

Pfund-Kanonen; Besatzung 770 Mann) u. a. in der Schwarzmeerflotte registriert.

In der siegreichen Schlacht von Sinope (30. November 1853) demonstrierte die russische Seglerflotte das letzte Mal die Kampfkraft. An den Kampfhandlungen gegen die türkische Flotte nahmen auch bereits einige wenige russische Dampffregatten teil. Das erste Seegefecht zweier Dampfschiffe fand am 5. November 1853 statt, als die WLADIMIR, unter Kapitänleutnant *G. I. Butakow*, dem türkischen 10-Kanonen-Dampfer PERWAS BACHRI große Beschädigungen zufügte und ihn aufbrachte. Die WLADIMIR, 1848 in England gebaut, hatte 1713 t Wasserverdrängung, die Dampfmaschine eine Leistung von 286 kW (1 PS = 0,7355 kW), bewaffnet war sie mit sieben Geschützen mittleren und kleinen Kalibers. In der Auswertung der Schlacht von Sinope wurde die rechtzeitige Hilfe der Dampffregattengruppe unter dem Kommando des Vizeadmirals *W. A. Kornilow* hervorgehoben. *P. S. Nachimow* schrieb: «Die Dampfschiffe hatten einen großen Anteil an der endgültigen Zerschlagung der türkischen Flotte.» Das Dampfschiff TAMAN, unter dem Befehl von *A. A. Popow*, dem späteren Admiral und hervorragenden Schiffbauer, versenkte im Krimkrieg sechs türkische Handelsschiffe, durchbrach die Blockade von Sewastopol und kam heil in Odessa an.

Das erste in Rußland gebaute Dampfkriegsschiff, der Schaufelraddampfer SKORY, lief auf der Ishorsker Werft vom Stapel. 1818 von der Baltischen Flotte übernommen, wurde es später als Depeschenschiff eingesetzt. Der Schiffskörper bestand aus Kiefernholz, mit 20 m langen und 4,5 m breiten Kupferplatten benagelt. Die Dampfmaschine leistete 22 kW. Zehn Jahre später erhielt diese Flotte das Dampfschiff ISHORA, und die Schwarzmeerflotte wurde mit dem bewaffneten Dampfschiff METEOR aufgefüllt, das die Nikolajewer Werft nach dem Projekt des Schiffbaumeisters *I. S. Rasumow* baute.

Der erste Dampfer aus Archangelsk, LJOGKI, wurde von August 1825 bis Mai 1826 erprobt. Er war als Schlepper und zum Lotsen von Linienschiffe im Flachwasser vorgesehen. Die Prüfungen nahm die Abnahmekommission unter Leitung von Kapitän zur See *S. Wasilew* und den Kapitänleutnanten *P. Tyrtow*, *S. Patrika* und *K. Saß* ab. Während des zwei Stunden und 20 Minuten dauernden Schleppens der Linienschiffe ASOW und IJESEKIIL am 15. Mai 1826 fuhr die LJOGKI mit einer Geschwindigkeit von 4 bis 6 Knoten (Abk. kn; 1 kn = 1 sm/h = 1,852 km/h). Allein erreichte sie eine Spitzengeschwindigkeit von 8 kn. Der Schiffbaumeister *W. A. Jerschow* baute den zweiten Archangelsker Dampfer – die SPESCHNY.

1830 nahm das Marineministerium den Beschluß zum Bau des Schaufelradkriegsschiffes HERKULES, Wasserverdrängung 823 t, Artilleriebewaffnung 28 Kanonen, an. Die Ishorsker Werke stellten für die HERKULES zwei Dampfmaschinen mit je einer Leistung von 73,5 kW her, während der Schiffskörper auf der Ochtinsker Werft gebaut wurde. Nach Ausbau und Ausrüstung lief die HERKULES am 21. Septmeber 1832 von Kronstadt in den Finnischen Meerbusen zur Probefahrt aus. Das Ergebnis übertraf alle Erwartungen der Konstrukteure. Bei einer Geschwindigkeit von 8 kn bewies das Dampfschiff eine ausgezeichnete Seetüchtigkeit. Nach der HERKULES wurde die Dampffregatte BOGATYR, 1342 t Wasserverdrängung, fertiggestellt. Sie ging im Sommer 1838 auf Probefahrt. In

Nikolajew wurde von 1842 bis 1845 das Dampfschiff GROSNY, Antriebsleistung 88 kW, 5 Kanonen, gebaut.

Die 48-Kanonen-Fregatte ARCHIMED, 1848 auf der Ochtinsker Admiralitätswerft von *I. A.Amosow* erbaut, gilt als erstes Kriegsschiff der russischen Flotte mit Propellerantrieb. Sie hatte vier Dampfmaschinen mit einer Gesamtleistung von 220 kW und noch volle Takelage. Das erste Propellerlinienschiff, das 76-Kanonen-Schiff WYBORG (Wasserverdrängung 3505 t), wurde 1855 von der russischen Flotte übernommen. Gleichzeitig baute die Nikolajewer Werft das 135-Kanonen-Schiff ZESAREWITSCH für die Schwarzmeerflotte, das gleichfalls mit Propellerantrieb ausgerüstet war. Unter Leitung der Schiffsingenieure *A. Iwaschtschenko* und *L. Schwede* wurden auf der Ochtinsker Admiralitätswerft von 1855 bis 1856 sechs Propellerkorvetten fertiggestellt: die RYNDA, GRIDEN, POSADNIK, WOJEWODA, NOWIK und BOJARIN (Wasserverdrängung 885 t, Dampfmaschinenleistung 148 kW, Geschwindigkeit 13 kn). Etwas später entstand auf derselben Werft die Propellerkorvette ASKOLD, die das schnellste und schönste Schiff der russischen Flotte war. (Wasserverdrängung 5905 t, Länge 132 m, Breite 15 m, Tiefgang 6,2 m, Antriebsleistung 13974 kW, Geschwindigkeit 23 kn; Bewaffnung: 12× 152-mm-, 12× 75-mm-, 8× 47-mm-, 2× 37-mm-Geschütze, 2× 64-mm-Landungsgeschütze, 6× 380mm-TR; Besatzung 534 Mann).

In den Jahren 1857 und 1858 war in Petersburg auf der Ochtinsker Admiralitäts-Werft die Kiellegung der Propellerfregatten DMITRI DONSKOI und ALEXANDER NEWSKI – der letzten russichen Holzfregatten. Im Sommer 1873 wurde auf der Neuen Admiralitätswerft der Prototyp, der Klipper KREJSER, auf Kiel gelegt, und im Laufe von fünf bis sieben Jahren sind auf verschiedenen Werften die Serienklipper DSHIGIT, RASBOJNIK und STRELSK (Wasserverdrängung 1320 t) fertiggestellt worden, die für Große Fahrt und zum Schutz der russischen Interessen im Ausland bestimmt waren. Im Rahmen der Probefahrt entwickelte der Klipper RASBOJNIK in der Meßmeile beim Tolbuschniner Leuchtturm unter Dampf eine Geschwindigkeit von 11 kn. Er hatte im Unterschied zu den anderen Schiffen der Serie einen umzuklappenden Schornstein und keinen Teleskopschornstein (der bei den Segelmanövern gestört hätte). Das Propeller-Segelschiff RASBOJNIK be-

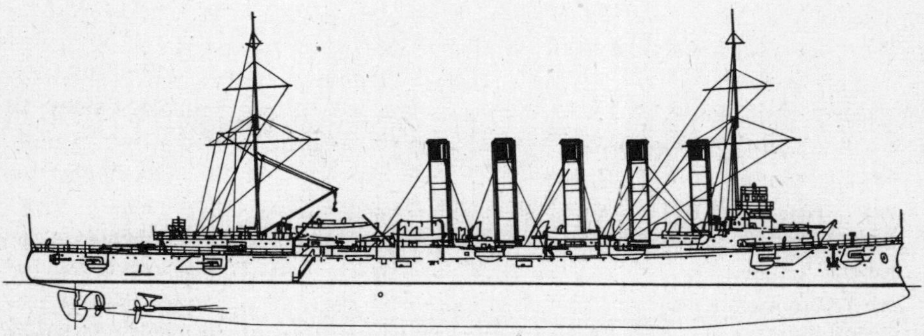

Seitenriß der ASKOLD

Klipper STRELOK vor Anker

wies auf Großer Fahrt und in seiner 25jährigen Flottendienstzeit eine ausgezeichnete Seetüchtigkeit und hohe Wirtschaftlichkeit. In ihrer langen Dienstzeit war sie beispielsweise bis 1907 in der Baltischen Flotte als Schulschiff eingesetzt worden.

Nach dem Projekt von Admiral *A. A. Popow* und den Baumeistern *N. A. Subbotin* und *N. E. Kutejnikow* wurden die gepanzerten Segel-Dampf-Fregatten (später in Panzerkreuzer umklassifiziert) GENERAL-ADMIRAL (Wasserverdrängung 4600 t, Geschwindigkeit 13,6 kn) und ALEXANDER NEWSKI (später umbenannt in HERZOG VON EDINBURGH, Wasserverdrängung 4500 t, Geschwindigkeit 15,3 kn) gebaut. Auf der Probefahrt im Jahre 1873 hatte die GENERAL-ADMIRAL ebenfalls eine Geschwindigkeit von 15,3 kn entwickelt.

Der Vorsitzende der Prüfungs- und Abnahmekommission gab den Fregatten in seinem Bericht an das Marineministerium eine sehr gute Beurteilung. Die gezogene Artillerie erlaubte den Fregatten, erfolgreiche Gefechte mit Kreuzern sowie Panzerschiffen zu führen. Faktisch waren sie die ersten Ozean-Panzerkreuzer der russischen Flotte. «Den Russen gelang es erstmals, die Idee eines Panzerkreuzers mit Panzerung über der Wasserlinie zu realisieren», schrieb damals die englische Presse. Die GENERAL-ADMIRAL wurde 1892 in die Kreuzerklasse übernommen und 1909 zu einem Minenleger mit dem neuen Namen NAROW umgebaut. Das Schiff nahm an der Eisfahrt 1918 teil und wurde nach der Oktoberrevolution in 25. OKTJABRJA umbenannt. Die von 1880 bis 1883 auf der Neuen Admiralitäts-

Der Kreuzer 1. Ranges HERZOG VON EDINBURGH (1892)

Kreuzer GENERAL-ADMIRAL

Der Kreuzer WLADIMIR MONOMAKH

Die Panzerfregatte DMITRI DONSKOI (1880)

werft erbaute DMITRI DONSKOI (Bewaffnung: 2× 203-mm-, 14× 152-mm-Geschütze) und die aus den Baltischen Werken stammende WLADIMIR MONOMAKH hatten außer dem Gürtelpanzer ein gepanzertes Deck. Im Rahmen der Fahrtprüfungen erreichten die Kreuzer eine Spitzengeschwindigkeit von 17,5 kn. Der Panzerkreuzer PAMJAT ASOWA lief am 20. Mai 1888 vom Stapel. Wie viele andere Schiffe wurde die PAMJAT ASOWA in zwei Etappen geprüft. Die Manövrierfähigkeit und die Schiffsbewaffnung wurden sofort nach dem Ausbau getestet, und die erste Auslandsfahrt war seine Seetüchtigkeitsprüfung. Im Jahre 1887 erhielt die Flotte den Panzerkreuzer ADMIRAL NACHIMOW (Baumeister *N. A. Samojlow)*, auf dem erstmals alle Räume elektrisch beleuchtet waren.

Auf Klippern, Fregatten und Kreuzern wurden die Segel noch als Reserveantrieb genutzt. Mit Dampfmaschine und Segeln war gleichfalls die Korvette WITJAS ausgerüstet, deren Name später in die Giebelfront des internationalen Ozeanographischen Museums in Monaco für große wissenschaftliche Verdienste gemeißelt wurde. Die Korvette befand sich von 1883 bis 1886 auf der Werft der Galeereninsel in Petersburg unter der Leitung des russischen Schiffbau-Autodidakten *P. A. Titow* im Bau. Den Bauablauf beaufsichtigte der Schiffbauingenieur, Kapitän *A. B. Leonjew*.

Die WITJAS hatte ein gepanzertes Deck, das die Dampfmaschinen und Kessel schützte (Wasserverdrängung 3200 t, Maschinenleistung 2200 kW, Besatzung 372 Mann; Bewaffnung: 10× 152-mm-, 10× 47-mm-Geschütze). Am Ausbau und an den Abnahmeprüfungen nahm Kapitän zur See *S. O. Makarow* teil. In der Meßmeile erreichte die WITJAS allerdings keine hohe Geschwindigkeit. «Die Ge-

S. O. Makakow

schwindigkeit ist nicht besonders gut», schrieb *S. O. Makarow* in sein Tagebuch, «bei Fahrt mit der Strömung erreichte sie mit Müh und Not 14,6 kn... Die Korvette ist aus der Sicht ihrer Fahreigenschaften mißlungen, aber der Kommandant muß seinem Schiff einen guten Namen machen und den Offizieren beibringen, das Schiff zu lieben, insbesondere aus der Sicht seiner anderweitigen überlegenen Qualitäten.» (9, Bd. 1, S. 441)

Auf Großer Fahrt erfüllten das Schiff und seine Mannschaft die Erwartungen seines Kommandanten. Von 1886 bis 1889 fuhr es 60000 sm mit Dampf und 25000 sm unter Segeln. Im Stillen Ozean führte sie eine Reihe sehr wertvoller hydrographischer und hydrologischer Untersuchungen aus. Die WITJAS wurde 1892 entsprechend der neuen Klassifikation ein Kreuzer 1. Ranges.

Dampfmaschine und Antriebspropeller verbreiteten sich schnell. Wenn 1853 unter den 398 Schiffen der Baltischen und der Schwarzmeerflotte nur 16 Dampf-Segel-Fregatten und 36 Hilfsdampfschiffe gezählt wurden, so blieb acht Jahre später nur ein Fünftel des Schiffbestandes als reine Segelschiffe übrig. Im Jahre 1881 waren fast alle russischen Kriegsschiffe mit Dampfmaschinen ausgerüstet, und nur noch 14 Schiffe behielten ihre Besegelung. 1890 gehörten zur russischen Flotte 37 Panzerschiffe mit einer Gesamtwasserverdrängung von 125500 t. Die russische Flotte war nach der englischen und französischen die drittgrößte in der Welt.

Mit dem Bau des ersten russischen Stahlrumpf-Panzerschiffes, dem Kanonenboot OPYT (Wasserverdrängung 270 t), 1861 in Petersburg auf den Baltischen Werken begann der Stahlschiffbau in Rußland. Die Panzerung bestand aus einer 114 mm dicken Eisenplatten-Brustwehr auf der 305-mm-Teakholz-Unterlage. Die

Das erste russische Metallschiff – das Panzerkanonenboot OPYT

Brustwehr deckte das 196-mm-Geschütz. Eine Zweizylinder-Dampfmaschine mit einer Leistung von 144 kW trieb das Schiff an, das im Sommer 1862 erprobt wurde. Die OPYT war gleichzeitig das erste Torpedoboot, das erstmalig Spierenminen erprobte. Mittels der sechs Meter langen «Zündspiere» (Zündstange) wurde die Mine zur Explosion gebracht. Nach dieser erfolgreichen Erprobung verbreitete sich die Spieren-Minenwaffe, in einigen Flotten als Spierentorpedos bezeichnet, in der russischen Marine schnell. 1901 nahm das Schiff an den ersten Versuchen *Popows* zur Einführung der Funktechnik teil.

Nach der OPYT bauten die Baltischen Werke einige Monitore. Das sind flachgängige gepanzerte Schiffe mit einer niedrigen Bordwand und einem oder zwei großkalibrigen Geschützen in drehbaren Türmen. Der Prototyp, die BRONENOSEZ, wurde 1865 in Dienst gestellt.

Die damals im Bau befindlichen Holzschiffe erhielten noch eine Seitenpanzerung; so die 58-Kanonen-Fregatte SEWASTOPOL, die auf dem Norddock in Kronstadt lag, und die PETROPAWLOWSK in der Neuen Admiralitätswerft. Die Höhe der Panzerung am größten Querschnitt der Schiffe betrug 5,3 m. Die Kommandotürme wurden mit 102 mm dicken Panzerplatten verkleidet. Infolge der Panzerung stieg die Wasserverdrängung der Fregatten um 900 t. Beide Schiffe hatten auch einen mit Panzerplatten verstärkten Rammsporn. Die SEWASTOPOL, 1865 geprüft, erreichte in der Meßmeile bei voller Fahrt mit einer Maschinenleistung von 2480 kW eine Geschwindigkeit von 14 kn. Sie führte als Flaggschiff die erste Fahrt der russischen Panzerschiffflotte ins Ausland zum Besuch der Ostseehäfen an. Die PETROPAWLOWSK (Wasserverdrängung 6010 t, Antriebsleistung 2060 kW, Geschwindigkeit 11,8 kn; Bewaffnung: 20× 203-mm-Geschütze, 1× 203-mm-, 1× 152-mm-Geschütz – drehbar) wurde zwei Jahre später erprobt. Im Jahre 1868

Der russische Monitor – das Panzerschiff BRONENOSEZ

war sie das am stärksten bewaffnete Schiff der russischen Flotte. Die SEWASTOPOL und die PETROPAWLOWSK befanden sich 20 Jahre in Dienst.

Mit dem Aufkommen des Stahlschiffbaus wurden die Geschütze auf Metallunterlafetten montiert, die im Jahre 1856/57 von den Ingenieuren *Andrejew* und *Schanz* (später Admiral) vorgeschlagen und konstruiert wurden. Später schlug *Schanz* für schwere Geschütze Unterlafetten auf einem drehbaren Sockel mit gebremsten Schlitten zur Verringerung des Schußrücklaufes vor. In dieser Zeit tauchten die ersten wissenschaftlichen Untersuchungen zur Projektierung von Schiffsgeschützen auf.

Ingenieur *N. W. Majewski*, später Professor an der Artillerieakademie und Autor wissenschaftlicher Arbeiten zur Ballistik, berechnete eine 60-Pfund-Stahlkanone, bei der die Rohrwanddicke nach der Druckverteilung berechnet und das Rohrmundstück aus noch festerem Stahl hergestellt war. Die Kanone wog 6,2 t und hatte eine Länge von 15 Kalibern. Im Rahmen der Erprobung hielt die Kanone von *Majewski* 1000 Schüsse aus. Unter einem Erhöhungswinkel von 15° schoß sie 21 kbl (3,88 km).

Mendelejew hilft bei den Erprobungen. Die Methodik Krylows

In der Segelschiffperiode waren keine vorherigen Berechnungen für das Fahrverhalten des Schiffes erforderlich, weil es von zufälligen Faktoren abhing, von Windrichtung und -geschwindigkeit und selbstverständlich von der Steuerkunst. Das Ersetzen des Segels durch die Dampfmaschine beschwor neue Probleme herauf. Die Projektierung, der Bau und die Erprobung der Schiffe wurden komplizierter. Man mußte im voraus den Wasserwiderstand bei einer gegebenen Schiffsgeschwindigkeit bestimmen und seine Verringerung mittels optimaler Formgebung und Schiffsabmessungen erzielen. Eine wichtige wissenschaftlich-technische Aufgabe bestand in der Ermittlung der notwendigen Maschinenleistung zum Erreichen einer vorgegebenen Schiffsgeschwindigkeit sowie der Absicherung eines minimalen Brennstoffverbrauches der Maschinen. Zur Realisierung dieser Aufgaben wurden Modellschiffe in einem Schleppkanal getestet und die Geschwindigkeit in der Meßmeile ermittelt.

Während der Erprobung des Schiffes und seiner Anlagen in der Meßmeile registrierte man außer der Geschwindigkeit bei verschiedenen Dampfdrücken in den Kesseln auch die Manövrierfähigkeit, wie Drehkreis, Auslaufstrecke, Stoppstrecke und Steuerverhalten bei der Voraus- und Rückwärtsfahrt. Außerdem wurden die Vibrationen des Schiffkörpers und der Anlagen begutachtet.

Die Auswahl des optimalen Antriebspropellers für jedes Schiffprojekt war eine äußerst schwierige Aufgabe, die mit theoretischen Ausarbeitungen und langwierigen Erprobungen einherging. So wurden im Rahmen der Entwicklungsarbeiten für das Kanonenboot POSTREL in den Jahren 1854/55 elf Propellervarianten mit verschiedenen Flügelformen und Steigungen erprobt.

An der Entwicklung optimaler Schiffsantriebspropeller beteiligte sich u. a. *D. .I. Mendelejew*. Das Marinetechnische Komitee (MTK) schickte ihm die Ergebnisse der erweiterten Erprobung von Antriebspropellern am Torpedoboot SUDAK zu, die er gründlich analysierte. «... Die Versuche sind außerordentlich interessant und nützlich», schrieb er an das Marineministerium, «... Der Propellerdurchmesser sollte für eine effektive Antriebswirkung möglichst groß und die Propellersteigung nahe seinem Durchmesser sein. Die Bestätigung der schon früher erhaltenen Schlußfolgerung über den Nutzen von Flügeleinschnitten in Achsnähe verdient erhöhte Aufmerksamkeit.» [10]

Mendelejew unterstützte lebhaft die Idee einer eigenen Schiffbauversuchsanstalt. Die Eröffnung eines solchen Schleppkanals 1894 in Petersburg war ein bedeutender Fortschritt für die Untersuchung der Seetüchtigkeit und Manövrierfähigkeit von Schiffen, insbesondere ihres Fahrverhaltens und auch für die Lösung des Propellerproblems. Von dieser Zeit an gingen der Projektierung und dem Bau eines neuen Schiffes Modellversuche voran, wie es beispielsweise bei den Panzerschiffen PERESWET und OSLJABJA der Fall war. Die Resultate der Modellschleppversuche bildeten die Grundlage zur Erarbeitung des Linienrisses jener Schiffe.

Die Methodik der Geschwindigkeitserprobung wurde ebenfalls vervollständigt. Die Grundlagen für die Schiffserprobungen in der Meßmeile wurden im Jahre 1900 von *A. N. Krylow* formuliert, der damals Leiter der Schiffbauversuchsanstalt war. Diese vor 80 Jahren in die Praxis eingeführten Grundsätze haben bis heute ihre Bedeutung nicht eingebüßt. Die Fahrten der Schiffe in der Meßmeile zwischen zwei, drei Paaren Richtbaken waren kurz, nicht mehr als fünf Minuten in einer Richtung, die Beschleunigungs- und Wendezeit für die Rückfahrt nicht eingerechnet. Zur Vermeidung des Strömungseinflusses wurden zwei Fahrten in entgegengesetzter Richtung durchgeführt. Bei wechselnder Strömung waren drei Fahrten zu absolvieren: zwei in einer Richtung und eine in der entgegengesetzten. Auf der Basis der Fahrtresultate wurden Propellerdrehzahl-Schiffgeschwindigkeit-Tabellen für einen ausreichend großen Drehzahlbereich erstellt.

Entsprechend der *Krylow*-Methodik ermittelte man die Leistung der Antriebsanlagen und den Brennstoffverbrauch im Rahmen der wärmetechnischen Prüfungen an Hand von zwei oder drei Fahrbetriebszuständen, wobei dafür nicht unbedingt ruhige See erforderlich war. Es wurden Indikatordiagramme aller Dampfmaschinenzylinder abgenommen, die Wasserverdrängung des Schiffes bestimmt und der Brennstoffverbrauch ermittelt. Als Ergebnis dessen erhielt man die Höchstgeschwindigkeit bei ruhiger See und voller Leistung der Hauptmaschinen. Außerdem wurden Zwischenbetriebszustände der Maschinen überprüft. Beginnend mit langsamer Fahrt, wurde die Propellerdrehzahl bis zur maximalen gesteigert.

Außer der Geschwindigkeitsermittlung wurde die Manövrierfähigkeit und Seetüchtigkeit überprüft. Bei den Seetüchtigkeitsprüfungen achtete die Kommission auf das Verhalten des Schiffes bei Wellengang und bestimmte das Schlingern und

Stampfen sowie das Überkommen von Wasser an Deck und die Dichtheit des Rumpfes. Der Waffeneinsatz bei Sturm wurde ebenfalls geprobt.

Die Mitarbeiter der Schiffbauversuchsanstalt nahmen systematisch an den Erprobungen der Schiffe von Petersburger Werften teil. Die Prüfungen wurden im allgemeinen am Kap Inonemi und beim Leuchtturm Stirsudden im Finnischen Meerbusen durchgeführt.

Die «Makarow-Prüfungen»

In den letzten zwei Jahrzehnten des 19. Jahrhunderts erregten insbesondere zwei Katastrophen von Schiffen der Baltischen Flotte die Gemüter in Rußland. Im September 1893 verließ das Panzerschiff RUSALKA (Küstenschutzschiff; Wasserverdrängung 1870 t, Länge 62,9 m, Breite 12,8 m) nach der Generalinstandsetzung Reval und traf im Zielhafen Helsingfor nicht ein. Bei dem Untergang kamen zwölf Offiziere und 165 Matrosen um. Und im Sommer 1897 ging das Panzerschiff GANGUT (Wasserverdrängung 6600 t) in der Wyborger Bucht durch ein Leck im Schiffsboden unter, nachdem es gerade vorher (1896) in die Kampfformation der Flotte übernommen wurde. Ausgelaufen war es zum Artillerieschießen. Als Grund für den Untergang beider Schiffe wurde der nicht vollständige hermetische Verschluß von wasserdichten Abteilungen genannt. Auf der RUSALKA gelangte durch eine offene Luke im Oberdeck Wasser in den Maschinenraum und überflutete die Feuerung. Das Schiff verlor seine Stabilität und kenterte. 1932 fanden Taucher die RUSALKA in 90 m Tiefe, Kiel oben. Auf der GANGUT waren alle vier Kesselräume aufgrund fehlender durchgehender Schotten bis zum Oberdeck zusammenhängend. Das in den Kesselraum eingedrungene Wasser konnte in die anderen Räume gelangen. Das Schiff kenterte und sank sechs Stunden später.

Mit der RUSALKA-Katastrophe begann die wissenschaftliche Tätigkeit *S. O. Makarows* zu Fragen der Sinksicherheit von Schiffen. Die ernsten konstruktiven Mängel der GANGUT und des gleichzeitig mit ihr geprüften Panzerschiffes NAWARIN erwähnte *Makarow* schon im Prüfbericht, in dem er auf die zu niedrigen Schotten verwies und auf das nicht sinnvolle durchgehende Längsschott, das das Aufrichten des Schiffes bei havariebedingter Schlagseite erschweren würde.

Erst nach dem Verlust der GANGUT gelang es *Makarow*, das MTK von der Notwendigkeit zu überzeugen, daß die Dichtheit der Schotten nicht mit dem bloßen Bespritzen aus den Feuerlöschrohr überprüft werden könne, sondern die Abteilungen mit Wasser gefüllt werden müßten. Um die Genehmigung dieser Probe kämpfte er fast zehn Jahre. 1898 trat die neue Instruktion zur Schiffabnahme in Kraft, entsprechend derer alle Schotten mittels Wasserfüllung der Abteilungen geprüft werden mußten: an den Schiffsenden bis zum Oberdeck, in der Mitte bis zur halben Höhe zwischen Wasserlinie und Oberdeck. Die Wasserfüllungsprüfungen wurden später «*Makarow*-Prüfungen» genannt. Erstmals wurden die wasserdichten Schotten des Eisbrechers JERMAK nach der neuen Instruktion geprüft. Die

Konstruktion des Eisbrechers wies viele Neuheiten auf: so u. a. ein System zur schnellen Änderung der Krängung und der Trimmlage; Pumpen, mit denen man jede Abteilung lenzen konnte; Schotten, die bis zum wasserdichten Deck hochgezogen waren.

Der spätere Hauptkommandeur des Kronstädter Hafens, *Makarow*, nahm öfter persönlich an Schiffsprüfungen teil, bei denen er nicht selten auf die strenge Einhaltung des Prüfprogramms achtete und Prinzipienfestigkeit bei der Lösung von Problemen, die im Rahmen der Erprobung auftraten, demonstrierte. Als sich beispielsweise bei der Prüfung vom Kesselraum des Kreuzers GROMOBOI (Wasserverdrängung 13220 t, Bewaffnung: 4× 8-Zoll-, 22× 6-Zoll-Geschütze, 4 TR) herausstellte, daß sich die Schotten durchbogen, machte *Makarow* den Kommandanten, Kapitän zur See *Jessen* (im Russisch-Japanischen Krieg Befehlshaber der Wladiwostoker Kreuzergruppe), darauf aufmerksam und forderte von den Schiffbauern eine Verstärkung der Schotten und die Wiederholung der Erprobung. Während der Probefahrt der GROMOBOI traten bei Nenndrehzahl der Hauptmaschinen starke Vibrationen des Schiffkörpers auf, die ein Artillerieschießen fast unmöglich machten. *A. N. Krylow*, der von *Makarow* auf das Schiff eingeladen worden war, bewies, daß die Vibrationen infolge einer Resonanz auftraten: die Schwingungsperiode der arbeitenden Dampfmaschine fiel ungefähr mit der Periode der Schiffseigenschwingungen zusammen. Die Vibration konnte durch eine unbedeutende Maschinendrehzahländerung wesentlich verringert werden.

A. N. Krylow erarbeitete eine Theorie der Schiffsvibrationen und konstruierte ein tragbares Vibrationsmeßgerät. Zuvor wurden die Vibrationen sehr primitiv gemessen. Auf einen Hocker stellte man ein Glas mit Wasser. Wenn aus dem Glas ¾ Zoll Wasser verschüttet wurde entsprach das eben einer Vibration von ¾.

Große Aufmerksamkeit widmete *Makarow* den Wohn- und Lebensbedingungen der Mannschaft. So bemängelte er an der GROMOBOI das Mißverhältnis zwischen den großen und pompös ausgestatteten Offizierskammern und den engen Matrosenwohndecks. «Die Offiziersräume sind prunkvoll, dagegen wohnen die Mannschaftsdienstgrade in verschiedenen Korridoren, Kasematten und anderen Räumlichkeiten, die zufällig von Maschinen und Kanonen nicht belegt sind.» [11]

Makarow hielt die Abnahmeprüfung für die wichtigste Etappe im Schiffbau, in der die Kampfkraft und Seetüchtigkeit, die Standkraft und Sinksicherheit des Schiffes überprüft wurden. Damit wird die Tatsache erklärt, daß er in die berühmten «Überlegungen zu Fragen der Seetaktik» ein Kapitel «Übergabe der Schiffe von den Erbauern an die Seeleute» einschob, in dem er seine Ansichten zum Wesen der Abnahmeprüfungen darlegte.

«Das Herstellerwerk muß alle Mittel für die Produktion, Proben und Abnahmen des Schiffes in allen Punkten bereitstellen», schrieb *Makarow*. Er hielt Modelle des zu bauenden Schiffes mit allen wichtigen Räumlichkeiten für sinnvoll. Damit könne man das Verhalten des Schiffes in verschiedenen Havariesituationen studieren und Maßnahmen zur Erhöhung seiner Standkraft erarbeiten.

Schon 1876 nahm Leutnant *Makarow* an der Erprobung des ersten «Turmbrustwehr»-Panzerschiffes (mit unbeweglicher Panzerbrustwehr und, zusammen mit

Das Panzerschiff PETER WELIKI

dem Geschütz, beweglicher Panzerkuppel) teil. Die PETER WELIKI (Wasserverdrängung 9665 t, zwei Dampfmaschinen mit einer Gesamtleistung von 6060 kW, Geschwindigkeit 14 kn, Kohlevorrat 1200 t, Aktionradius 3600 sm, Besatzung 440 Mann; Bewaffnung: 4× 305-mm-Kanonen, 2× 9-Zoll-Mörser am Heck, 6× 4-Pfund-Kanonen auf der Brücke) hatte Konteradmiral *Popow* konstruiert. «Der Bau dieses Panzerschiffes war eine Überprüfung des Entwicklungsniveaus nicht nur der Schiffbauindustrie, sondern auch der Metallurgie, des Maschinenbaus und der Artillerie Rußlands.» [12, S. 161]

Die Übernahme der PETER WELIKI in die Baltische Flotte war eine Pressesensation. Die Erfolge des russichen Schiffbaus wurden von prominenten ausländischen Schiffbauern anerkannt. So schrieb der Chefkonstrukteur der britischen Flotte, *E. Reed*, in der Zeitung «Times»:

«Die Russen übertrafen uns sowohl bezüglich Kampfkraft der vorhandenen Schiffe als auch mit neuen Bauverfahren. Ihre PETER WELIKI kann ungehindert in englische Häfen gelangen, weil das Schiff stärker als jedes unserer Panzerschiffe ist.» Die erste Fahrt der PETER WELIKI im Verband eines Baltischen Geschwaders ging 1881 ins Mittelmeer. In Algier war *Karl Marx*, der sich dort zur Heilung befand, zu Gast an Bord. 1877 übernommen in die Baltische Flotte als Flaggschiff, wurde die PETER WELIKI 1906 zum Artillerieschulschiff umgerüstet und erfüllte im Winter 1917/18 als Basisschiff einer U-Boot-Division in Reval ihre Aufgaben.

Trotz allem traten während der See-Erprobung wesentliche konstruktive Nachlässigkeiten und Fehler zutage. Die Organisation der Erprobung bildete ebenfalls keine geschlossene Einheit. *S. O. Makarow* erzählte über seine Eindrücke und den Verlauf der Prüfungen in seinem Artikel «Sieben Tage auf dem Schiff PETER WELIKI». Der erste Tag:

«Es war schönes Wetter, so daß Erprobungen nicht sinnvoll waren.» Am nächsten Tag stürmte es – Windstärke 7 Bft. «Das Wetter war günstig – der Himmel war klar, und es wehte eine steife Brise.» [9, Bd. 1]

Auf jeder Probefahrt kontrollierte die Prüfungskommission das Betriebsverhalten aller Systeme und Anlagen, darunter die Anker. Die Hievgeschwindigkeit der Ankerkette und die Leistung der Ankerwinde wurden gemessen sowie die Kettenstopper probiert, und die Effektivität der Wasserpumpen zum Abspulen der Ankerkette wurde begutachtet. Die Konstruktion der PETER WELIKI wies einige neue technische Lösungen auf, deshalb wurde sie besonders sorgfältig und vielseitig geprüft. Es ist sogar die Wechselmöglichkeit und die Zeitdauer dieser Arbeiten von angenommenen beschädigten Dampf- und Wasserrohren kontrolliert worden. Die Bedeutung, Rohrschäden zu beheben, unterstrich *Makarow*:

«Wenn eine Dampfleitung einer Anlage zerstört wird, die aber den gesamten Maschinenbetrieb absichert, dann verliert das Schiff sofort die Hälfte seiner Antriebsanlage (Anm.: zwei Dampfmaschinen waren auf dem Schiff), bzw. die Feuerlösch- und zentralen Kühlwasserpumpen fallen aus, aber ohne die Maschine kann z. B. der Geschützturm nur sehr schwer gerichtet werden.» [9]

Die Ruderanlage überprüfte man, indem Rudermaschine und pneumatischer Rudertelegraf durchgefahren, Sprachrohr, akustischer Signalgeber und Maschinendrehzahlanzeiger kontrolliert wurden. Zur Erprobung der Wasserundurchlässigkeit der Schotten und der Stabilität pumpte man Wasser in eine Abteilung und erzeugte so künstlich eine Schlagseite. Die Leistungsfähigkeit der verschiedenen Pumpen ist durch die Zeitdauer des Füllens und Leerens vom Rammspornraum bestimmt worden. In der Endphase der Abnahmeprüfungen wurde mit allen Geschützen das Funktionsschießen durchgeführt, wobei man das hydraulische Richtsystem begutachtete. Gleichzeitig wurde das Richten von Hand erprobt. Hervorzuheben ist, daß auf der PETER WELIKI erstmals eine Hydraulik zur Rohrerhöhung und zum Drehen des Turms zur Anwendung kam.

Sieben Tage Teilnahme an der Abnahme reichten *Makarow*, wesentliche Vorschläge sowohl zur Verbesserung der Technik als auch zur Organisation von Schiffsabnahmen zu formulieren.

Unterseeboote

Der Bau des U-Bootes von *Alexandrowski* war Anlaß, erstmals eine offizielle Flottenabnahmekommission für U-Boote, unter dem Vorsitz von Konteradmiral *A. A. Popow*, zu berufen. Das U-Boot lief im Juli 1865 vom Stapel und hatte (Überwas-

I. F. Alexandrowski

serverdrängung – ÜW – 352 t, Unterwasserverdrängung – UW – 363 t) zwei pneumatische 1-Zylinder-Druckluftmotoren, die die Preßluft aus 200 10-MPa-Druckluftflaschen erhielten. Die Motoren trieben zwei Propeller an. Der Luftvorrat reichte für eine dreistündige Unterwasserfahrt mit einer Geschwindigkeit von 6 kn. Zwei Minen, außen am Bootskörper befestigt und durch Trossen miteinander verbunden, konnten von innen gelöst werden und stiegen, nachdem sie unter ein feindliches Schiff geführt worden waren, durch den Restauftrieb auf. Über Drähte, die an einer galvanischen Batterie angeschlossen waren, wurden sie dann gezündet.

Im Sommer 1865 lief das U-Boot zur Abnahmefahrt auf die Große Kronstädter Reede aus. Es tauchte, bewegte sich relativ schnell unter Wasser und kam leicht an die Wasseroberfläche. Bei den folgenden Unterwasserfahrten konnte die Tauchzeit mit einer 23köpfigen Mannschaft bis zu 17 Stunden verlängert werden.

Das von *Alexandrowski* modernisierte U-Boot absolvierte 1869 die Abnahmefahrten unter dem Kommando von Kapitän zur See *N. Erdman* mit positiven Resultaten, die das MTK so zusammenfaßte: «Die Hauptfrage über die Möglichkeit einer Unterwasserfahrt ist gelöst: Das Boot von *Alexandrowski* taucht leicht und ohne Schwierigkeiten unter Wasser und wieder auf ...» [13] Im Rahmen einer Erprobung der Schiffskörperfestigkeit befahl der neue Prüfungsvorsitzende, Konteradmiral *W. A. Stezenko*, ohne Erlaubnis von *I. F. Alexandrowski* das Schiff ohne Mannschaft 30 m tief tauchen zu lassen. Der Schiffskörper, der nur für eine maximale Tauchtiefe von 25 m ausgelegt war, hielt dem Druck nicht stand, und das U-Boot ging unter. Das Marineministerium verbot daraufhin weitere Arbeiten mit dem U-Boot.

Das U-Boot Alexandrowskis läuft zur Probefahrt aus

Der russische Ingenieur *S. K. Drzewiecki* erprobte 1878 im Hafen von Odessa ein neues U-Boot (Länge 6 m, Tauchtiefe 10 m; Bewaffnung: 2 Minen; Besatzung 4 Mann). Die Prüfungskommission, im Beisein des Kommandeurs der Schwarzmeerflotte, bewertete das Boot positiv.

Das Marineministerium war von den Vorzügen dieses U-Bootes so überzeugt, daß es gleich 50 Boote bestellte. Das war die erste U-Boot-Serie in der Welt, gebaut von 1881 bis 1882. Es sollte bemerkt werden, daß nur ein Teil der U-Boote aus der Serie mit Akkumulatorbatterien und Elektromotoren ausgerüstet war. Der Rest wurde von der pedaltretenden Mannschaft angetrieben. Aber genauso wie das Boot *I. F. Alexandrowskis* kam das von *S. K. Drzewiecki* nicht zum Einsatz. Die Leistung der Elektromotoren war einfach zu gering, nicht mehr als 0,75 kW, ebenso die Energiekapazität der Akkumulatoren, die Einsatzdauer und die Geschwindigkeit. 1896 ordnete das Marineministerium die Abrüstung und Verschrottung der U-Boote an. Die Körper einiger Boote nutzte man noch lange als Bojen, und nur ein U-Boot, die KETA, mit Akkumulator und Elektromotor, war nach Umrüstung und Modernisierung am Russisch-Japanischen Krieg beteiligt.

Im Dezember des Jahres 1900 wurde das erste wirkliche militärisch einsetzbare russische U-Boot entwickelt, als der Schiffbauingenieur *I. G. Bubnow* zusammen mit dem Fachlehrer für Minenkunde, *M. N. Beklemischew*, und dem Schiffsingenieur *I. S. Gorjunow* (statt seiner später *A. D. Dolgolenko*) das U-Boot DELFIN projektiert hatten. Sehr zustatten kamen ihnen dabei die Untersuchungen und Versuche *Krylows* mit dem Modell, deren Resultate beim Bau der DELFIN berücksichtigt werden konnten. Das Boot (Wasserverdrängung üW/uW 113/135 t, Ge-

I. G. Bubnow

schwindigkeit 9 kn, Aktionsradius 240 sm; Bewaffnung 2 TR) hatte als Antrieb einen Benzinmotor mit 220 kW Leistung, und unter Wasser arbeitete der von Akkumulatoren gespeiste E-Motor.

Der Bau und die Erprobung der DELFIN nahmen zwei Jahre in Anspruch. Die Abnahmen begannen im Juni 1903. Auf der ersten Etappe war die Prüfung der Fahreigenschaften bei ausschließlich Elektromotorenbetrieb vorgesehen. Das Boot lief mehrmals über und unter Wasser stabil.

Nach der Montage des Benzinmotors zogen sich die Prüfungen bis Oktober 1903 hin. Das Boot bewies eine gute Seetüchtigkeit und hielt die vorgegebene Tauchtiefe sicher. Die Geschwindigkeit und der Aktionsradius entsprachen den Projektwerten. In einer Reihe von wichtigen Parametern übertraf die DELFIN die vordem gebauten ausländischen U-Boote. Trotzdem schlug die Prüfungskommision noch viele Neuerungen in bezug auf die Konstruktion vor: So wurde der normale Schiffspropeller durch einen mit regelbarer Steigung ersetzt. (Das war der erste Propeller mit regelbarer Steigung in der U-Boot-Geschichte überhaupt.) Zur Verbesserung der Steuerfähigkeit vergrößerte man die Fläche aller drei Tiefenruder. Es wurde eine Vorrichtung konstruiert, mittels derer der Benzinmotor in Sehrohrtauchtiefe betrieben werden konnte (Vorläufer des Schnorchels).

Die DELFIN begann ihren Flottendienst am 13. Juni 1904. Zuerst war es im Stillen Ozean stationiert, wohin man das U-Boot mit der Eisenbahn transportierte. Im Russisch-Japanischen Krieg setzte man die DELFIN zusammen mit den U-Booten SOM und KASATKA zum Streifendienst im Gebiet der Bucht Preobrashenie ein. An Kampfhandlungen mit dem Gegner nahm es nicht teil und wurde 1916 in das

Das U-Boot DELFIN auf der Probefahrt im Finnischen Meerbusen

Die U-Boote DELFIN und KASATKA laufen zur Probefahrt aus

Nordmeer verlegt. Mit der DELFIN begann der systematische U-Boot-Bau in Rußland. Sechs Typ-U-Boote, u. a. KASAKA, SKAT, NALIM, FELDMARSCHALL GRAF SCHEREMETJEW (Wasserverdrängungen 170/177 t, Geschwindigkeiten 8,5/5 kn) wurden in Petersburg in der Periode des Russisch-Japanischen Krieges in weniger als einem Jahr unter Leitung von *I. G. Bubnow* gebaut. Im Dezember 1904 brachte man sie, in Einzelteile zerlegt, mit der Eisenbahn nach Wladiwostok. Mitte 1905 befanden sich dort schon 13 U-Boote. Nach der Montage wurden die U-Boote getestet. Im Winter bahnte der Eisbrecher NADESHNY den U-Booten in der zugefrorenen Bucht Goldenes Horn den Weg.

Die U-Boot-Kräfte der Sibirischen Flottille nahmen, mit Ausnahme des Angriffs der SOM auf japanische Torpedoboote in der Bucht Wladimir, nicht an Kampfhandlungen teil. Jedoch allein das Vorhandensein von mehr als zehn russischen U-Booten in diesem Gebiet hielt die Japaner von einem massiven Schlag mit starken Überwasserkräften auf Wladiwostok ab. Viele Historiker vertreten die Meinung, daß gerade deshalb die Stadt im ganzen Krieg niemals ernstlich beschädigt wurde.

1905/06 bestellte das Marineministerium bei den Baltischen Werken U-Boote des Typs «Akula» und auf der Ochtinsker Werft vom Typ «Kaiman». Das Projekt der AKULA wurde wiederum von *Bubnow* erstellt und das der KAIMAN vom amerikanischen Konstrukteur *S. Lake*. Die AKULA war mit Dieselmotoren und acht Torpedorohren versehen und die KAIMAN mit Benzinmotoren und vier Torpedorohren. Das waren schon große Boote (Wasserverdrängung über 400 t) im Vergleich mit der DELFIN und den U-Booten vom Typ «Kasatka».

Das U-Boot POTSCHTOWY (Wasserverdrängung 134/146 t, Geschwindigkeit 11/6 kn, Aktionsradius 350/30 sm, Tauchzeit unter 5 h), das von *Drzewiecki* projektiert und im Metallwerk Petersburg gebaut worden war, hatte eine Besonderheit – eine einzige Motorenart für die Überwasser- und Unterwasserfahrt. Zur Überwasserfahrt waren beide Benzinmotoren gleichzeitig in Betrieb, unter Wasser nur einer. Die Luft für den Motor und für die Räume kam aus 45 20-MPa-Preßluftflaschen. Den Normalbetrieb des Benzinmotors gewährleistete ein Druckluft-Kolbenmotor (Leistung 44 kW), der eine Pumpe zum Absaugen der Abgase antrieb. Für den Betrieb dieses Hilfsmotors verwendete man auf 1,8 MPa druckverminderte Preßluft, die nach verrichteter Arbeit in die U-Boot-Räume gelangte.

Der Treibstofftank im Vorschiff, mit einem Fassungsvermögen von 4 m^3, war mit dem Seewasser verbunden, das den Trimmzustand aufrechterhielt nach Verbrauch des Benzins. Das MTK schätzte mit Recht ein, daß der Bau eines U-Bootes mit einer einzigen Motorenart eine herausragende Leistung darstellte. Aufgrund wesentlicher Konstruktionsmängel wurde die POTSCHTOWY jedoch kein Kampfboot. Die hohe Innentemperatur und starke Luftdruckschwankungen wirkten sich negativ auf die Lebensbedingungen an Bord aus, die Blasenspur der Abgase an der Wasseroberfläche während der Tauchfahrt enttarnte das U-Boot, und die Anwendung von Benzin war auch nicht gefahrlos.

Rußland rüstete seine Flotte nicht nur mit U-Booten eigener Produktion aus, sondern einige wurden auch im Ausland bestellt. Zu ihrer Abnahme schickte man erfahrene Offiziere des Schiffingenieurkorps. So wurde 1907 der russische Schiffbauer *L. M. Maziewitsch* nach Kiel beordert, unter dessen Aufsicht die U-Boote KAMBALA, KARAS und KARP gebaut und erprobt wurden. Nach der Abnahme und der Mängelbeseitigung wurden alle drei U-Boote als kampffähig eingeschätzt und nach Rußland überführt.

Von 1909 an nahm die Ständige Kommission die U-Boote ab. Das erste U-Boot, das geprüft und abgenommen wurde, war die MINOGA (Wasserverdrängung 123/

Das U-Boot MINOGA

152 t, Geschwindigkeit 11/3–4 kn, Aktionsradius 600/90 sm; Bewaffnung 2 TR). Sie ging in die Geschichte der russischen Flotte als das erste Diesel-U-Boot ein (Diesel mit Umsteuereinrichtung).

Auf den Probefahrten entwickelte der Diesel bei einer Drehzahl von 400 U/min eine Leistung von 88 kW. Im Unterschied zur POTSCHTOWY wurden die Dieselmotoren der MINOGA mit einem aus der Sicht des Brandschutzes nicht so gefährlichen Treibstoff betrieben. Das Projekt der MINOGA hatte ebenfalls *Bubnow* erstellt.

Im November 1918 wurden die U-Boote MINOGA und MAKREL in das Kaspische Meer in die Astrachan-Kaspi-Flottille übergeführt. Sie nahmen aktiv an Kampfhandlungen gegen die Schiffe der Interventen und Weißgardisten teil. Die MINOGA stand unter dem Kommando von *J. W. Puare* und die MAKREL unter *G. A. Schröder*. Für Standhaftigkeit und Heldenmut erhielt der Rudergast der MAKREL, *M. B. Laschmanow*, den Rotbannerorden.

Nach der MINOGA entwickelte wiederum *Bubnow* das große U-Boot vom Typ «Morsh» (Wasserverdrängung 630/790 t), dessen Motoren eine Antriebsleistung von 880 kW aufbrachten. Das erste Boot, die NERPA, ist in Nikolajew gebaut worden. Die Ständige Kommission erprobte es 1913/14 im Schwarzen Meer. Das Prüfprogramm der NERPA als Nullschiff war sehr umfangreich. Außer der Manövrierfähigkeit, der Leistung und Wirtschaftlichkeit der Hauptmotoren sowie der maximalen Tauchtiefe wurden alle Schiffssysteme und -anlagen überprüft, darunter die Ruderanlage von Hand und mit elektrischem Antrieb, die Ankeranlage in Unter- und Überwasserlage, die Kompressoren und die Ventilationsanlage. Die

Torpedowaffe überprüfte man von der Übernahme der Torpedos ins U-Boot über ihre Lagerung bis zum Abschuß. Vielmals wurde das Tauch-Auftauch-System erprobt, das Öffnen und Schließen der Lukendeckel, die Periskope und die Überwasserkentersicherheit. Man prüfte den Akkumulatorenbetrieb zusammen mit den Motoren und das Aufladen der Akkumulatoren.

Die Ständige Kommission hob die positiven Eigenschaften des Bootes hervor – die schnelle Lageänderung aus der Kreuzerlage in die Unterwasserlage und umgekehrt, und die dazu erforderlichen einfachen Handlungen. Es wurden aber gleichfalls die Mängel der NERPA und der anderen U-Boote dieses Typs KIT, KASCHALOT, TJULEN und NARVAL aufgezeigt. Die Kommission gab Empfehlungen zur Verbesserung der Bootsanlagen. Die Hilfspumpe war für das Entleeren der Tauchzellen beim Auftauchen vorgesehen. Sie wurde aber auch zum Lenzen der Bilgen eingesetzt, was zu ihrer Verschmutzung führte und die Möglichkeit des Versagens bei dem lebenswichtigen Auftauchen nicht ausschloß. Eine zusätzliche Pumpe erschien sinnvoll. Dieser Vorschlag wurde realisiert. Seither ist eine gesonderte Bilgenlenzpumpe auf allen U-Booten, einschließlich der Atom-U-Boote, installiert. Die Kommission schlug weiterhin Maßnahmen zur Beseitigung von Akkumulatormängeln vor, wie z. B. das schnelle Bloßlegen der Platten aufgrund des verdampften Elektrolyts und die Kurzschlußgefahr, weil die Isolation an den Verbindungsstegen der Elemente fehlte. Der Zellendeckel war mit einer leicht schmelzbaren Masse vergossen, die bei Temperaturanstieg während des Ladeprozesses schmolz und an den Platten entlanglief. Zur Verbesserung der Batteriekontrolle wurde vorgeschlagen, Spannungsmesser an jede der vier Akkumulatorgruppen mit Umschaltmöglichkeit auf jede von ihnen zu installieren. Die Kommission forderte auch den Umbau der Sehrohranlage, weil sich das langsame Aus- und Einfahren (30 bis 60 s) im Gefecht negativ auswirken könnte. Das Nikolajewer Werk, in dem die U-Boote vom Typ «Morsh» gebaut wurden, änderte den hydraulischen Sehrohrantrieb und verkürzte das Ausfahren auf 14 s und das Einfahren auf 10 bis 11 s. Später wurde die Zeit bis auf 7 s verbessert. Zu der Frage der Sehrohranzahl auf einem U-Boot gab es lange geteilte Meinungen. Die Kommission erwirkte zwei Periskope, wie es bei allen späteren U-Booten ständig realisiert wurde. Bei der Schußerprobung der Torpedorohre machte man Konstruktionsfehler an Übertragungen zu den Maschinenventilkegeln der Torpedos ausfindig. Auf den U-Booten NARVAL und KIT verließen die Torpedos die Rohre, aber die Maschinenventilkegel (Kesselabsperrventile, KA) sprachen nicht an. Diese Ventilkegel mußten umgebaut werden. Nach Ausführung dieser Empfehlung verlief das Torpedoschießen erfolgreich, die Kegel sprachen sicher an. Die Kommission verwies auf die unvollkommene Getriebekonstruktion der Firma «New London». «Das Getriebe ist sehr groß, laut, und öfter lockern sich die Lager», schrieb der Vorsitzende der Kommission im Bericht. [14, S. 63]

Das Ein- und Auskuppeln beider Dieselmotoren mit dem Antriebspropeller für die Vor- und Rückwärtsfahrt geschah über Reibkupplungen, bei denen durch Reiben von Holzsegmenten an einem Gußeisenkranz eine feste mechanische Verbindung gewährleistet werden sollte. Bei den ersten Dieselmotorerprobungen rutschten die Kupplungen selbst bei geringen Leistungen, und «sooft der Vertreter der Firma ‹New London› sie auch auseinandernahm, es konnte kein befriedigender Betrieb abgesichert werden». [14, S. 63] Jene Kupplungen wurden verschrottet und durch Klauenkupplungen russischer Produktion ersetzt, die ausreichend zuverlässig waren. Die Kommission schätzte die amerikanischen Dieselmotoren aufgrund ihrer konstruktiven Mängel nicht hoch ein. Auf der NARVAL, KIT und KASCHALOT waren die Ventilationssysteme nicht ausreichend. Das Werk montierte zwei zusätzliche Ventilatoren. Im Laufe der NERPA-Erprobung forderte die Ständige Kommission den Umbau der Seitenrudersteuerung, indem eine mechanische Verbindung zur Brücke hergestellt wurde.

Die Holzrettungsboote sollten durch Segeltuchboote ersetzt werden. Dieser Vorschlag wurde jedoch in den darauffolgenden Jahren nicht verwirklicht. Noch Jahrzehnte lang rüstete man die U-Boote zweckmäßig mit kleinen Holzbooten aus.

Viele Empfehlungen der Ständigen Kommission auf der Grundlage der Erprobungsresultate für die U-Boote sind realisiert worden: so die Verlagerung der Treibstofftanks aus dem Vorschiff nach mittschiffs, was das Austrimmen nach dem Treibstoffverbrauch erleichterte; es wurden die Konstruktion der Ankeranlage und Tiefenruder verbessert und die Abgasrohre höher angebracht, um die Fahrt in Positionslage zu ermöglichen. Der Verlauf zur Abnahme des U-Bootes NARVAL ist im Bericht des Kommissionsvorsitzenden beschrieben: «Am 19. Juni 1915 informierte das Nikolajewer Werk die Ständige Abnahmekommission über die Bereitstellung des U-Bootes zur Abnahme. Am 20. Juni begannen die Erprobungen. Es wurde die Ventilation überprüft, und am 21. und 22. lud und entlud man die Akkumulatoren. Nach fünf Tagen erfolgte das Torpedoschießen mit Modelltorpedos, einzeln und in einer Salve. Am 28. Juni wurden die Hilfspumpe und zwei Hauptpumpen erprobt. Danach sind im Nikolajewer Gebiet drei Wochen lang die Stabilität in der Unter- und Überwasserlage mit Ermittlung der metazentrischen Höhe, der Dieselantrieb mit voller Leistung, Fallenlassen und Hieven des Ankers überprüft sowie die Nadelabweichung des Kompasses kompensiert und die Restdeviation bestimmt worden. Am 19. Juli fuhr das U-Boot nach Sewastopol. Bis Ende Juli erprobte die Kommission das U-Boot in Tauchversuchen bis 120 Fuß (etwa 37 m – d. A.) Tiefe und maß in der Meßmeile die Geschwindigkeit in allen Drehzahlbereichen über und unter Wasser. Viel Zeit wurde für das Torpedoschießen, das Einrichten der Maschinenventilkegel und Spills benötigt. Die Abnahmeurkunde wurde am 23. August unterschrieben.» [60]

Einen besonderen Platz im russischen Schiffbau nimmt der Unterwasserminenleger KRAB, Konstrukteur *M. P. Naletow*, ein. Der Minenleger lief am 12. August 1912 feierlich vom Stapel des Nikolajewer Werkes. Nach langem Ausbau wurde er zur Abnahme im Juli 1913 nach Sewastopol übergeführt und die Besatzung unter dem Kommando des Oberleutnants *A. A. Andrejew* komplettiert.

Die Erprobung und endgültige Abnahme des Unterwasserminenlegers fand unter Vorsitz von Konteradmiral *A. K. Pokrowski* statt. Die ersten Fahrten ergaben eine unzureichende Stabilitätsreserve und Mängel an den Kerosinmotoren, auch die Geschwindigkeit lag 4 kn unter der vertraglich vorgesehenen. Zur Beseitigung der

Mängel ging das U-Boot auf Helling. Diese Arbeiten zogen sich bis Mai 1915 hin, als der Weltkrieg schon tobte. Das Marineministerium drängte zur Eile. Im Juni wurde der U-Minenleger erneut der Kommission vorgestellt, und die Abnahme verlief nun erfolgreich. Die KRAB legte 49 Minen in den vorgegebenen Intervallen. Hierbei konnten keine Schlagseite und keine Änderung des Trimms festgestellt werden. Die Minen wurden bei Marsch- und Höchstfahrt geworfen. «Die Funktionsweise der Minenwurfeinrichtung wurde entsprechend der gestellten Aufgabe vervollkommnet», stellte die Kommission fest. Die Torpedorohre wurden mit Einzelschüssen und Salven überprüft. Bei den Tieftauchversuchen registrierte man keinerlei Beschädigungen am Schiffskörper. Die metazentrische Anfangshöhe, ein Charakteristikum der Stabilität, wurde als ausreichend eingeschätzt.

Der Marineminister, *I. K. Grigorowitsch*, unterschrieb den Befehl Nr. 17, ohne den Abschluß der Abnahmeprüfungen abzuwarten. In dem Befehl stand: «... ich ordne an, das U-Boot KRAB in die Flotte am 25. Juni dieses Jahres einzugliedern.» In der Praxis der Schiffsabnahmen ist der Fall, daß ein neues Schiff ohne Unterschrift unter die Abnahmeurkunde in die Flotte aufgenommen wird, selten. Damals war aber Krieg ... Die offizielle Abnahmeurkunde Nr. 126 des U-Bootes KRAB erstellte man einen Monat nach seiner Eingliederung in die Flotte. Die Urkunde wurde von dem Vorsitzenden der Ständigen Kommission für die Prüfung von Kriegsschiffen, Konteradmiral *A. A. Belogolowy*, dem Kommandeur der U-Boot-Brigade, Kapitän zur See *W. E. Klotschkowski*, und den Mitgliedern der Kommission unterschrieben. In der Urkunde wurde angewiesen: «Da die Prüfung des U-Minenlegers KRAB entsprechend dem vom Befehlshaber der GUK bestätigten Programm verlief und befriedigende Resultate ergab, wird die KRAB von der Abnahmekommission als tauglich für die Übergabe an den Staat angesehen.» [15]

Den ersten Gefechtseinsatz führte die KRAB vom 25. bis 29. Juni 1915 aus, wobei sie eine Minensperre in unmittelbarer Nähe des Bosporus legte. Das türkische Kanonenboot ISA REIS lief auf eine jener Minen und ging unter. Die Hauptaufgabe bestand jedoch darin, das Einlaufen des deutsch-türkischen Schlachtkreuzers GOEBEN ins Schwarze Meer zu verhindern, da das russische Schlachtschiff IMPERATORIN MARIA (Kiellegung 23. 4. 1849, Stapellauf 9. 5. 1853; Wasserverdrängung 4160 t, Länge 60,96 m, Breite 17,27 m; Artilleriebewaffnung: 56× 36-Pfund-, 20× 24-Pfund-Kanonen; Besatzung 770 Mann; Segelfläche 2900 m^2) zu dieser Zeit zum Ausbau von Nikolajew nach Sewastopol übergeführt werden sollte. Diese Aufgabe löste die KRAB mit der Versenkung des Kanonenbootes erfolgreich, denn die GOEBEN wagte sich danach vorerst nicht mehr ins Schwarze Meer.

Zur zweiten Feindfahrt in den Bosporus lief die KRAB im Juli 1916 aus. Das Boot stand damals unter dem Befehl von Oberleutnant *H. Paruzki*, der bis dahin Flaggnavigationsoffizier der U-Boot-Brigade war. Im Bosporus wurden erneut 60 Minen gelegt, die wesentlich die Aktivitäten der türkischen Schiffe in diesem Gebiet einschränkten. Im August 1916 legte die KRAB Minen im Gebiet vor Warna, wo deutsche U-Boote stationiert waren. Der Kampfweg des ersten russi-

Das U-Boot BARS (Federzeichnung)

Die BARS auf Probefahrt

schen U-Minenlegers wurde im April 1919 beendet, als die KRAB, zusammen mit anderen Schiffen, von den Briten auf der Außenreede von Sewastopol beim Rückzug der Weißgardisten und Interventen von der Krim versenkt wurde.

Die KRAB wurde 1935 von der EPRON gehoben, aber nicht wieder aufgebaut, da schon neue, modernere U-Minenleger vom Typ «Leninez» im Bau waren.

Der U-Minenleger JERSCH (Wasserverdrängung 650/750 t, Geschwindigkeit 11/7,5 kn; Bewaffnung: 1× 57-mm-Geschütz, 2 TR, 42 Minen) ist in den Baltischen Werken Petersburg gebaut worden. Die zwei Kerosinmotoren hatten eine Leistung von je 310 kW.

Ebenfalls in den Baltischen Werken wurde 1913 das Typ-U-Boot BARS auf Kiel gelegt. In dessen Konstruktion ließ *Bubnow* die neuesten Errungenschaften des Schiffbaus einfließen. Zu seiner Zeit war die BARS das stärkste U-Boot der Welt (Wasserverdrängung 650/762 t, Geschwindigkeit 18/9,6 kn, Aktionsradius 2250/25 sm, Tauchtiefe 50 m; Bewaffnung: 1× 57-mm-, 1× 37-mm-Geschütze, 1 MG, 4 TR – 2 Heck, 2 Bug, 8 TR von *Drzewiecki*). Die zwei Dieselmotoren hatten eine Leistung von je 970 kW und die zwei Elektromotoren eine Gesamtleistung von 660 kW. Die Ständige Kommission testete das Boot mehr als zwei Monate, ehe es im Juli 1915 übernommen wurde. In einem Atemzug mit den Vorzügen (starke Bewaffnung und gute Manövrierfähigkeit) wurde ein ernster Mangel festgestellt – das Fehlen von wasserdichten Querschotten, was wesentlich die Standkraft senkte. Außerdem blieb die Frage der Lieferung von Seriendieselmotoren offen, weil die Diesel in Deutschland bestellt waren, das jedoch zum Hauptfeind Rußlands im ersten Weltkrieg avancierte. Die Vergabe von Eilaufträgen für Dieselmotoren an russische Betriebe half wenig. Wertvolle Zeit war verlorengegangen. Man baute als Notlösung anstatt der etatmäßigen Dieselmotoren schwächere ein, die aus den Kanonenbooten der Amurflottille demontiert wurden, so daß nur die U-Boote SMEJA und KUGUAR die projektierten Dieselmotoren hatten. Alle anderen Boote des Typs «Bars» waren mit Motoren schwächerer Leistung (184 oder 310 kW) ausgerüstet, und damit sank die Geschwindigkeit ü. W. auf 11 kn bzw. 13 kn.

Nach der BARS wurden die U-Boote GEPARD und WEPR geprüft und abgenommen und 1917 die GAGARA, ORLAN und UTKA. In den Abnahmeurkunden war vermerkt, daß «der Ersatzteilmangel sich negativ auf den Dieselmotorenbetrieb auswirkt». [14, S. 132]

Trotz der Schwierigkeiten bei der Herstellung der vollen Gefechtsbereitschaft nahmen die U-Boote an Kampfhandlungen auf den Seekriegsschauplätzen des ersten Weltkrieges teil. So bedrohten die U-Boote MORSH, NERPA und TJULEN, die auf der Seewasserstraße Songuldak – Konstantinopel eingesetzt waren, die Kohleversorgung der deutsch-türkischen Schiffe im Schwarzen Meer. Der Kommandant des U-Bootes TJULEN, Fregattenkapitän *M. Kitizin*, zwang im Artillerieduell den Militärtransporter RHODOSTO zur Aufgabe. Dieses U-Boot versenkte 1916 vier und brachte zwei feindliche Schiffe auf. Das U-Boot KASCHALOT versenkte acht türkische Schiffe. Die WOLK aus der Baltischen Flotte schickte an einem Tag im Mai 1916 drei deutsche Dampfer auf Grund. Die Ständige Kommission nahm vom Werk am 5. August 1916 das U-Boot PANTERA (Typ «Bars») ab, das 1919 im Interventionskrieg gegen Sowjetrußland den britischen Zerstörer VITTORIA versenkte.

Insgesamt wurden in der Periode von 1911 bis 1917 in den Baltischen, Nikolajewer und Revaler Werken 27 U-Boote vom Typ «Bars» auf Kiel gelegt. Am 25. Oktober 1917 befanden sich davon 13 im Dienst.

Neben dem Bau von eigenen U-Booten füllte Rußland seine U-Boot-Flotte auch mit Käufen im Ausland auf. So wurden 1916 auf den Baltischen Werken fünf U-Boote des Typs «Holland» montiert, die man in den USA erworben hatte. Noch sechs solcher Boote bestellte das Marineministerium für die Schwarzmeerflotte, jedoch befanden sie sich 1917 noch zerlegt in Nikolajew.

Zum Bestand der Flottille im Nördlichen Eismeer zählte außer der DELFIN, die schon erwähnt wurde, das in Italien gekaufte U-Boot HL. GEORGI. Es wurde von der Besatzung unter dem Befehl des Oberleutnants *I. I. Risnitscha* erprobt und übernommen. Im Jahre 1917 (Mai bis September) bewältigte das U-Boot die Überfahrt aus dem Mittelmeer nach Murmansk ohne Geleitschutz.

Zum Heben von untergegangenen Booten und für das Eindocken zur Reparatur wurde 1912 in den Putilow-Werken das Rettungsschiff WOLCHOW, ein Katamaran (Wasserverdrängung 3200 t), auf Kiel gelegt. Das Schiff konnte ein gesunkenes Boot bis zu einer Unterwasserverdrängung von 1000 t aus einer Tiefe von 40 m in zwei Stunden heben. Im Juli 1915 wurde es ausgerüstet und erprobt. Über 70 Jahre ist dieser Veteran nun schon im Dienst. Die KOMMUNA (ex WOLCHOW) barg schon einige Dutzend Unter- und Überwasserschiffe und setzt ihren Flottendienst weiter fort.

Die WARJAG wird in Boston geprüft

Rußland bestellte nicht selten Kriegsschiffe bei ausländischen Werften oder kaufte sogar fertige im Ausland. Das erste Schiff, das in Holland für die russische Seekriegsflotte erworben wurde, war die Fregattte SAMSON. Sie ist 1711 von *A. D. Menschikow* als Geschenk für *Peter I.* zum Geburtstag angeschafft worden. Im April 1712 lief in Reval die aus Holland stammende zweite Fregatte, HL. JAKOW, ein. Ende 1712 warteten in Kopenhagen die drei 50-Kanonen-Schiffe ANTONI PADUANSKI, RANDOLPH und ESPERANS auf die Überführung nach Rußland. Diese Schiffe erwarb *F. S. Saltykow*, der von *Peter I.* ins Ausland «auf die Suche und den Kauf von für die Seekriegsflotte tauglichen Schiffen» geschickt worden war. *Saltykow* hatte seine Mission geheimzuhalten - «immer vorsichtig sein und inkognito auftreten, wie ein russischer Adliger». Die Berichte an den Zaren waren zu chiffrieren, «die Daten sind in Ziffern zu übermitteln». Die Geheimhaltung war erforderlich, da man befürchtete, die Schweden könnten diese Schiffe auf der Überführung nach Rußland kapern. Deshalb wurden die Schiffe als Handelsschiffe unter ausländischer Flagge versichert und nach Rußland übergeführt. Außerdem wählte man für die Überfahrt solche Jahreszeiten und Bedingungen aus, die eine ruhige Fahrt ausschlossen und somit die Wahrscheinlichkeit eines Zusammentreffens mit den Schweden minimierten. Die Offiziere der russischen Flotte, *Reis* und *Senjawin*, die die gekauften Schiffe nach Rußland steuerten, wendeten alle Vorsichts- und Verschleierungsmaßnahmen, einschließlich der Desinformation über den Auslaufzeitpunkt, an. Die Besatzungen wurden mit Ausländern vervollständigt, die man nach der Ankunft in Rußland wieder entließ.

Saltykow kaufte sowohl neu gebaute als auch schon in Dienst befindliche Schiffe. Deshalb war der Kaufpreis unterschiedlich. Für ein neues 50-Kanonen-Schiff bezahlte Rußland in England 15000 Pfund Sterling (60000 Rubel). Unter Einbeziehung der Versicherung (10%) und der Überführungskosten stieg der Preis auf 75000 Rubel. Der Bau eines solchen Schiffes wäre in Rußland ungefähr um ein Drittel teurer geworden, jedoch war die Qualität im allgemeinen besser. Das Bautempo war allerdings geringer als in England, insbesondere nach dem Tod *Peter I.* So bauten in Rußland Ende des 18. Jahrhunderts 600 Mann ein 74-Kanonen-Schiff in zwei Jahren, als ein ähnliches Schiff auf den englischen Werften innerhalb eines Jahres von 150 Mann fertiggestellt werden konnte. Insgesamt erhielt im 18. Jahrhundert die russische Flotte fünf gekaufte Linienschiffe und 17 Fregatten. Im 19. Jahrhundert stieg der Kriegsschiffimport an. So sind die bekannten Kutter NEWA und NADESHDA, Teilnehmer der ersten russichen Expedition um die Welt, 1803 in England erworben worden. Seit Beginn des Dampfschiffbaus blieb Rußland hinter den führenden westlichen Ländern zurück. Das zwang immer wieder zum Kauf im Ausland. Von 1830 bis 1840 wurden in England 24 Dampfschiffe bestellt und erworben. Zur Beaufsichtigung des Baus und der Schiffsabnahme wurden auf die ausländischen Werften erfahrene Offiziere geschickt. Den Bau der Dampffregatte WLADIMIR inspizierte in England Kapitän zur See *W. A. Kornilow*, worüber er in seinem Rapport an den Kommandeur der Schwarzmeerflotte, Admiral *Lasarew*, berichtet: «Die Dampffregatte WLADMIMIR ist erprobt. Ihre Dampfmaschine demonstrierte beim ununterbrochenen vierzehnstündigen Betrieb beste Eigenschaften, und das Schiff selbst wurde der Fahrtprüfung unterzogen und seine Ruderwirkung überprüft, bei der es insgesamt sehr befriedigend abschnitt. In der Meßmeile, nahe des Themseufers, erreichte es 11 kn. Die Ruderwirkung ist ausgezeichnet.» [16]

Die guten Manövrier- und Kampfeigenschaften der WLADIMIR bestätigten sich in der russischen Flotte voll.

Das erste in den USA gekaufte Schiff war die Dampffregatte KAMTSCHATKA, die 1839 für die Baltische Flotte bestellt wurde. Der russische Offizier *I. I. Schanz* zeichnete für die Bauaufsicht und die Abnahmeprüfungen verantwortlich. Das in einem guten Zustand übernommene Schiff war fast 30 Jahre im Dienst.

Für die Schwarzmeerflotte kaufte man 1852 den 4-Kanonen-Propellerschoner BOMBORY und in England den Dampfschlepper DUNJA, die Kapitänleutnant *G. I. Butakow* erprobte und abnahm. Die Segel-Propeller-Transporter JAPONEZ und MANTSCHSHUR, die in Boston gebaut wurden, waren für den Dienst auf den Amur und im Pazifik vorgesehen (Wasserverdrängung 1380 t, Geschwindigkeit mit Dampfantrieb 8 kn, unter Segeln 11 kn; Bewaffnung: 8 Bordkanonen in Wandlafetten, 2 leichte Geschütze auf drehbaren Lafetten). Auf dem Deck der Transporter waren Landungsbarkassen (eine mit Propellerantrieb) untergebracht. Die Abnahmeprüfungen führte eine Kommission unter Leitung von Kapitänleutnant *P. Crown* durch, dem russischen Marinevertreter in den USA. 1859 wurden die Transporter nach Erreichen der vertraglich vereinbarten Parameter nach Nikolajew am Amur, dem Hauptstützpunkt der Sibirischen Flotte, übergeführt. Im Jahre 1871 wurde der Hauptstützpunkt der Flotte aus Nikolajew nach Wladiwostok verlegt. Das Modell des Transporters MANTSCHSHUR ist heute auf einem Sockel am Eingang Wladiwostoks, am 28. Kilometer der Chaussee, aufgestellt, das am 20. Juli 1960 zu Ehren des 100jährigen Jubiläums der Stadt eingeweiht wurde.

In den USA baute man ebenfalls die Propellerfregatte GENERAL-ADMIRAL, deren Erprobung und Abnahme der Kapitän zur See *I. A. Schestakow* leitete, der spätere Kommandant des Schiffes. Die Armierung mit Artillerie erfolgte in Rußland, wo die Fregatte 1859 eintraf.

Rußland bestellte auch viele Torpedoboote im Ausland. So baute die französische Firma «Norman» im Jahre 1892 das Torpedoboot PERNOW (Nr. 103). In der Meßmeile erreichte das Schiff eine Höchstgeschwindigkeit von 24,6 kn, womit die Vertragsbedingungen übertroffen wurden. Hierbei «arbeitete die Maschine gleichmäßig, ohne Stampfen und Überhitzung; der Dampfdruck in den Kesseln war stabil». Nach einer Kontrolldurchsicht fuhr die PERNOW von Cherbourg nach Petersburg. Obwohl das Schiff erst mit einem halben Jahr Verspätung abgenommen werden konnte, beschloß der Admiralitätsrat, vom französischen Werk keine Strafe zu fordern, weil es «eine Reihe von zusätzlichen, nicht im Vertrag fixierten Arbeiten ausführte und eine bedeutende Geschwindigkeitssteigerung erzielte». In Kronstadt wurde das Torpedoboot bewaffnet und weiter getestet. Das Marineministerium bestellte bei russischen Werken 24 Torpedoboote vom Typ «Pernow». In Frankreich wurden ebenfalls die Torpedoboote FOREL und OSETR erbaut. Der Vertrag zum Bau der FORREL, OSETR, STERLJAD, KEFAL und LOSOS wurde 1898 abgeschlossen. Im Jahre 1902 erhielten die Schiffe (in gleicher Reihenfolge) die Namen WNIMATELNY, WNUSCHITELNY, WYNOSLIWY, WLASTNY und GROSOWOI (Wasserverdrängung 312 t, Länge (L_L) 56,6 m, Breite 6,3 m, Tiefgang 2 m, Geschwindigkeit 28 kn, Reichweite (bei 10 kn) 1860 sm; Bewaffnung: 1× 75-mm-, 5× 47-mm-Geschütze, 2 TR, Kampfsatz 4 Torpedos). Die wasserdichten Schotten waren aus Stahl, der Belag der Wohndecks und des Oberdecks aus Holz mit Stahleinsätzen über den Artilleriehellegatts. Der Kommandoturm hatte eine Stahlverkleidung (4 bis 5 mm). Eine übliche Kommandobrücke gab es nicht. Die Torpedorohre waren drehbar, und von den vier Torpedos lagerten zwei in den Rohren und zwei in den Nachladevorrichtungen.

Die Abnahmen der FOREL, OSETR und STERLJAD fanden im Frühjahr 1901 statt. Alle Schiffe erreichten zwei Knoten über die Vertragsgeschwindigkeit. Ende Juni wurde die Artillerie abgenommen. Im Herbst 1901 trafen die Schiffe in Rußland ein. Die KEFAL und LOSOS wurden von Januar bis März 1902 getestet und im Sommer nach Kronstadt übergeführt.

Zu Beginn des Russisch-Japanischen Krieges befanden sich alle fünf in Frankreich gebauten Torpedoboote in Port Arthur.

Auf der Reede von Port Arthur versenkte die WLASTNY mit einem Torpedo ein japanisches Torpedoboot. Die GROSOWOI und die WLASTNY waren noch Teilnehmer am ersten Weltkrieg, während die anderen drei im Russisch-Japanischen Krieg verlorengingen. Das Schicksal des ersten Schiffes ist unbekannt, das zweite wurde 1922 verschrottet.

Das Torpedoboot WYBORG wurde in England im Beisein seines Kommandanten, *E. N. Schtschensnowitsch*, gebaut. Um Strafen für Terminverzüge zu vermeiden, wurden viele Arbeiten übereilt, nicht selten auf Kosten der Qualität ausgeführt, und die Abnahmeprüfungen sollten gleichfalls gekürzt werden. So wollte man anfangs sogar die Schotten nicht auf ihre Wasserundurchlässigkeit prüfen.

Auf den Probefahrten im Jahre 1886 traten viele Brüche und Störungen an den Systemen auf, worüber *Schtschensnowitsch* mehrmals dem Marineattaché in England berichtete. Bei einer Ausfahrt «erwies sich das Deck so schwach, daß sich sogar eine Platte bog ..., zusätzliche Befestigungen des Decks waren notwendig». Endlich konnte das Torpedoboot zu den offiziellen Prüfungen vorgestellt werden. In der Meßmeile wurde eine Höchstgeschwindigkeit von 20,6 kn registriert. Bei vollem Kohlevorrat erreichte das Schiff jedoch nicht mehr als 18 kn. Viele Mängel traten während der Überfahrt nach Rußland zutage. Bei Windstärke 7 Bft. krängte das Schiff bis zu 47°. Der Bug wurde beschädigt, einige Spanten bogen sich bis zu 18 mm durch. Bei den Vergleichsprüfungen mit zwei russischen Torpedobooten zeigte die WYBORG die schlechteren Parameter, und die Maschinensysteme arbeiteten nicht zuverlässig. Außerdem traten starke Vibrationen des Hecks und des gesamten Decks auf. Trotzdem übernahm die Flotte die WYBORG. Ein interessanter Fakt – nach zehn Jahren wurde sie als erstes Torpedoboot von Kohle auf Öl umgerüstet.

Eine andere englische Firma baute das für damalige Verhältnisse relativ große Torpedoboot SOM, ab 1902 BOJEWOI (Wasserverdrängung 370 t, Länge 65 m, Breite 6,5 m, Geschwindigkeit 27 kn). Schon während des Baus wurde Leutnant *A. E. Dobrowolski* zum Kommandanten der SOM ernannt, der faktisch auch für die Bauaufsicht verantwortlich war.

Im Februar 1900, im Rahmen der Erprobung, wurde offensichtlich, daß der Kohleverbrauch über dem berechneten lag und damit die Vertragsbedingung in bezug auf die Reichweite (3500 sm) nicht erfüllt werden konnte. In der Abnahmeurkunde war vermerkt, daß «der Kohlevorrat bei einer Geschwindigkeit von 15 kn eine Reichweite von lediglich 1578 sm zuläßt».
Der Versuch des russischen Marineministeriums, der Firma eine Strafe aufzuerlegen, schlug fehl, und am 18. Juli 1900 wurde die SOM vom Staat dann doch gekauft.

Die Schwarzmeer-Torpedoboote ADLER (Wasserverdrängung 164 t, Geschwindigkeit 26,5 kn; Bewaffnung: 2× 37-mm-Geschütze, 3 TR), ANAKRIA (Wasserverdrängung 100 t, Geschwindigkeit 21,1 kn; Bewaffnung: 2× 37-mm-Geschütze, 2 TR) und weitere wurden in Deutschland auf der «Schichau»-Werft gebaut. Im Frühjahr 1890 liefen sie zur Abnahme aus. Die Maschinenleistung des Zwei-Propeller-Schiffes ADLER von 1470 kW und die des Ein-Propeller-Schiffes ANAKRIA von 810 kW entsprachen den Vertragsbedingungen. Probleme gab es allerdings bezüglich der Ausrüstungen und Bordanlagen. So war die Leistung der Seewasserentsalzungsanlage auf der ADLER nicht ausreichend für zwei Kessel, und bei der Überfahrt nach Sewastopol mußte teilweise Seewasser nachgebunkert werden. Die Seetüchtigkeit ließ Wünsche offen; so unterschnitt die ADLER schon bei Windstärke 4 Bft., und bei Windstärke 7 Bft. reichten die Wellen bis zum Sokkel des Großmastes. Die ANAKRIA war bei den Vergleichsprüfungen wesentlich besser. Daraufhin bestellte das Marineministerium auf russischen Werften eine Serie solcher Ein-Propeller-Torpedoboote.

Schiffe ähnlich der ANAKRIA wurden in den Putilow- und in den Ishorsker Werken gebaut. Auf einem von ihnen, dem Torpedoboot TOSNA (Nr. 115), sind 1899 erstmals in der Geschichte der russischen Flotte Versuche mit dem Radiotelegrafen von *A. S. Popow* mit guten Ergebnissen durchgeführt worden. Leutnant *Kolbasew*, der Kommandant des Torpedobootes, schrieb später: «... wir konnten auf eine Entfernung von 14 sm telegrafieren, wobei in nächster Zukunft diese Entfernung sehr wahrscheinlich vergrößert werden kann.»

Vor dem Krieg mit Japan vergrößerte die russische Regierung den Umfang der Bestellungen von großen Schiffen im Ausland. So wurden 1898 in den USA das Panzerschiff RETWISAN und der Kreuzer WARJAG gebaut, der später Symbol für die Standhaftigkeit und den Heldenmut der russischen Flotte werden sollte. Die

Der Kreuzer WARJAG

Erprobung und die Abnahme dieser Schiffe standen unter der Leitung des Kapitäns zur See *E. N. Schtschensnowitsch.* Die erste Probefahrt absolvierte die WARJAG am 16. Mai 1900, die allerdings nach kurzer Zeit abgebrochen werden mußte. Bei einer Geschwindigkeit von 21 kn wurde an der Stb.-Maschine ein Kurbellager unbrauchbar. Man mußte nach Philadelphia zurückkehren. Die zweite Fahrt dagegen verlief erfolgreich, und der Kreuzer konnte am 10. Juli 1900 zu den offiziellen Abnahmeprüfungen vorgestellt werden. Diese begannen mit Fahrten in einer 10-Meilen-Meßstrecke bei Boston. Dort wurde eine Höchstgeschwindigkeit von 24,6 kn erzielt. Es trat erneut eine Störung auf: der Zylinderkopf der Bb.-Maschine barst. Der Wechsel nahm zwei Monate in Anspruch, so daß die Erprobungen erst im September fortgesetzt werden konnten. Der Aktionsradius des Kreuzers wurde anhand einer 24-Stunden-Fahrt mit 10 kn Marschgeschwindigkeit ermittelt. Am Kohleverbrauch und seinen Reserven gemessen, kam die Kommission zu der Schlußfolgerung, daß die vertraglich vereinbarte Reichweite von 5000 sm gewährleistet sei. Die Geschwindigkeit bei voller Fahrt wurde nochmals überprüft. Die Kommission führte die Abnahmeprüfungen der WARJAG sehr sorgfältig und streng durch. Die Abteilungen wurden auf Wasserundurchlässigkeit geprüft und die Parameter der Systeme und Waffen genau ermittelt. Dem Werk wurden Hunderte von Bemerkungen vorgelegt. Außerdem konnte die Abnahmekommission mehrmals Vertuschungsversuche von Defekten vereiteln. So wurde in einem Sammler eines Kessels ein kunstvoll verdeckter Riß aufgespürt. Öfter versagten die Dynamomaschinen, die Ruderanlage und die Bootswinden. Wegen der Vielzahl von Mängeln und unvollständiger Beseitigung konnte die WARJAG lange nicht die Werft verlassen, trotz auf Eile drängender Telegramme des Marinehauptstabes. Der Verzug betrug insgesamt sieben Monate.

Ähnliche Zustände waren auch beim Bau der RETWISAN zu beobachten. Die Werksprüfungen des Panzerschiffes fanden im August/September 1901 statt. Zu den offiziellen Abnahmeprüfungen konnte das Schiff jedoch erst Ende September vorgestellt werden. Die ersten Ergebnisse waren wenig erfreulich. «Die leicht erreichbaren 18 kn», wie es im Vertrag stand, schafften die Maschinen selbst bei Überlastfahrweise der Kessel nicht. Unter Einsatz aller Mittel wurden 17,9 kn erreicht. Die Kommission war gezwungen, dem Werk eine solch umfangreiche Mängelliste vorzulegen, daß die Mängelbeseitigung bis zum Frühjahr des darauffolgenden Jahres dauerte. Bei der Überfahrt nach Rußland ereignete sich beim Versuch, volle Fahrt zu entwickeln, erneut eine Havarie: Eine Hauptdampfleitung von einem der 24 Kessel platzte. Drei Heizer erhielten tödliche Verbrennungen.

In Rußland wurde dann zusätzlich das Hauptkaliber getestet, indem Salven unter einer Krängung von 8° geschossen wurden, und die Festigkeit der Türme und des Rumpfes überprüft. Während der Fahrt wurden die Anlage zur Kohleumladung und der hydraulische und der elektrische Ruderantrieb erprobt. In Kronstadt erhielt das Panzerschiff eine Funkstation. Zu jener Zeit hatte sich die Erfindung *A. S. Popows* in der Flotte schon durchgesetzt.

Im Russisch-Japanischen Krieg wurde die RETWISAN auf der Reede von Port Arthur von einem feindlichen Torpedoboot angegriffen und erhielt einen

Der Kreuzer BOGATYR

Torpedotreffer, durch das Leck traten 2000 t Wasser ein. Die Besatzung konnte jedoch die Schlagseite ausgleichen, und der Kommandant setzte das Schiff auf eine Sandbank. Da sie in der vordersten Verteidigungslinie lag, konnte sie die feindliche Blockade von Port Arthur verhindern, indem sie die Minenleger nicht in den Hafen ließ. Für den bewiesenen Mut erhielten ihr Kommandant, Kapitän zur See *Schtschensnowitsch*, den Georgsorden und 25 Matrosen das Georgskreuz.

Die Kreuzer BOGATYR, ASKOLD und NOWIK wurden in Deutschland gebaut. 1902 lief auf der Howaldtswerft Kiel das Schulschiff OKEAN vom Stapel, das für die Ausbildung des Maschinenpersonals vorgesehen war. Diesem Schiff, 1922 in KOMSOMOLEZ umbenannt, war ein langer und ruhmreicher Weg in der sowjetischen Flotte beschieden. Tausende sowjetische Seeleute absolvierten auf ihm ihren ersten Wachdienst, darunter die späteren Admirale *S. G. Gorschkow*, *N. I. Smirnow*, *G. M. Jegorow* und *W. A. Kasatonow*.

In Frankreich wurden unter Aufsicht des Schiffbauingenieurs *K. P. Boklewski* das Panzerschiff ZESAREWITSCH und der Panzerkreuzer BAJAN gebaut. An der Erprobung der BAJAN nahm *A. N. Krylow* teil, den man, nach Auftreten von Rumpfvibrationen während der ersten Fahrt, zu den Werksprüfungen eingeladen hatte. *Krylow* schätzte das System der Abteilungen hoch ein, mit der man eine Krängung bis zu 15° und eine bedeutende Trimmlage durch Wasserfüllung der Ballastzellen im Doppelboden ausgleichen konnte, ohne die Kielraumabteilungen fluten zu müssen. In der Meßmeile erreichte die BAJAN im Oktober 1902 eine Geschwindigkeit von 20,9 kn bei einem Tiefgang von 6,5 m. Anfang 1903 lief der

Kreuzer zur ersten Fahrt aus, und ein Jahr später zeichnete er sich in der Nacht des japanischen Überfalls auf das Port-Arthur-Geschwader aus.

Der Kreuzer SWETLANA, dessen Mannschaft sich 1904 in der Tsushima-Schlacht durch Mut und Standhaftigkeit hervortat, wurde ebenfalls in Frankreich gebaut. Er lief im Dezember 1896 in Le Havre vom Stapel. Die während der Erprobung demonstrierte Seetüchtigkeit erwies sich besser als die im Projekt vorgesehene (Wasserverdrängung 3800 t, Maschinenleistung 1175 kW, Geschwindigkeit 20,2 kn, Kohlevorrat 620 t, Reichweite bei Ak 1450 sm; Bewaffnung: 6× 152-mm-, 10× 47-mm-Geschütze, 2 TR).

So übertraf z. B. die Maschinenleistung den Vertragswert, und die Geschwindigkeit lag 0,2 kn darüber. Die Dienstflagge wurde am 21. März 1898 auf dem Kreuzer gehißt, und im Juli lief das Schiff in Kronstadt ein.

Im Russisch-Japanischen Krieg befand sich die SWETLANA im 2. Pazifischen Geschwader des Vizeadmirals *S. P. Roshestwenski*. Am ersten Tag der Schlacht bei Tsushima, als sie zusammen mit der AURORA eine Gruppe Transportschiffe geleitete, erhielt die SWETLANA schwere Beschädigungen. Mit einer starken Buglastigkeit setzte das Schiff den Kampf fort, bis sie am Morgen des 15. Mai 1905 vor der Insel Dashelet von einer Gruppe japanischer Kreuzer eingekreist wurde. Bis zur letzten Granate kämpfte die Mannschaft des russischen Schiffes. Der Kommandant, *S. P. Schein*, und der Stabsoffizier *A. A. Surow* fielen. Die Japaner beschossen das schon sinkende Schiff heftig, so daß von den 457 Mann Besatzung 167 fielen. Den Namen des Kreuzers erhielt das Führerschiff einer neuen Kreuzerserie, das 1913 in Reval auf Kiel gelegt wurde.

Den Bau des Panzerkreuzers ADMIRAL MAKAROW, der sofort nach Beendigung des Russisch-Japanischen Krieges in Frankreich bestellt wurde, beaufsichtigte der Schiffbauer *W. W. Konstantinow*. Im Laufe des Baus und der Erprobung konnten *Konstantinow* und der Kommandant, Kapitän zur See *W. F. Ponomarjow*, viele Verbesserungen zum ursprünglichen Projekt vorschlagen, beispielsweise zur Konstruktion und zum Einbau der Schotten und zur Ankeranlage. Der Kreuzer beendete seinen Flottendienst 1918 und wurde 1922 verschrottet.

Den Panzerkreuzer RJURIK, den 1907 eine englische Werft fertigstellte, prüfte eine Kommission, der der Schiffbauingenieur *W. P. Kostenko* und einer der Konstrukteure des ersten U-Bootes DELFIN, *T. S. Gorjunow*, angehörten. *Gorjunow* ist gleichfalls als Initiator des Baus von Torpedobooten mit Turbinenantrieb bekannt.

Unter großen Schwierigkeiten und mit bedeutendem Verzug übergab die englische Firma «Vickers» die Artillerie. Beim ersten Schießen bemerkte die Kommission die schwache Befestigung des Unterbaus der Türme. Die Firma verstärkte die Halterung jedoch uneffektiv, wie die Wiederholungsprüfung erwies. Das russische Marineministerium erklärte sich dann mit dem Vorschlag der Firma einverstanden, die Abschlußprüfung der Schiffartillerie in Rußland nach der Überführung durchzuführen.

Im Sommer 1908 traf die RJURIK unter dem Kommando von Kapitän zur See *N. O. Essen* in Kronstadt ein. Für das Artillerieschießen wurde eine neue Kommission unter Vorsitz von *Krylow* berufen, der zu dieser Zeit die schiffbautechnische Abteilung des Marinetechnischen Komitees leitete. Die Schießergebnisse bestätigten erneut, daß die Befestigungen zu schwach waren. Beim Salvenschießen scherten die Nieten ab, die den Turmunterbau mit dem Deck verbanden. Die Firmenvertreter verstärkten abermals die Schwachstellen, leider erfolglos. Die laut Programm vorgesehene 12-Salven-Probe konnte nicht realisiert werden. Nach der achten Salve entstand die reale Gefahr des Abreißens der Geschützanlagen vom Deck. Die Briten mußten die Unbrauchbarkeit des Turmunterbaus eingestehen. Die neue Befestigungsvariante wurde nach russischen Zeichnungen realisiert, allerdings auf Kosten der Firma «Vickers». Endgültig konnte der Kreuzer erst im Juli 1909 von der russischen Flotte übernommen werden, ein Jahr nach dem Auslaufen aus Großbritannien.

Die ins Ausland entsandten Kommissionen hatten keine leichte Aufgabe zu lösen. Um nicht die Beziehungen mit dem Land, in dem das Schiff gebaut wurde, zu belasten, zeigte sich die russische Regierung nachsichtig gegenüber den Herstellerfirmen, verzieh ihnen Terminverzüge und auch nicht selten technische Unzulänglichkeiten. Das Marineministerium ordnete in diesen Fällen des öfteren an, die Abnahmeurkunde eines nicht vollständig fertigen Schiffes zu unterschreiben, obwohl das Erprobungsprogramm noch nicht erfüllt oder das Schiff mit konstruktiven oder technischen Mängeln behaftet war. Dann mußte in Rußland nachgebessert werden. So gab der Flottenchef, Generaladmiral Großfürst *Alexsej Alexandrowitsch*, z. B. seine Zustimmung zum Einbau von amerikanischen «Nicloss»-Wasserrohrkesseln an Stelle von «Belleville»-Wasserrohrkesseln in die RETWISAN und in die WARJAG. Dieses Zugeständnis kam der Flotte teuer zu stehen, denn die Kessel konnten zwar schnell auf Vollast hochgefahren werden, arbeiteten aber im Dauerbetrieb sehr unzuverlässig.

Lehren aus dem Russisch-Japanischen Krieg

Im letzten Viertel des vorigen Jahrhunderts entwickelte sich der russische Schiffbau besonders intensiv. Nach Aufhebung des erniedrigenden Pariser Friedensvertrages entstand erneut die Schwarzmeerflotte. Die Werften waren voll ausgelastet. Mit der Kiellegung der JEKATERINA II. 1883 in Nikolajew und in Sewastopol der TSCHESMA und SINOPE begann der Panzerschiffbau am Schwarzen Meer. Die Hochseepanzerschiffe (Wasserverdrängung 11 000 t, Geschwindigkeit – JEKATERINA II. 15 kn, SINOPE 16,5 kn, TSCHESMA 13,5 kn; Bewaffnung: 6 2× 305-mm-, 7× 152-mm-, 12 kleinkalibrige Geschütze, 7 TR) begannen 1888/89 ihren Flottendienst.

Das Panzerschiff GEORGI POBEDONOSEZ (Wasserverdrängung 11 000 t), das in Sewastopol auf Kiel gelegt wurde, hatte modernere Kessel, ähnlich denen auf der SINOPE, und entwickelte 17 kn. Die Bewaffnung war die gleiche wie auf den

Das Hochseepanzerschiff GEORGI POBEDONOSEZ

anderen erwähnten Panzerschiffen. Die Abnahmeurkunde des Schiffes unterschrieb die Kommission 1896. Das Schiff nahm am ersten Weltkrieg teil. 1919 war es das Stabsschiff der Weißgardistenflotte und wurde im November 1920 von *Wrangel* nach Binzert (Bizerta, Tunesien) übergeführt.

Die Admiralität übergab 1892 das Panzerschiff DWENADZAT APOSTOLOW (Wasserverdrängung 8700 t) und 1895 die TRI SWJATITELJA (Wasserverdrängung 13300 t). Die DWENADZAT APOSTOLOW war seit 1912 Minenlagerschiff und 1925 das Panzerschiff «POTJOMKIN» im gleichnamigen Film von *S. A. Eisenstein*.

Auf dem Panzerschiff ROSTISLAW (Wasserverdrängung 10000 t; Artilleriebewaffnung: 4× 254-mm-, 8× 152-mm-Geschütze) wurde erstmals flüssiger Treibstoff eingesetzt. Weißgardisten versenkten das Schiff 1920 in der Meerenge von Kertsch.

Das letzte auf Kiel gelegte Schwarzmeerpanzerschiff vor der Jahrhundertwende war die KNJAS POTJOMKIN TAWRITSCHESKI, die einen besonderen Platz in den Annalen der russischen Revolution 1905 einnimmt (Artilleriebewaffnung: 4× 305-mm-, 16× 152-mm-, 14× 75-mm-Geschütze; Besatzung: 26 Offiziere, 705 Konduktoren und Matrosen).

Von ihren Vorgängern unterschied sie sich wie die TRISWJATITELJA durch eine größere Wasserverdrängung und stärkere Bewaffnung. Die POTJOMKIN lief am 26. September 1900 vom Stapel der Nikolajewer Werft, und im Dezember

Das Schlachtschiff PANTELEJMON (ex KNJAS POTJOMKIN TAWRISCHESKI)

1901 war schon die Standerprobung. Dort wurden die Kessel unter Dampf und die Maschinen bei Belastung am Ausrüstungskai geprüft und verschiedene Systeme und Anlagen abgenommen.

Im Juni 1902 beschlossen das Flottenkommando und die Werksdirektion, die POTJOMKIN aus Nikolajew nach Sewastopol zu überführen, obwohl die Türme der Hauptgeschütze noch nicht fertig waren. Am Zielort wurde beschlossen, mit der See-Erprobung zu beginnen. Auf der ersten Etappe war eine dreitägige Fahrt

Das Kanonenboot DONEZ

zum Einrichten der mechanischen Anlagen und Überprüfen des Vollastregimes der Kessel vorgesehen. Nach erfolgreicher Absolvierung dieser Etappe ließ man das Panzerschiff zu den offiziellen Abnahmeprüfungen zu. Diese zogen sich jedoch eineinhalb Jahre hin. Am 20. Dezember 1903 brach ein Brand auf dem Schiff aus. Acht ölgefeuerte Kessel fielen infolgedessen lange Zeit aus. Die Prüfungen mußten mit den Kohlekesseln fortgesetzt werden.

Im Sommer 1904 kehrte die POTJOMKIN nach Nikolajew zur Reparatur der Kessel, Armaturen und Räume zurück. Innerhalb von zwei Monaten wurde die Reparatur ausgeführt, und die Kessel wurden erneut von der Besatzung abgenommen. Wegen der sich hinziehenden Montage der Türme begann man mit der Artillerieerprobung erst ein Jahr später. Am 13. Juni 1905 traf die POTJOMKIN auf der Reede an der Tendrower Landzunge zum Probeschießen ein. Hier begann der historische Aufstand auf dem Panzerschiff. Interessant dürfte sein, daß sich bei dem Aufstand 22 Mann des Übergabepersonals von der Nikolajewer Werft an Bord des Schiffes befanden. Ein Großteil von ihnen schloß sich den revolutionären Matrosen an.

Außer den Panzerschiffen nahmen in dieser Periode die Kreuzer OTSCHAKOW (von 1907 bis 1917 KAGUL) und KAGUL (ab 1907 PAMJAT MERKURIA) sowie die Kanonenboote URALEZ, TEREZ, KUBANEZ, DONEZ u. a. ihren Dienst in der Schwarzmeerflotte auf.

Das Hochseepanzerschiff IMPERATOR ALEXANDER II. (SARJA SWOBODY)

Die Baltische Flotte wurde ebenfalls beschleunigt aufgefüllt. Im Zeitraum von 1887 bis 1889 liefen die Hochseepanzerschiffe (mit einem Turm) IMPERATOR ALEXANDER II. und IMPERATOR NIKOLAI I. (Wasserverdrängung 9000 t, Geschwindigkeit 14 kn, Bewaffnung: 2× 305-mm-, 4× 229-mm-, 8× 152-mm-, 22 kleinkalibrige Geschütze, 5 TR) vom Stapel. Im Unterschied zu den Panzerschiffen vom Typ «Jekaterina II.» waren sie kleiner, langsamer und hatten weniger großkalibrige, dafür aber mehr mittel- und kleinkalibrige Geschütze. Kurz nach Vollendung der Abnahmeprüfungen fuhr die IMPERATOR NIKOLAI I. 1892 nach New York zu den Feierlichkeiten anläßlich des 400jährigen Jubiläums der Entdeckung Amerikas. Auf der Überfahrt wurde gleichzeitig die Seetüchtigkeit des Schiffes getestet. Die IMPERATOR ALEXANDER II., die ab Mai 1917 SARJA SWOBODY hieß und 1922 verschrottet wurde, ging in die revolutionären Annalen der Flotte ein, denn sie war an der Oktoberrevolution beteiligt.

1891 wurde auf der Galeereninsel in Petersburg das Panzerschiff NAWARIN (Wasserverdrängung 10000 t, Geschwindigkeit 15,9 kn; Hauptbewaffnung: 4× 305-mm-, 8× 152-mm-Geschütze) gebaut. Es war das erste Schiff in der russischen Flotte mit einer 16-Zoll-Stahlpanzerung (406,4 mm) der Bordwände.

Das fast gleichartige – im Vergleich mit der NAWARIN – Panzerschiff SISOI WELIKI lief 1894 vom Stapel der Neuen Admiralitätswerft, und die Abnahmeprüfungen wurden zwei Jahre später abgelegt. Sofort nach den Prüfungen lief das Schiff ins Mittelmeer aus.

Das Hochseepanzerschiff NAWARIN unter Dampf

1894/95 wurde erstmals in Rußland eine Panzerschiffserie gebaut, die PETROPAWLOWSK, SEWASTOPOL und POLTAWA (Wasserverdrängung 11500 t, Geschwindigkeit 17 kn; Hauptbewaffnung: 4× 305-mm-, 12× 152-mm-Geschütze). Die Schiffe gehörten dem 1. Pazifikgeschwader an und beteiligten sich 1904 an der Verteidigung von Port Arthur, wobei das Panzerschiff PETROPAWLOWSK auf eine Mine lief und sank. Dabei kam der Geschwaderkommandeur, Vizeadmiral *S. O. Makarow*, ums Leben. Auf den Panzerschiffen SEWASTOPOL und POLTAWA sowie auf dem Kreuzer GROMOBOI wurden die ersten ortsfesten Funkstellen in der russischen Flotte eingerichtet. Die Auswahl des Aufstellungsortes der Funkstellen und der Geräteanordnung oblag dem russischen Physiker *A. S. Popow*.

Die nächste Panzerschiffserie bestand aus den 3-Propeller-Schiffen PERESWET, OSLJABJA und POBEDA (Wasserverdrängung 13000 t, Geschwindigkeit 18 kn). Aufgrund des Einsatzes leichterer 254-mm-Turmgeschütze und einer Verringerung der Panzerung konnte der Kohlevorrat stark vergrößert und damit die Reichweite auf 6000 sm erweitert werden. Die PERESWET und POBEDA (1. Pazifikgeschwader) wurden in den Baltischen Werken und die OSLJABJA (2. Pazifikgeschwader) auf der Neuen Admiralitätswerft erbaut.

Das Hochseepanzerschiff OSLJABJA auf Reede vor Anker liegend

Am vor Anker liegenden Hochseepanzerschiff SLAWA haben Boote festgemacht

Die besten russischen Hochseepanzerschiffe, die am Vorabend des Russisch-Japanischen Krieges gebaut wurde, waren die Schiffe vom Typ «Borodino». Das Typschiff lief auf der Neuen Admiralitätswerft, die ORJOL auf der Werft der Galeereninsel und die IMPERATOR ALEXANDER III., die KNJAS SUWOROW und die SLAWA in den Baltischen Werken vom Stapel (Wasserverdrängung 15 000 t, Geschwindigkeit 18 kn). Auf den Panzerschiffen waren die 152-mm-Geschütze in sechs Zwillingstürmen untergebracht.

Das Panzerschiff IMPERATOR ALEXANDER III. lief als erstes Schiff der Serie zur See-Erprobung aus. Um die Abnahmezeit zu verkürzen, beschloß die Kommission, die Geschwindigkeitsmessungen und die Bestimmung der Wirtschaftlichkeit mit der Erprobung der Schnellfeuerartillerie zu verbinden. Die deshalb geöffneten Batteriepforten ließen ernstliche konstruktive Unzulänglichkeiten erkennen. Beim Drehkreis mit AK am Ende der Meßfahrt krängte das Schiff sehr stark. Zwischen der unteren Pfortenkante bis zum Wasser blieben ganze 1,5 Zoll (4,1 cm). Da absolut spiegelglatte See war, überflutete das Wasser die Pforten nicht. Der Grund für die große Krängung war eine dreieckige Öffnung, die der besseren Manovrierfähigkeit dienen sollte und durch Verkürzung des Unterwasserschiffes am Heck entstand. Nach der Rückkehr in die Werft wurde die Öffnung verschlossen, und auf den weiteren Erprobungen trat keine große Krängung beim Drehkreis, selbst bei voller Fahrt, mehr auf. Die Abnahmeprüfungen der Panzerschiffe vom Typ «Borodino» konnten bis zu ihrer Abfahrt ins 2. Pazifikgeschwader von *S. P. Roshestwenski* nach dem Fernen Osten nicht abgeschlossen werden.

Das Küstenpanzerschiff ADMIRAL USCHAKOW, in einem Hafen liegend

Wenn die Hochseepanzerschiffe hauptsächlich für den Kampf auf Hoher See, im Geschwaderverband, vorgesehen waren, so bestand die Hauptaufgabe der Küstenpanzerschiffe in der Verteidigung der Küstengebiete. Im Zeitraum von 1892 bis 1899 wurden die Panzerschiffe der Küstenverteidigung ADMIRAL USCHAKOW, ADMIRAL SENJAWIN und GENERAL-ADMIRAL APRAXIN (Wasserverdrängung 4800 t, Geschwindigkeit 16 kn; Hauptbewaffnung: 254-mm-Geschütze) gebaut. Die GENERAL-ADMIRAL APRAXIN entwarf der Schiffbauingenieur *Skworzow*. Ihm zur Seite stand der junge Ingenieur *A. P. Scherschow*, der 1912 den Bau der Schlachtschiffe POLTAWA und GANGUT beaufsichtigte. 1916 sandte man ihn nach England, wo der Eisbrecher SWJATOGOR (später KRASIN) im Bau war. Vom ersten Tag der Sowjetmacht bis Ende seines Lebens beteiligte sich *Scherschow* aktiv am sowjetischen Schiffbau.

Auf den Petersburger Werften sind auch Kreuzer gebaut worden. Vom Stapel der Galeereninsel-Werft liefen 1899 die Panzerdeckkreuzer PALLADA und DIANA. Die Neue Admiralitätswerft ließ die OLEG (Stapellauf 14. 8. 1903; Wasserverdrängung 6250 t, Länge 134 m, Breite 16,6 m, Tiefgang 6,3 m; Besatzung 580 Mann) und AURORA (1900) zu Wasser. Letztere begann im Juni 1903 ihren Dienst in der Baltischen Flotte. Im Jahre 1903 wurde der Kreuzer 2. Ranges ALMAS abgenommen. Während einer 6-Stunden-Fahrt erreichte er eine Ge-

Der Panzerdeckkreuzer OLEG

schwindigkeit von 19 kn. Mit Auszeichnung bestand der Kreuzer die damals eingeführten Zusatzprüfungen zur Zuverlässigkeit der Maschinenanlagen und «Ausdauer und Härte» des Maschinenpersonals bei einer Fahrt von Libau (heute Liepaja) zur Insel Bornholm und zurück. Der ALMAS war es als einzigem russischem Kreuzer unter dem Kommando von Korvettenkapitän *Tschagin* gelungen, nach der Schlacht bei Tsushima zum Hafen von Wladiwostok durchzubrechen.

Der Kreuzer ROSSIJA

In den Baltischen Werken wurden die Kreuzer RJURIK (1895), nicht zu verwechseln mit dem Panzerkreuzer RJURIK, ROSSIJA (1897) und die gleichartige GROMOBOI (1900) gebaut. Der Kreuzer ROSSIJA (Wasserverdrängung 12000 t) war das erste im Werk hergestellte 3-Propeller-Schiff mit einer Maschinenleistung von 13500 kW. Auf ihr wurden erstmals «Belleville»-Wasserrohrkessel aufgestellt, und der Kreuzer hatte vier Schornsteine und keine Segel mehr. Die See-Erprobungen des Kreuzers begannen im Mai 1897, und am Jahresende übernahm ihn die Flotte.

Von 1881 bis 1895 wurden insgesamt 17 Panzerschiffe mit einer Gesamtwasserverdrängung von 171000 t, 10 Panzer- und Panzerdeckkreuzer (68000 t) und 14 gepanzerte und ungepanzerte Kanonenboote (20600 t) fertiggestellt. Die Flotte erhielt auch neue Torpedoboote. Allein von 1893 bis 1908 sind im Newsker Maschinenbauwerk 36 Torpedoboote und 21 Torpedoboot-Zerstörer gebaut worden.

In großer Serie wurden Torpedoboote der Typen «Sweaborg» und «Abo» (Wasserverdrängung 80 bis 100 t, Geschwindigkeit 20 kn) hergestellt.

1895 begann der Prototyp der Torpedoboot-Zerstörer, die SOKOL (ab 1902 PRYTKI), seinen Flottendienst (Wasserverdrängung 241 t, Antriebsleistung 2800 kW, Geschwindigkeit 30 kn; Bewaffnung: 1× 75-mm-, 3× 47-mm-Geschütze, 2 TR). Das in Großbritannien gebaute Schiff hatte erstmals in der Geschichte des Schiffbaus einen aus Nickelstahl gefertigten Rumpf. Es war von vornherein vorgesehen, nur einen Teil der Abnahmeerprobung in Großbritannien durchzuführen, der Rest sollte in Rußland nach der Unterzeichnung der Abnahmeurkunde abgenommen werden. So ermittelte man den Treibstoffverbrauch und den Aktionsradius nach der Ankunft des Torpedoboot-Zerstörers in Kronstadt in Gegenwart von Garantiemechanikern der englischen Firma. Hier sind auch die Torpedowaffe und Artillerie erprobt worden. Im Flottendienst zeigte sich das Schiff mit seinen äußerst zuverlässigen Anlagen von der besten Seite. Die SOKOL war der Prototyp einer großen Torpedoboot-Zerstörer-Serie, die von 1896 bis 1909 auf russischen Werften gebaut wurde. Das Schiff war über 20 Jahre im Flottendienst. Unter dem Namen PRYTKI nahm es am ersten Weltkrieg teil, zuerst als Aviso (Aufklärer), dann als Räumschiff, 1918 baute man es erneut zu einem Torpedoboot-Zerstörer um. Die PRYTKI wurde mit drei anderen Schiffen dieses Typs auf die Wolga verlegt, wo sie erfolgreich in der Wolga- und später Astrachan-Kaspi-Flottille operierte. 1922 ist das Schiff verschrottet worden.

Mit einer Serie aus zehn Torpedoboot-Zerstörern vom Typ «Bujny», die im Newski-Werk in Petersburg von 1900 bis 1902 errichtet wurden, schloß man den Teil Torpedoboot-Zerstörer im Schiffbauprogramm von 1898 «Für den Fernen Osten» ab (Wasserverdrängung 350 t, Antriebsleistung 4400 kW, Geschwindigkeit 26 kn; Bewaffnung: 1× 75-mm-, 5× 45-mm-Geschütze, 3 TR). Die «Bujny»-Zerstörer hatten jeweils zwei Kolbendampfmaschinen.

In der Seeschlacht bei Tsushima kämpften die Torpedoboot-Zerstörer GROSNY und GROMKI heldenhaft. Beide und das dritte, gleichartige Schiff, die GROMJASCHTSCHI, wurden erst im Verlaufe des Russisch-Japanischen Krieges nach den neuesten Erkenntnissen der Seekriegstechnik und entsprechend den taktischen Forderungen gebaut.

Infolge des Krieges forderte das Marineministerium, den Bau und die Prüfungen der Torpedoboot-Zerstörer zu beschleunigen. Deshalb oblag die Beaufsichtigung und Abnahme der Schiffe entsprechend dem Standerprobungsprogramm faktisch den Kommandanten, nur die See-Erprobung nahm eine Kommission ab. Die GROSNY lief am 6. Juli 1904 vom Stapel, und zwei Monate später befand sie sich schon in der Meßmeile, allerdings ohne Masten und Bewaffnung, deren Gewicht aber durch zusätzlichen Ballast kompensiert wurde. Das Schiff erreichte fast die Vertragsgeschwindigkeit bei AK-Fahrt (25,9 kn). Die Kommission stellte aber eine starke Erwärmung der Lager fest. Die GROMKI wurde drei Wochen später geprüft. Sie erzielte nur 25,8 kn, was nach Meinung der Kommission ein um 0,2 m erhöhter Tiefgang bei einer Wasserverdrängung von 409 t hervorrief. Diese Torpedoboot-Zerstörer sollten sich möglichst schnell dem 2. Pazifikgeschwader anschließen, das nach dem Fernen Osten auslief. Aus diesem Grunde unterzeichnete die Kommission die Abnahmeurkunden, ohne die Behebung aller Mängel abzuwarten, und kürzte das Erprobungsprogramm. Die GROMKI ist bei Tsushima versenkt worden, aber der GROSNY gelang nach der Schlacht der Durchbruch nach Wladiwostok.

In jener Periode übergab die Nikolajewer Werft an die Schwarzmeerflotte neun Torpedoboote-Zerstörer vom Typ «Leutnant Puschtschin». Sie unterschieden sich wenig vom Typ «Bujny».

Zum Schutz der großen Kampfschiffe vor feindlichen Torpedobooten, vor Minen, als Aufklärungs- und Kurierschiffe wurden sogenannte (Minen-)Torpedokreuzer gebaut. Das Nullserienschiff KASARSKI (Wasserverdrängung 400 t, Geschwindigkeit 21,1 kn; Bewaffnung: 2× 47-mm-, 7× 37-mm-Geschütze, 2 TR, Minen) lief 1890 auf der «Schichau»-Werft Elbing (Deutschland, heute Elblag – VR Polen) vom Stapel. Die Erprobung leitete der Kommandant selbst. In Sewastopol ist es später mit der Torpedobewaffnung ausgerüstet und die Erprobung fortgesetzt worden. Gleichzeitig mit der KASARSKI wurde der in Rußland gebaute Torpedokreuzer KAPITÄN SAKEN auf dem Schwarzen Meer getestet. Die Kommission unter Vorsitz von Konteradmiral *I. I. Dikow* mußte entscheiden, welchem Schiff der Vorzug für die Serienproduktion von Torpedokreuzern gegeben werden sollte.

Es stellte sich heraus, daß für Schwarzmeerbedingungen die KASARSKI besser geeignet war. Die Überfahrt Sewastopol – Jalta bewältigte sie mit einer Durchschnittsgeschwindigkeit von 20 kn, dagegen kam die KAPITÄN SAKEN nur auf 17 kn. Außerdem war die Besatzungsstärke der KASARSKI geringer. Unabhängig davon stellte die Kommission fest, daß keines der beiden Schiffe die Anforderungen für eine Fahrt im Geschwader aus der Sicht der Kohlenvorräte und Lebensbedingungen an Bord erfüllte. Auch war die Seetüchtigkeit nicht zufriedenstellend. Diese Bemerkungen trafen gleichfalls für die auf den Peters-

Der Torpedokreuzer LEUTNANT ILJIN in Fahrt

burger Werften in Serie gebauten Torpedokreuzer HAIDAMAK, LEUTNANT ILJIN u. a. zu.

Auf der Werft in Abo wurde der Torpedokreuzer ABREK (Indienststellung 29. 9. 1897; Wasserverdrängung 535 t, Länge 65,7 m, Breite 7,7 m, Tiefgang 3,2 m; Bewaffnung: 1× 75-mm-, 2× 63-mm-, 2× 37-mm-Geschütze) gebaut. Der Schiffbauingenieur *N. N. Puschtschin* beaufsichtigte den Bau, und im Sommer konnte es von einer Kommission unter dem Vorsitz von Konteradmiral *W. M. Messer* abgenommen werden.

Die Prüfungen wurden während einer See-Erprobung durch einen Brand als Folge eines Kesselrohrbruches unterbrochen, wo «aus der Feuerung Dampf und Flammen austraten». Die Besatzung löschte den Brand ohne fremde Hilfe. Die Kommission forderte daraufhin einen Kesselwechsel, allerdings unterstützte das Marinetechnische Komitee diese Forderung nicht.

Alle Kesselrohre wurden einer Druckprobe im Werk unterzogen, und die ABREK lief erneut zur Erprobung aus, die diesmal erfolgreich ablief. Die Maschinen und Systeme arbeiteten störungsfrei. Auf drei Meßfahrten erreichte sie eine Durchschnittsgeschwindigkeit von 21,2 kn, die über der Vertragsgeschwindigkeit lag. Entsprechend dem Kohleverbrauch ermittelte man die Fahrstrecke, die bei einer ökonomischen Fahrt mit 12,4 kn 2000 sm betrug.

Die Kommission schätzte die ABREK aufgrund der positiven Prüfungsergebnisse als tauglich für den Flottendienst ein. Nach dem Hissen der Dienstflagge

Der russische Torpedokreuzer ABREK liegt vor Anker

wurde das Schiff von Abo nach Petersburg übergeführt. Die Waffen wurden im Kronstädter Seegebiet erprobt.

Mit der Abschaffung der Torpedokreuzerklasse demontierte man einen Teil der Bewaffnung und nutzte die ABREK im weiteren nur noch als Kurierschiff. Während der Großen Sozialistischen Oktoberrevolution stand es dem Marinerevolutionskomitee zur Verfügung. Die ABREK, über ein halbes Jahrhundert im Flottendienst, diente als schwimmender Stützpunkt den Kriegsschiffen der Baltischen Rotbannerflotte im Sowjetisch-Finnischen Krieg und im zweiten Weltkrieg.

Die nächste Serie Torpedokreuzer wurde schon im Laufe des Russisch-Japanischen Krieges projektiert und gebaut: in Helsingsfors die EMIR BUCHARSKI und die FINN, in Petersburg die MOSKWITANIN und die DOBROWOLEZ (Wasserverdrängung 570 t, Geschwindigkeit 25 bis 26 kn; Bewaffnung: 2× 75-mm-, 6× 75-mm-Geschütze, 3× 450-mm-TR, 6 Torpedos). Der Aktionsradius der EMIR BUCHARSKI von 635 sm wurde anhand der zurückgelegten Fahrstrecke direkt ermittelt, während für die FINN bei ökonomischer Fahrt von 17 kn 1150 sm errechnet wurden. Die Torpedokreuzer wurden 1906 in die Kampfformation der Baltischen Flotte übernommen. Ein Jahr später stufte man sie in die Zerstörerklasse ein. Im Rahmen der Generalreparatur wurden anstelle der bisherigen Artillerie zwei 102-mm-Geschütze auf jedem Schiff aufgestellt. Die Funktechnik verbesserte und ergänzte man ebenfalls. Die Schiffe waren Teilnehmer des ersten

Weltkrieges und des Bürgerkrieges. 1918 verlegte man die FINN, die EMIR BUCHARSKI und MOSKWITANIN von der Ostsee in das Kaspische Meer.

Der Zerstörer KARL LIEBKNECHT (Bezeichnung der FINN seit 1918) wurde als eines der ersten sowjetischen Schiffe mit dem Roten Revolutionsehrenbanner ausgezeichnet. Er brachte den weißgardistischen Dampfer LEILA auf, der besonders wichtige Dokumente an Bord hatte, die die weiteren Operationspläne von *Denikin* und *Koltschak* beinhalteten. In der Enseliker Operation war die KARL LIEBKNECHT Flaggschiff.

Ein wesentlicher Mangel der vor dem Krieg mit Japan gebauten russischen Kriegsschiffe, insbesondere der großen, war ihre Typenvielfalt. In seinem Buch «Meine Erinnerungen» schrieb *Krylow*:

«Im Zeitraum von 1882 bis 1905 wurde eine Vielzahl von Panzerschiffen und Panzerkreuzern gebaut. Das war jedoch eine Sammlung einzelner Schiffe und keine Flotte.»

Die Bauzeit zusammen mit den Abnahmeprüfungen betrug für Panzerschiffe vier bis fünf Jahre und für Kreuzer zwei bis drei. Deshalb konnte Rußland, trotz eines intensiven Baugeschehens, das geplante Schiffbauprogramm bis zum Beginn des Russisch-Japanischen Krieges nicht erfüllen. Dazu kam noch die verspätete Befestigung der Küsten im Fernen Osten. Vor dem Russisch-Japanischen Krieg bestand das Pazifikgeschwader aus 72 Schiffen verschiedener Klassen und Typen, darunter sieben Hochseepanzerschiffe.

Japan besaß vor dem Krieg sechs Panzerschifffe und acht Panzerkreuzer, die ein Gefecht mit den russischen Panzerschiffen aufnehmen konnten. Am besten waren die in England gebauten Panzerschiffe vom Typ «Mikasa» (Wasserverdrängung 15300 t, Geschwindigkeit 18 kn; Artilleriebewaffnung: 4× 305-mm-, 14× 152-mm-(Schnellfeuer-)Geschütze).

Der Russisch-Japanische Krieg begann in einer Situation des verstärkten Kampfes imperialistischer Mächte um die Aufteilung der halbfeudalen Staaten China und Korea. Hierbei spielte Japan eine besonders aktive Rolle, das 1895 einen Teil Chinas erobert hatte, was die russisch-japanischen Beziehungen zuspitzte. Im Jahre 1898 mietete Rußland von China die Halbinsel Kwangtung mit Port Arthur einschließlich des Rechts zur Gründung eines Marinestützpunktes, und 1900 okkupierte es die Mandschurei. Mit dem Abschluß eines Bündnisses mit England im Jahre 1902 begann Japan energisch Vorbereitungen für einen Krieg mit Rußland zu treffen.

In der Nacht zum 27. Januar 1904 überfielen zehn japanische Torpedoboote überraschend das russische Geschwader, das auf der Außenreede von Port Arthur lag, mit 16 Torpedos. Infolge des Angriffs wurden die Panzerschiffe RETWISAN und ZESAREWITSCH sowie der Kreuzer PALLADA außer Gefecht gesetzt. Auf der Reede Tschemulpo versenkte die Mannschaft des Kreuzers WARJAG nach heldenhaftem Kampf mit dem japanischen Geschwader ihr Schiff, und das Kanonenboot KOREJEZ wurde dort ebenfalls von der eigenen Besatzung gesprengt.

Im Jahre 1915 wiederholte das Kanonenboot SIWUTSCH unter dem Kommando von *P. N. Tscherkasow* in der Rigaer Bucht die Tat der WARJAG, indem es den ungleichen Kampf mit dem deutschen Kreuzer AUGSBURG und dann mit den Linienschiffen POSEN und NASSAU aufnahm. Die Mannschaft der SIWUTSCH kämpfte bis zur letzten Granate und starb zusammen mit ihrem Kapitän den Heldentot.

Rußland verlor den Russisch-Japanischen Krieg. Besonders große Verluste hatte die russische Flotte zu beklagen. In der Schlacht von Tsushima sind durch Artilleriefeuer folgende russische Schiffe vernichtet worden: die Hochseepanzerschiffe KNJAS SUWOROW, IMPERATOR ALEXANDER III., BORODINO, OSLJABJA, das Küstenpanzerschiff ADMIRAL USCHAKOW, die Kreuzer SWETLANA und DMITRI DONSKOI, der Hilfskreuzer URAL, die Torpedoboot-Zerstörer GROMKI, BLESTJASCHTSCHI und BESUPRETSCHNY, die Transportschiffe KAMTSCHATKA und IRTYSCH und der Schlepper RUS. Von Torpedos wurden die Hochseepanzerschiffe NAWARIN und SISOI WELIKI, der Panzerkreuzer ADMIRAL NACHIMOW und der Kreuzer WLADIMIR MONOMAKH auf Grund geschickt. Die eigenen Besatzungen versenkten aufgrund drohender Gefahr, erobert zu werden, die beschädigten Torpedoboot-Zerstörer BUJNY und BYSTRY. Der Kreuzer ISUMRUD lief auf ein Riff und sank.

In dieser Schlacht sind ernstliche Mängel der russischen Kriegs- und Hilfsschiffe in bezug auf ihre Konstruktion und Betriebsführung sowie in der taktischen Vorbereitung offensichtlich geworden. Die russischen Schiffe waren den feindlichen in der Panzerung und Geschwindigkeit unterlegen. Unzulänglichkeiten traten auch hinsichtlich der Artillerie zutage. Die 1892 eingeführten leichteren Granaten hatten zwar eine höhere Anfangsgeschwindigkeit und infolgedessen eine größere Durchschlagskraft und Rasanz (Gestrecktheit) der Flugbahn, was die Treffsicherheit erhöhte, aber nur gegenüber Zielen im Abstand bis zu 20 kbl (1 Kabellänge = 0,1 sm = 1 852 m). In der Schlacht von Tsushima wurden die Gefechte jedoch auf Entfernungen von 55 bis 70 kbl geführt, wobei die Vorteile der leichten Granaten praktisch vollständig verlorengingen. Außerdem hatten diese Granaten eine geringe Sprengwirkung wegen der nicht ausreichenden Sprengstoffmenge und der schlechten Qualität des Sprengstoffes im Vergleich mit dem japanischen Melinit (Trinitrophenol).

Wenn in einer russischen 305-mm-Sprenggranate dem Sprengstoff 3,5 % der Granatenmasse zustanden, waren das in den japanischen 9,5 %. Bei den Panzergranaten war das Verhältnis mit 1,5 % zu 5 % noch ungünstiger. Die russische Artillerie hatte auch eine geringe Feuergeschwindigkeit infolge des zeitaufwendigen Öffnens und Schließens der Verschlüsse und der langsamen Munitionszuführung. Auf den russischen Schiffen waren gleichfalls keine den Anforderungen entsprechende Zielgeräte installiert, und mit den modernen optischen Entfernungsmessern auf den Panzerschiffen hatte man noch zu wenig Erfahrungen sammeln können. Die Gefechtsausbildung der Artilleristen, insbesondere auf den neuen Schiffen, entsprach ebenfalls nicht den neuesten Anforderungen. Außerdem war die zentrale Leitung des Artilleriefeuers von Panzerschiffgruppen und des Geschwaders insgesamt unzureichend vorbereitet und geübt worden. Im Laufe der Schlacht wurde die ungenügende Standkraft der Kommandotürme offensichtlich. So hörte der Kommandoturm des Flaggpanzerschiffes KNJAS SUWOROW nach den ersten Einschlägen faktisch auf, als Leitzentrale zu existieren. Die Schiffsführungs- und Artillerieleitanlagen fielen aus. Das gleiche trat auf dem Panzerschiff BORODINO auf. Die Geschütztürme der 152-mm-Geschütze waren schlecht gearbeitet, die Panzerplatten lösten sich vom Mantel, einige Panzerplatten vom oberen Schutzgürtel der Panzerschiffe OSLJABJA und ORJOL brachen. Auf vielen Panzerschiffen fehlte ein Reservegefechtsstand und entsprechende Geräte zur zentralen Führung für die Aufrechterhaltung der Standkraft. Das erschwerte beispielsweise die Organisation der Handlungen zum Ausgleich gefährlicher Schlagseiten aufgrund von Wassereinbruch. Auf den Schiffen lagerten zu viele brennbare Materialien, was die Entstehung und Ausbreitung von Bränden begünstigte: Holzunterlagen für die Panzerplatten, Deckbeplankung, Möbel, Ausstattung der Kommandotürme, Kajüten, Wohnräume und Salons sowie die Wärmeisolation der Bordwände und Schotten. Die Panzerschiffe vom Typ «Borodino», die laut Marineministerium nach einem verbesserten Projekt des Panzerschiffes ZESAREWITSCH gebaut worden waren, fingen in den ersten Stunden der Seeschlacht Feuer «und gingen am Abend des ersten Tages unter». [17] (Das Nullserien-Panzerschiff ZESAREWITSCH, 1899 in Toulon auf Kiel gelegt und im Januar 1901 vom Stapel gelaufen, begann 1903 den Flottendienst. Im Russisch-Japanischen Krieg, nach einem Gefecht im Gelben Meer im September 1904, gelangte das Schiff beschädigt in den

Das von 1899 bis 1901 in Toulon gebaute russische Panzerschiff ZESAREWITSCH

chinesischen Hafen Kiao-Tschao, wo man es internierte. 1917 in GRASHDANIN umbenannt, nahm es an der Überfahrt durchs Eis von Helsingfors nach Kronstadt teil und ist 1924 verschrottet worden.) Verhängnisvoll wirkte sich auf die Kampf- und Standkraft der russischen Schiffe ihre bedeutende Überbeladung aus, sowohl die bauliche als auch die durch die weite Fahrt bedingte, die «im Endeffekt zum Untergang der neusten russischen Panzerschiffe führte». [18] Die bauliche Überladung entstand infolge der Aufstellung von zusätzlichen Anlagen, die im Projekt nicht vorgesehen waren. Im Verlauf der Projektierung und des Baus wurden viele Veränderungen und Korrekturen an der ursprünglichen Schiffsausrüstung vorgenommen, und nicht selten sind Fehler und Ungenauigkeiten bei den Belastungsberechnungen aufgetreten. So betrug die vom Projekt abweichende Mehrmasse des Panzerschiffes KNJAS SUWOROW 1500 t. Da der Tiefgang des Panzerschiffes entschieden größer war als der projektierte, ging der Torpedoschutzgürtel unter Wasser, und der so schwach geschützte Teil des Schiffes war dem feindlichen Artilleriefeuer voll ausgesetzt. Zur baulichen Überlastung gesellte sich die fahrtbedingte, die aufgrund fehlender Stützpunkte für die russischen Schiffe, wo sie ihre Vorräte, insbesondere Brennstoff, hätten ergänzen können, entstand. Vor der Schlacht befahl deshalb Vizeadmiral *Roshestwenski* seinen Kommandanten, zusätzlich Kohle für eine Fahrstrecke von 3000 sm an Bord zu nehmen. Nicht nur die Kohlebunker, sondern jeder freie Raum, einschließlich der Wohn- und Kesselräume und Batteriedecks, wurden gefüllt. Durch den zunehmenden Tiefgang gerieten allerdings die Torpedorohre unter die Wasserlinie und wurden somit unbrauchbar. Die Gewichtszunahme auf den Panzerschiffen BORODINO, OSLJABJA und IMPERATOR ALEXANDER III. erreichte 1900 t. Dies führte, neben der Vergrößerung des Tiefgangs, zu einer Verkleinerung der metazentrischen Höhe und folglich zu einer geringeren Stabilität.

W. P. Kostenko, damals junger Schiffsbauingenieur auf dem Panzerschiff ORJOL, schrieb in seinen Memoiren, daß sich die anfängliche metazentrische Höhe dieses Panzerschiffes im Vergleich zur projektierten um 0,38 bis 0,46 m verringerte und die Überlastung 12 % bis 15 % erreichte. Der um 0,92 m größere als im Projekt vorgesehene Tiefgang ließ den Torpedoschutzgürtel unter Wasser sinken, der 1,5 Fuß (0,483 m) über der Wasserlinie sein sollte. Die Stabilitätsreserve wurde so gering, daß infolge des einströmenden Wassers durch das im ungepanzerten Teil erhaltene Leck das Schiff durch die entstandene Schlagseite kenterte. Im Gefecht am 14. Mai 1905 sank die KNJAS SUWOROW über Backbord, und die Panzerschiffe BORODINO, OSLJABJA und IMPERATOR ALEXANDER III. schlugen um.

Die Überladung wirkte sich gleichfalls auf die Geschwindigkeit der Panzerschiffe aus, die schon durch den intensiven Bewuchs während der monatelangen Fahrt des Geschwaders in tropischen Gewässern stark eingeschränkt war.

Es sollte gleichfalls erwähnt werden, daß mehrere Panzerschiffe eine «eingebaute» Krängung hatten, mit der sie schon von der Kronstädter Reede auf die weite Fahrt gingen. Das Panzerschiff BORODINO krängte bei geringen Ruderlagen um 7 bis 8°, und die KNJAS SUWOROW wurde bei Fahrt vom Wind um 3° gekrängt und fuhr so manchmal tagelang.

Einige Schiffe hatten defekte Maschinenanlagen und Systeme. Die Maschinenparameter des Panzerschiffes BORODINO entsprachen nicht den festgelegten Normen, und das Schiff erreichte statt seiner Vertragsgeschwindigkeit von 18 kn nur 15 kn. Hierbei erwärmten sich die Exzenter der Dampfmaschine unzulässig stark. Die häufigen Maschinenstörungen auf der BORODINO bremsten später die Geschwaderfahrt.

Die Torpedorohre funktionierten auf den Schiffen schlecht. Zu Beginn der Überfahrt trainierten die Kreuzer Torpedoschießen in Fahrt und auf Stop. Es gab keinen einzigen erfolgreichen Torpedoschuß. Trotzdem stellte die Kommission die entsprechende Urkunde aus, aber die Sperrgasten der Schiffe verweigerten die Unterschrift. Beim Schießen mit dem Hauptkaliber wurde der Schiffskörper stark erschüttert. Auf dem Kreuzer OLEG fiel sogar eine Maschine aus (ein Zylinder riß). Auf der ORJOL rissen die Kupferrohre, die die Kessel mit der Hauptdampfleitung verbanden. Viele Schäden traten an der Ruderanlage und an den elektrischen Kabeln auf. Die Teilnehmer der Prüfungen und Abnahmen äußerten sich mißbilligend über die neuen Schiffe. Ein Mechaniker des Kreuzers ISUMRUD, gebaut in den Newski-Werken Petersburg, schrieb: «Wie wurde nur unser Kreuzer abgenommen. Flüchtig, ohne richtige Erprobungen. Einige Anlagen sind überhaupt nicht geprüft worden. Und mit welchem Erfolg: 1. Der elegante Kreuzer mußte wie ein altes Segelschiff lebende Tiere an Bord nehmen, weil es nichts zum Frischhalten des Fleisches auf dem Schiff gab. 2. Es gibt zwar Ventilatoren, aber leider mit zu schwachen Motoren, die deshalb einen kläglichen Luftstrom erzeugen und das Arbeiten in den Kesselabteilungen unmöglich machen ... 3. Die Seewasser-Entsalzungsanlagen haben eine zu geringe Leistung, und wir müssen fürchterlich stark Wasser sparen.» [17]

Bei der Abnahme der Schiffe fanden die späteren Einsatzgebiete wenig Beachtung. Der Dienst in tropischen Gewässern war in den Verträgen nicht berücksichtigt worden. Infolgedessen wurden die Lebens- und Arbeitsbedingungen der Besatzungen bei der Fahrt des Geschwaders von *S. P. Roshestwenski* in äquatorialen Breiten unerträglich. Die Temperaturen in den Maschinenabteilungen betrugen 45 °C bis 50 °C und manchmal sogar bis zu 70 °C. «Das Maschinenöl verdampfte bei der Hitze so stark, daß es in den Räumen neblig wurde.»

Die traurigen Erfahrungen aus dem Russisch-Japanischen Krieg verwiesen darauf, viele Grundsätze der Schiffsprojektierung und des Baus zu überdenken, u. a. die Zweckmäßigkeit eines ständigen Organs für die Abnahmeprüfungen. Solch eine Einrichtung gab es bis 1909 in der russischen Flotte nicht. Für die Erprobungen und Prüfungen wurden zeitweilige Kommissionen gebildet. Nicht selten sind Gruppen aus den abzunehmenden Schiffen ausgewählt worden. Die Kommissionen und Schiffsgruppen handelten jedoch weitestgehend unabhängig voneinander. Die Pflichten der zeitweiligen Kommissionen waren nicht ausreichend genau festgelegt. Die Kommissionen orientierten sich an Vorschriften und Instruktionen, die in verschiedenen Rundschreiben des MTK und anderer Einrichtungen sowie teilweise in den Werksverträgen fixiert waren.

Infolgedessen sind die Prüfungen nicht nach einem einheitlichen Plan und öfter auch unvollständig vollzogen worden. Die Erprobungsergebnisse wurden nicht zusammengefaßt, sondern verschiedene Personen und Einrichtungen berichteten darüber dem Höchsten Marinekommando, und manchmal kannten sie nicht einmal die Befehlshaber und Kommandeure der Verbände, die die neuen Schiffe erhielten.

Im Zeitraum von 1893 bis 1902 wirkten viele Abnahmekommissionen. So wurde für die Erprobung des Hochseekanonenbootes OTWASHNY vom Kommandeur des Kronstädter Hafens eine Kommission unter dem Vorsitz von Konteradmiral *N. Girs* berufen. Gleichzeitig erprobte eine Sonderkommission unter Konteradmiral *W. Andrejew* die Anlagen auf dem Panzerschiff GANGUT. 1894 ist eine Gruppe unter dem Befehl von Konteradmiral *Makarow* gebildet worden. Einige Jahre später wurde Konteradmiral *A. Amosow* Kommandeur dieser Gruppe. Im Jahre 1898 wirkten, unabhängig voneinander, zwei «Torpedoboot»-Kommissionen. Eine von ihnen prüfte die Torpedoboote vom Typ «Sokol», die andere die «Pernow»-Boote. Ebenfalls zeitweilige Kommissionen nahmen Schiffe von ausländischen Werften ab.

Und noch ein Beispiel aus dem Wirrwarr im System der Abnahmeprüfungen. Der Kommandeur des Armeebezirks Kwangtung begründete 1901 in einem Brief an den Chef des Marinehauptstabes die allseitige Erprobung der im Pazifik eingetroffenen neuen Schiffe, da weder Kopien der Abnahmeurkunden noch ausgefüllte taktische Formulare vorhanden waren und die Schiffe Fehler und Unzulänglichkeiten aufwiesen.

A. N. Krylow

Die Projektierung der Schiffe mußte ebenfalls verbessert werden. Das Marinetechnische Komitee (MTK), das zum Marineministerium gehörte, war für die Ausarbeitung, die allgemeine Projektierung und Bestätigung der Abschlußprojekte von Schiffen zuständig sowie für die Bauaufsicht. Jedoch besaß es keine ausreichende Selbständigkeit.

Nach dem Krieg mit Japan wurde der Wiederaufbau der Flotte und die Umgestaltung des Schiffbaus zu einer erstrangigen Aufgabe in Rußland. Die zaristische Regierung ergriff Teilmaßnahmen zur Behebung der im Krieg aufgezeigten Mängel in Armee und Flotte und führte dort eine Vielzahl von Reformen durch.

Schon 1905, kurz nach der Schlacht von Tsushima, wurde die Flottenleitung umgestaltet. Die gesamte Macht erhielt das Marineministerium. Zwei Jahre später wurde der Marinegeneralstab gebildet, der sich mit der strategischen Flottenausbildung befaßte; die taktische Ausbildung oblag den Flottenkommandeuren. Die technischen und wirtschaftlichen Belange lagen in den Händen des stellvertretenden Marineministers, der eine weitgehende Selbständigkeit besaß. Eine wichtige Rolle in der Entwicklung des Kriegsschiffbaus spielte das Marinetechnische Komitee, besonders seit 1908 unter der Leitung von *Krylow*. Das Marineministerium begann nach Wegen zur Vervollkommnung der Abnahmeprüfungen zu suchen. Die ausländischen Erfahrungen wurden ebenfalls studiert. Beispielsweise existierte in der deutschen Flotte schon damals eine ständige Kommission zur Schiffsabnahme. Ähnliche Einrichtungen waren auch in anderen Flotten. Die Zeit war reif zur Gründung einer ständigen Organisation für die Abnahmeprüfungen in der russischen Flotte.

Die «Ständige Kommission»

Im Juni 1909 wurde auf Befehl des Marineministeriums eine Kommission für die Abnahmeprüfung von Kriegsschiffen gegründet.

«St. Petersburg, 12. Juni 1909, Nr. 156.

Für die Abnahmeprüfungen von neu erbauten Schiffen berufe ich eine Kommission unter Vorsitz von Kapitän zur See *Girs* in folgender Zusammensetzung:

Vom Korps der Flottenmechanikingenieure Kapitän *Poljakow*, vom Korps der Schiffsingenieure Leutnant *Osarowski* und für Herstellerangelegenheiten Leutnant *Jegorew*. Wobei dem Vorsitzenden das Recht eingeräumt wird, Personen nach seinem Gutdünken zur zeitweiligen Mitarbeit in der Kommission einzuladen.

Marineminister Konteradmiral *Wojewodski*.» [19]

Aus dem Befehl ist ersichtlich, daß die Kommission nicht irgendein bestimmtes Schiff bzw. eine Schiffsgruppe abzunehmen hatte, wie es vordem üblich war, sondern für alle Schiffe zuständig war. Der Sitz der Kommission war damals in Kronstadt.

Im Oktober 1909 wurde *Girs* von Kapitän zur See *S. F. Wasilkowski* abgelöst.

Die Kommission hatte in diesem Moment besonders viel zu tun. Die Flotte erlebte eine Wiedergeburt nach den großen Verlusten im Russisch-Japanischen Krieg, nachdem sie auf den fünften Platz in der Welt abgerutscht war. Der Flotte waren elf Panzerschiffe (drei in der Ostsee, acht im Schwarzen Meer), zehn Kreuzer und 126 Torpedoboote geblieben.

Die progressiven Marinevertreter konnten auf Grundlage der Kriegserfahrungen die Tendenzen der Flottenentwicklung, der Bewaffnung und Mittel richtig bestimmen. 1909 ging das Ministerium daran, das «Kleine Schiffbauprogramm» zu realisieren, das für drei Jahre berechnet war und den Bau von sieben Schlachtschiffen, zwei Kreuzern und neun Zerstörern vorsah. Im Rahmen des «Großen Schiffbauprogramms» von 1912 war der Bau von vier Schlachtkreuzern, acht Kreuzern, 76 Zerstörern und 24 U-Booten geplant.

In Petersburg wurde der Bau der Schlachtschiffe ANDREJ PERWOSWANNY und IMPERATOR PAWEL I. (ab 1917 RESPUBLIKA), die man schon 1903 auf Kiel gelegt hatte, fortgesetzt (Wasserverdrängung 17400 t, Geschwindigkeit 18 kn; Bewaffnung: 4× 305-mm-, 14× 203-mm-, 12× 120-mm-Geschütze; Besatzung 956 Mann). Das ursprüngliche Projekt war teilweise, unter Berücksichtigung des Russisch-Japanischen Krieges, verändert worden. So erhielten erstmals die gesamten Bordwände eine 76 bis 216 mm dicke Panzerung. Die ANDREJ PERWO-

Das Schlachtschiff ANDREJ PERWOSWANNY

SWANNY ist 1912 von der Flotte übernommen worden und nahm sowohl am ersten Weltkrieg als auch an der Februarrevolution teil, wurde 1918 von Helsingfors nach Kronstadt übergeführt, 1919 von britischen Torpedobooten torpediert und 1923 verschrottet.

Zur gleichen Zeit wie in Petersburg begann auch an der Schwarzmeerküste der Bau von Hochseepanzerschiffen: in Nikolajew die JEWSTAFI (ab 1921 REVOLJUZIJA), in Sewastopol die JOHANN SLATOUST, die in bezug auf die Hauptkaliberartillerie und Manövrierfähigkeit den Petersburger Panzerschiffen ähnlich waren. In der anderen Artilleriebewaffnung unterschieden sie sich jedoch wesentlich, und die Wasserverdrängung der Schwarzmeerschiffe war geringer (etwa 13000 t). Jene Schiffe waren die letzten Hochseepanzerschiffe Rußlands.

Am 3. Juni 1919 war gleichzeitig Kiellegung in den Baltischen Werken und auf der Admiralitätswerft für die Schlachtschiffe SEWASTOPOL, PETROPAWLOWSK, GANGUT und POLTAWA, die dem «Dreadnought»-Typ ähnelten.

Das «Komitee zur Verstärkung der Kriegsflotte mit freiwilligen Spenden» schloß mit den Putilow-Werken einen Vertrag zum Bau der Zerstörer vom Typ »Nowik« ab, der sich prinzipiell von all seinen in- und ausländischen Vorgängern unterschied. Der neue Zerstörer war für Torpedoangriffe im Verband, bestehend aus vier bis fünf Schiffen, gedacht und auch zum Minenlegen. Die NOWIK wurde am 19. Juli 1910 auf Kiel gelegt, und im Juni des darauffolgenden Jahres lief sie vom Stapel.

Nach dem Krieg begann auch der Panzerkreuzerbau: ADMIRAL MAKAROW in Frankreich, PALLADA und BAJAN in Petersburg und RJURIK (Indienststellung Juli 1909; Bewaffnung: 4× 254-mm-, 8× 203-mm-, 20× 120-mm-Geschütze) in England. Gleichzeitig mit der Entwicklung neuer Torpedoboote, Minenabwehrschiffe, Minenleger und U-Boote sind die Bewaffnung und technischen Anlagen auf den vorhandenen Schiffen modernisiert worden.

Panzerkreuzer RJURIK läuft in einen Stützpunkt ein

Minenleger AMUR im Dock

Im ersten Jahr prüfte und nahm die Kommission entsprechend dem vom MTK erhaltenen Plan folgende Schiffe von den Werften ab: Kreuzer PALLADA; Transportschiffe WAJGATSCH, TAIMYR; Minenleger AMUR, JENISSEJ und nach der Reparatur im Franko-Russischen Werk die Kreuzer AURORA und ROSSIJA. Auf dem Schwarzen Meer wurde 1909/10 das Schlachtschiff JOHANN SLATOUST erprobt und abgenommen.

Die Abnahmeprüfungen verliefen in mehreren Etappen. Nach der Ausrüstung und der Anlagenmontage begannen die Standerprobungen unter Aufsicht des Marineministeriums. Man überprüfte die Qualität der Montage der Maschinen, Anlagen und Rohrleitungen. Der Betrieb der Hauptantriebsanlagen wurde unter Last am Werkskai kontrolliert. Nach Abschluß der Standerprobungen wurde das Schiff auf die See-Erprobungen vorbereitet, Brennstoff und Proviant übernommen, und Arbeiter des Werkes vervollständigten die Abnahmebesatzung. Endlich lief das Schiff zu seiner ersten Fahrt aus. Jetzt leitete die Kommission die Abnahme. Im allgemeinen sind auf der ersten Etappe die Schiffsgeschwindigkeit und Antriebsleistung ermittelt worden. Bei jeder vorgegebenen Geschwindigkeit fuhr das Schiff drei- bis viermal durch die Meßmeile. Im Laufe von 30 Stunden manövrierte dann das Schiff mit ökonomischer Fahrt bei $^1/_5$ der Antriebsleistung zur Errechnung des

Aktionsradius. Weitere 30 Stunden arbeiteten die Antriebe mit 3/5 Leistung zur Bestimmung des Aktionsradius bei Geschwaderfahrt. Danach wurden die Maschinen mit voller Leistung betrieben. Bei einem 8- bis 12stündigen Vollastbetrieb überprüfte die Kommission die Grundcharakteristiken der Motoren und verglich sie mit den Vertragsparametern. Die Erprobungen schloß man mit einer vierstündigen Überlastfahrt zur Ermittlung der Höchstgeschwindigkeit ab.

Bei allen Fahrten in der Meßmeile wurden von allen Zylindern der Hauptdampfmaschinen gleichzeitig Indikatordiagrammme angefertigt, deren Anzahl ungefähr den Prüfstunden entsprach. In der gesamten Erprobungsperiode nahm man in regelmäßigen Abständen den Dampfdruck in den Kesseln, Maschinen, Dampfleitungen und Kühlern, die Wellenumdrehungszahl, den Verbrauch von Kohle, Wasser und Öl, die Raumtemperaturen, die Umdrehungszahl der Hilfsmaschinen usw. auf. Der Tiefgang am Anfang und Ende der Fahrprüfung, die meteorologischen Bedingungen sowie die Geschwindigkeit bei der Diagrammabnahme und die Durchschnittsgeschwindigkeit der gesamten Fahrerprobung wurden gleichfalls fixiert.

Der Brennstoffverbrauch (in kg/kWh) bewertete die Ökonomie der Maschinen. Manchmal wurden kleine, zeitweilige Treibstofftanks (Meßtanks) aufgestellt, mit deren Hilfe der Treibstoffbedarf von Haupt- und Hilfsmaschinen kontrolliert werden konnte. Das erlaubte eine genaue Messung der faktischen Wirtschaftlichkeit der Hauptantriebsanlagen. Während der See-Erprobung ermittelte man die Beschleunigung, die Umsteuerzeit von «Voraus» auf «Zurück» und umgekehrt und den Durchmesser und die Zeitdauer des Drehkreises.

Die Artillerie und Torpedowaffe wurden in Fahrt erprobt. Hierfür lief das Schiff künstlich mit Schlagseite, um die Munitionsaufzüge zu überprüfen. Die Generatoren, elektrischen Motoren und Anlagen wurden mit 10 % Überlast gefahren. Beim Hieven und Fieren der Rettungsboote mit den Davits überprüfte man deren Festigkeit und registrierte die Geschwindigkeit. In jedem Fall wurden die Kohlelade- und -umladesysteme, die Übernahme von Heizöl und Wasser, die Schiffsrohrleitungen, die Kombüse und Dampfheizung inspiziert. Die Kommission nahm jede Schiffsanlage nur nach einem Probelauf und bei Übereinstimmung mit den technischen Vertragsbedingungen ab. Nach Abschluß der Erprobung einer jeden Anlage stellte der Kommissionsvorsitzende dem Herstellerbetrieb eine entsprechende Bescheinigung aus, die als Auszahlungsbeleg für das Geld aus der Staatskasse diente.

Nach Absolvierung des See-Erprobungsprogramms kehrte das Schiff an den Werkskai zur Durchsicht der Anlagen und zur Mängelbeseitigung zurück. Nach der Durchsicht fand die erneute Erprobung zur Überprüfung des richtigen Zusammenbaus und der Funktionsfähigkeit der ausgewechselten Teile statt. Die Kommission interessierte sich nicht nur für den technischen Zustand des Schiffes, sondern gleichfalls für die Vollständigkeit und den Ausbildungsstand der Besatzung sowie für die Möglichkeiten zur Schulung und zum Training des Personals.

So wurde 1909 im Bericht der Kommission zum Kreuzer PALLADA bemerkt: «Die Besatzungsanzahl ist sehr gering, insbesondere fehlen Sperrgasten und Galvaniere. Das gesamte Maschinenpersonal besteht aus zwölf Mann einschließlich der Unteroffiziere. Die Erfahrungen aus den Prüfungen gehen für die Besatzung verloren, da von ihr fast niemand teilnahm. Auf dem Kreuzr kann man aber jetzt schon mindestens zwei Drittel der Besatzung stationieren ...» [20, bl.22]

Die Kommission entdeckte Unzulänglichkeiten an den Schiffsanlagen, der Bewaffnung und den schiffbaulichen Systemen, die vorher niemand bemerkt hatte. So wurde auf dem Kreuzer ROSSIJA und den Minenlegern festgestellt, daß die Regelventile an den «Belleville»-Kesseln schlecht arbeiten. «Der Kesselwasserstand schwankte von der unteren bis zur oberen Marke des Wasserstandsanzeigers und überschritt die Grenzen sogar.» [20, Bl. 3]

Die Kommission unterbrach daraufhin die Abnahme, das Werk bestellte einen Kesselspezialisten aus Frankreich, der die Automatik einstellte. Danach wurden die Prüfungen wiederholt, und die Kessel wurden abgenommen.

Bei der Erprobung der Maschinenanlage des Kreuzers AURORA nach der Reparatur stellte die Kommission einen nicht befriedigenden Betrieb der achteren Dampfmaschine fest. Es war ein Klopfen in der Kupplung und in dem Niederdruckzylinder zu hören. Ursache dafür war ein zu großes Spiel des Kreuzkopfes. Eine zusätzliche Ölschmierung erbrachte nicht den gewünschten Effekt. Die Prüfungen wurden daraufhin unterbrochen. Das Schiff kehrte in die Werft zurück. Zwei Wochen später, nach Behebung des Defekts und wiederholter Prüfung, nahm die Kommission die Maschinen ab.

Nach der See-Erprobung des Kreuzers PALLADA empfahl die Kommission dem Werk, einen Teil der Anlagen zur Durchsicht und Revision auseinanderzunehmen. Auf den Arbeitsflächen des Niederdruckzylinders und an mehreren Kühlerrohren wurden Risse entdeckt. Während der Wiederholungsprüfungen traten neue Unzulänglichkeiten an den Maschinen auf: Klopfen, Erhitzung einiger Teile und ein zu großer Ölverbrauch. Die Kommission empfahl jetzt dem Werk eine gründliche Reparatur. Die erneute Erprobung nach zwei Wochen verlief erfolgreich.

Der Stabilität und Sinksicherheit von Schiffen galt die besondere Aufmerksamkeit der Kommission. So bemerkte die Kommission während der Abnahme von Transportschiffen, die 1910 in den Newski-Werken fertiggestellt wurden, daß, entsprechend dem Projekt, der Schiffskiel zwar innen mit Vertiefungen als Lenzbrunnen versehen worden war, aber die Hauptlenzleitung Aufnahmeanschlüsse in der Bodenzelle nur auf einer Bordseite hatte. Ist die Bodenzelle nicht voll mit Wasser gefüllt, so geht bei geringster Krängung das Wasser auf die Krängungsseite über, und die Schlagseite nimmt zu. Falls das Schiff auf die Seite krängte, wo keine Saugkörbe waren, hätte man es nie trimmen können. Das Werkstattschiff KAMA krängte bis 8°. Zum Krängungsausgleich mußte man die Tanks auf der gegenüberliegenden Bordseite mit Trinkwasser füllen. Da das Wasser ständig für verschiedene Zwecke verbraucht wurde, entstand erneut eine Schlagseite, die das Arbeiten an den Werkbänken unmöglich machte. Dieser ernste Konstruktionsmangel wurde dann behoben.

Bei der Stabilitätsermittlung von Transportschiffen bemerkte die Kommission unvorschriftsmäßige Abweichungen zur Überprüfung der Dichtigkeit des Rumpfes. Einige Rumpfteile waren überhaupt nicht geprüft worden, viele bei zu niedrigem Druck. Bei der Abnahme des Transportschiffes WODOLEJ 4 stellte die Kommission fest, daß keine der Türen in den Schotten zwischen dem Wellentunnel und der Maschinenabteilung und auch zwischen der Maschinen- und Kesselabteilung vom Werk auf Wasserundurchlässigkeit getestet waren. Außerdem war die metazentrische Anfangshöhe niedriger als die vertraglich festgelegte (52 statt 93 cm). Die Kommission sandte das Schiff zurück. Das Werk mußte die geforderten Veränderungen ausführen und die Prüfungen wiederholen.

Das Schwimmdock für den Sweaborger Hafen ist 1911 ebenfalls dem Herstellerwerk zurückgegeben worden. Die Behebung der Mängel dauerte ein Jahr. Im Dock wurden zwei zusätzliche Dampfkessel installiert, die Kohle- und Wasserbunker und die Leistung der Lenzpumpen vergrößert. Danach erprobte man das Dock erneut und nahm es ab.

Zweimal, im Juli 1911 und Juni 1912, mußte der Kreuzer GROMOBOI aufgrund konstruktiver und technischer Mängel an den Torpedorohrtraversen zurückgewiesen werden. Die Kommission war 1910 gezwungen, die Abnahme der Schlachtschiffe ANDREJ PERWOSWANNY und IMPERATOR PAWEL I. zu verzögern, weil die 12-t-Kräne zum Ausbringen der Motorboote nicht ausreichend sicher auf dem Deck befestigt waren. Bei den See-Erprobungen der Schlachtschiffe fiel auf, daß bei relativ geringem Wellengang und voller Fahrt die sich vor dem Vorsteven bildende starke Bugwelle das Schießen mit dem 12-Zoll-Buggeschütz behinderte. Nach entsprechenden Untersuchungen testeten die Mitarbeiter von *I. G. Bubnow* im Schleppkanal eine verbesserte Bugform von Schlachtschiffen. Diese Erkenntnisse fanden jedoch erst im Rahmen der Schlachtschiffmodernisierung in den 30er Jahren ihren Niederschlag.

Große Aufmerksamkeit widmete die Kommission den Lebensbedingungen auf den Schiffen. 1911/12 wurde bei den Schlachtschifferprobungen ermittelt, daß in vielen Räumen die Leistung der Zulüfter um vieles größer war als die der Ablüfter. Infolgedessen gelangte die ungereinigte warme Luft aus den unteren Abteilungen in die oberen Wohnräume. Die Abluftrohre waren außerdem nicht an den Quellen der größten Wärme und verschmutzten Luft angeordnet, sondern davon entfernt, was noch mehr die Effektivität der Ventilation senkte. Diese Mängel wurden beseitigt. Sorgfältig prüfte man die Kombüsen, ermittelte die Produktivität der Brotbäkkerei, die Kapazität der Lazarette und der Verbandplätze.

Die Minenleger JENISSEJ und AMUR verbrauchten in der Meßmeile zu viel Kohle, und es gab keine Verbrauchsnorm für das Schmieröl. «... Alles, was geschmiert wird, schwimmt im Öl; überall ist das Öl, die Tanks in der Maschinenabteilung sind mit Öl gefüllt, und außerdem stehen Reserveölfässer auf dem Deck und den Freiflächen.» [20, Bl. 20]

Im Bericht von 1909 forderte der Kommissionsvorsitzende Begrenzungen des Schmierölverbrauchs für die mechanischen Teile. Die Elektromotoren der Firma «Volta» auf den Kreuzern arbeiteten ebenfalls instabil, woraufhin die Kommission vorschlug: «In den Verträgen für die Elektromotoren ist zu vereinbaren, daß das Herstellerwerk den Großteil der Bezahlung erst nach der Erprobung erhält und nicht wie bisher, da das Werk viel Geld für die Wartung der Motoren auf Staatskosten einnimmt. Der Betrieb ist so an einer schnellen Prüfung und Übergabe interessiert. Besser wären auch gestaffelte Strafen für die vom Hersteller verschuldeten erfolglosen Prüfungen. Dies gilt nicht nur für die Elektromotoren, sondern auch für die Dampfmaschinen, die gleichfalls mit vielen Unzulänglichkeiten zu den Abnahmen vorgestellt werden.» [20, Bl. 20]

Am Ende der Erprobungen und Abnahmen der Kreuzer des Typs «Pallada» gab die Kommission folgende Qualitätseinschätzung: «Eine geringe Geschwindigkeit bei voller Fahrt (22 kn), schwache Artillerie und Kessel, die Konstruktion des Lenzsystems ist veraltet, eine ‹zarte› Maschine; die Torpedobewaffnung ist ausreichend. Die Ausstattung der Räume und Anlagen läßt viel zu wünschen übrig.» [20, Bl. 47]

Auf den nachfolgenden Kreuzern berücksichtigten die Schiffbauer einen Teil der Bemerkungen.

Auf den Erprobungsfahrten der eisbrechenden Bergungsschlepper SILATSCH und HERKULES, gebaut bei «Crayton und Co.», entdeckte die Kommission wesentliche Mängel, die nicht während des Baus und der Standerprobungen bemerkt worden waren. Aus diesem Grunde erhielt das Werk zur Mängelbehebung die Schiffe zurück.

«... Wegen eines Schreibfehlers im Vertrag wurden Ankertrosse und -klüsen mit 17/16 Zoll bestellt und angefertigt ..., die Schleppeinrichtung erfordert viele Veränderungen ..., die Dampfkolbenpumpen der Kessel mußten nach den ersten Erprobungen ausgewechselt werden ..., den Abdampf der Hilfsmaschinen leitete man nach außenbord, und deshalb stand der Dampfer beim Pumpenbetrieb in einer Dampfwolke, und es war nichts zu sehen ..., die Decksplanken waren faul, und die Heißaugen lösten sich beim Heben der Boote von Deck; die Kutterstopper sind völlig unbrauchbar.» [20, Bl. 60]

Die Kommission strebte Schiffserprobungen im zukünftigen Einsatzgebiet an. So war vorgeschlagen worden, die Kanonenboote KARS und ARDAGAN im Kaspischen Meer (wofür sie vorgesehen waren) und nur die Motoren, Artillerie und ausgewählte Schiffssysteme in der Ostsee zu erproben. Die KARS und ARDAGAN waren die ersten Überwasserkampfschiffe mit Dieselmotoren, die mit Umsteuervorrichtungen ausgerüstet waren, und das Kanonenboot STORM war das erste Flußschiff mit Turmartillerie. Das Projekt der STORM erarbeiteten die Konstrukteure *N. N. Kutejnikow* und *P. E. Beljajew*. Im Jahre 1922 erhielt das Schiff den Namen LENIN, und es fuhr noch lange in der Amur-Flottille.

Die Überprüfung der Artillerie auf den Kreuzern des Typs «Pallada» brachte folgende Mängel zutage: komplizierte Turmeinrichtungen und keine Möglichkeit des getrennten Turmrichtens, eine Anlage zum Durchblasen der Kanonenrohre nach dem Schuß fehlte. Die Kommission erklärte die Qualität der 75-mm-Geschütze als unzureichend, weil bei einer Krängung über 8° die Richtanlagen nicht zuverlässig arbeiteten. Später sind die Richtanlagen verbessert und die Geschütze abgenommen worden.

Das Probeschießen aus den Geschütztürmen der Schlachtschiffe ANDREJ PERWOSWANNY und IMPERATOR PAWEL I. verwies auf die Notwendigkeit einer zusätzlichen Rumpfverstärkung. Die Kommission schlug einen ergänzenden Schutz der Türme mit beweglichen Panzerplatten vor, weil bei großen Erhöhungswinkeln infolge der großen Schießscharten die Rohrvorholer und Kompressoren ungeschützt waren.

Als zu langsam und unzuverlässig schätzte man die Munitionszuführung für die 20,3-mm-Bordgeschütze ein. Die vom Betrieb «Lessner» entwickelte und vom MTK befürwortete Ladetechnologie mit auf Schienen laufenden Ladeböcken erwies sich als ungeeignet (wegen der geringen Ladegeschwindigkeit und unbequemen Handhabung). Im Laufe der Erprobung schlug die Kommission eine Munitionszuführung auf zerlegbaren Rutschrinnen vor. Die Feuergeschwindigkeit der Geschütze erhöhte sich wesentlich.

Die Kommission stellte eine ungünstige Lage der Artillerie auf den Schlachtschiffen fest, da in jener Zeit die Angriffe der mit Gegenkurs laufenden Torpedoboote auf die Bugsektoren der Schlachtschiffe als die gefährlichsten galten. Unterdessen schoß auf der ANDREJ PERWOSWANNY und IMPERATOR PAWEL I. jeweils nur ein 120-mm-Geschütz voraus. Nach Meinung der Kommission wirkte das Flutsystem der Munitionskammern auf diesen Schiffen zu langsam. So wurde zum Fluten der achteren Lasten (für die 30,5-mm-Geschütze) eine Stunde aufgrund zu geringen Rohrdurchmessers und fehlender Entlüftungsrohre benötigt. Das Werk behob den Fehler. Die Luftkühlanlage der Munitionskammern hatte eine zu geringe Leistung, sie wurde durch eine effektivere ersetzt.

Nicht selten dienten die Erprobungen, insbesondere die in See, wissenschaftlich-technischen Zwecken. So ist 1911 bei den Erprobungen des Kreuzers KAGUL nach der Reparatur der Geschwindigkeitsverlust bei Fahrten im Flachwasser untersucht worden. Die Meßfahrten fanden in der Lukuller Meile, nahe Sewastopol, statt. Die erste Meßfahrtserie ist bei 20 m Wassertiefe und die zweite bei 60 m durchgeführt worden. Die Erprobung wurde im Geschwindigkeitsbereich 13 bis 21,6 kn realisiert. Auf jedem der drei Durchläufe mit derselben Propellerdrehzahl sind die Kreuzergeschwindigkeit und der indizierte Druck in jedem der vier Zylinder beider Dampfmaschinen gemessen worden. Die Testfahrten bestätigten, daß sich bei einer bestimmten Geschwindigkeit und Wassertiefe unter dem Kiel die sogenannte Begleitwelle bildet, deren Geschwindigkeit gleich der des Schiffes ist. Eine zusätzlich von der Maschine aufgebrachte Leistung ruft keine Geschwindigkeitserhöhung mehr hervor, wie es in tiefen Gewässern wäre, sondern dient ausschließlich für die Aufrechterhaltung der Begleitwelle.

Die Unkenntnis dieser Erscheinung kann bedauerliche Folgen haben. Im Buch «Meine Erinnerungen» berichtet *Krylow* über einen Vorfall, der sich 1915 bei der Abnahme von sechs Torpedobooten des Typs «Bystry» ereignete (Wasserverdrängung 1350 t, Maschinenleistung 22000 kW, Geschwindigkeit 35 kn.) Das Programm sah eine 10-Stunden-Prüfung der Torpedoboote mit einer Geschwindigkeit von 30 kn vor, wofür ungefähr 80 % der vollen Maschinenleistung erforderlich waren. Der Versuch, 30 kn in der Lukuller Meßmeile (20 m Wassertiefe) zu erreichen, scheiterte. Selbst bei voller Leistung konnten 29 kn nicht überschritten werden. Hinter dem Schiff bildete sich eine riesige Welle. Wenn der Werksvertreter keinen

Protest eingelegt hätte, worüber es einen Vermerk in der Prüfakte und im Wachbuch gibt, wären beim weiteren Hochfahren der Maschinen die Kessel überlastet und die Kesselrohre geplatzt. Die Prüfungen sind in das Gebiet am Kap Sarytsch verlegt worden, wo die Wassertiefe 180 m beträgt und die Torpedoboote leicht 30 kn erreichten. Hierzu waren ungefähr 15 000 kW Maschinenleistung notwendig.

Zweifelsohne ruft die Stellungnahme des Marineministers, Vizeadmiral *I. K. Grigorowitsch*, zum Bericht des Vorsitzenden der Ständigen Kommission besonderes Interesse hervor, die praktisch als Einschätzung der Kommissionsarbeit zu verstehen ist. «Viele nützliche Bemerkungen und Kenntnisse, aber auch viele Fehler seitens des MTK und auch unserer Inspektoren.»

Da die Erzeugnisse verschiedener Betriebe abgenommen wurden, hatte die Kommission eine gute Übersicht über das Qualitätsniveau. So berichtete 1912 der Kommissionsvorsitzende, Kapitän zur See *S. F. Wasilkowski*, dem Marineminister folgendes:

«Die privaten Betriebe sind an einer Vorstellung ihrer Erzeugnisse zur Prüfung in endgültig fertiger und funktionsfähiger Form wenig interessiert. Daraus folgen Abnahmeverzögerungen, es gehen Staatsgelder verloren, und die Flotte erhält die Schiffe später.»

Als Maßnahme schlug *Wasilkowski* «im Vertrag verankerte Strafen für verspätete Abnahmebereitschaft der Bestellungen und für erfolglose Prüfungen durch Verschulden des Betriebes» vor.

Auf Vorschlag des Marineministers im Jahre 1914 wurde in der Staatsduma die Kommission für die Abnahmeprüfung der neu erbauten und reparierten Schiffe gesetzlich bestätigt und in «Ständige Kommission zur Flottenschiffsprüfung» umbenannt, was in der Anordnung des Marineministeriums vom 25. August 1914 bekanntgegeben worden ist. Der Ständigen Kommission übertrug man die «Sorge um allseitige Schiffsprüfungen von neu erbauten Schiffen und nach der Generalinstandsetzung, Zusammenfassung aller Erprobungsresultate und Erarbeitung der Prüfprogramme». [21]

Zur Ständigen Kommission gehörten außer dem Vorsitzenden, Konteradmiral *A. A. Belogolow*, sein Gehilfe, 15 ständige Mitglieder (Stabsoffiziere), der Geschäftsführer, der stellvertretende Geschäftsführer und zwölf Konduktoren. Der Kommission war das Teilnahmerecht an der Erprobung einzelner Maschinen, Systeme und Anlagen nach der Werksfertigung und der Montage auf dem Schiff eingeräumt worden.

Außer den ständigen und zeitweiligen Mitgliedern wurden sogenannte teilnehmende Mitarbeiter zur Kommissionsarbeit herangezogen, Offiziere des zu prüfenden Schiffes und für die Bauaufsicht Vertreter des Marinegeneralstabes (MGS) und der Hauptschiffbauverwaltung (HSV) sowie in einzelnen Fällen «bestimmte niedrige Dienstgrade». Der Vorsitzende der Ständigen Kommission war direkt dem Marineminister unterstellt. Für die Erprobung und Abnahme jedes Schiffes (auch im Ausland) bildete man Zeitweilige Kommissionen, die der Gehilfe des Vorsitzenden oder ein ständiges Kommissionsmitglied leitete. Die Zeitweiligen Kommissionen wurden durch Ministeranordnung auf Vorschlag des Vorsitzenden der Ständigen Kommission berufen.

Der Kommissionsvorsitzende hatte auch die Bescheinigung für die Betriebe zur Auszahlung der festgelegten Summen auszustellen. Am Ende der Abnahmeprüfungen eines Schiffes legte der Vorsitzende dem Marineminister die Rechnung vor. Rechnungskopien erhielten gleichzeitig die Leiter des MGS und der HSV. Der Kopie an den MGS wurde eine Anlage mit Vorschlägen zur Verbesserung der taktischen Schiffseigenschaften zugefügt, die beim Serienbau berücksichtigt werden sollten, und an die Kopie für die HSV Bemerkungen zum Betrieb der technischen Anlagen sowie die ausführlichen bestätigten Prüfresultate in Form von Tabellen, Grafiken und Diagrammen. Am Ende der Garantiezeit fertigte der Vorsitzende der Zeitweiligen Kommission für das geprüfte Schiff einen Bericht an und legte ihn der Ständigen Kommission vor.

Ständige Mitglieder der Kommission waren ein Artillerist, ein Sperrspezialist, ein Mechaniker, ein Schiffbauer, ein Navigator, ein U-Boot-Fahrer und ein Arzt. Sie trugen die Verantwortung für die Prüfungen und Proben entsprechend dem Programm und technischen Anforderungen. Bei Notwendigkeit wurden zu den Prüfungen entsprechende Flottenspezialisten hinzugezogen. Mit der Vorstellung eines Schiffes zu den Abnahmen legte die HSV dem Kommissionsvorsitzenden die bestätigten Verträge, die Baubeschreibung, Zeichnungen und Vertragsbedingungen für den Bau oder die Reparatur des Schiffes vor. Der Beginn der Prüfungen wurde durch eine besondere Anordnung bekanntgegeben. Von diesem Moment an war das Schiff in allen Belangen dem Kommissionsvorsitzenden unterstellt. Wenn im Vertrag eine Garantiezeit für eine beliebige Schiffsanlage vereinbart worden war, so hatte der Kommandant bis zum Ablauf der Zeit die Pflicht, die Kommission über die Erprobung, Mängel usw. der Maschinen und Anlagen in Kenntnis zu setzen.

Die Abnahmeprüfungen und Erprobungen führte die Kommission nach den Programmen und Plänen aus, die von ihr entsprechend den Verträgen und technischen Bedingungen des MTK erstellt wurden. (Das MTK wurde 1911 aufgelöst und ihre Aufgaben der HSV übertragen.) Der Vorsitzende hatte darauf zu achten, daß die Abnahmeprüfungen der Anlagen und Vorrichtungen unter betriebsnahen Bedingungen durchgeführt wurden. Im Falle einer mißlungenen Probe oder Prüfung konnte der Kommissionsvorsitzende dem Betrieb eine Wiederholungsprüfung zugestehen oder die Erprobung abbrechen, wenn eine Fortsetzung nach Meinung der Kommission aussichtslos erschien. Über jede, alle Vertragsbedingungen befriedigende Prüfung wurde ein Protokoll aufgenommen, das die Prüfungsteilnehmer unterschrieben. Das von der entsprechenden Instanz bestätigte Protokoll war für das Werk der Auszahlungsbeleg für die erledigte Bestellung. Die Urkunde mit dem Terminvorschlag der Kommission für den Beginn der Garantiezeit wurde dem Leiter der HSV vorgelegt. Das Schiff galt ab dem Bestätigungstag der Abnahmeurkunde endgültig als abgenommen.

Über Ergebnisse, die nicht den Vertragsbedingungen entsprachen, oder Fehler, die das Werk beheben konnte, wurde ebenfalls ein Protokoll mit der Unterschrift aller Teilnehmer an dieser Prüfung angefertigt. Ein Protokoll ist auch dann erstellt worden, wenn man die Abnahmeprüfungen aus irgendwelchen Gründen unter- bzw. abbrach. Für die Fertigstellung oder Behebung von einzelnen Mängeln nach der Unterzeichnung der Abnahmeurkunde stellte die Kommission eine Zusatzbescheinigung aus.

Die Autorität der Ständigen Kommission wuchs infolge ihrer gesetzlichen Bestätigung durch die Staatsduma. Jetzt wurde den Herstellerwerken bewußt, daß die Kommission nicht nur ein Flotten-, sondern ein Staatsorgan und letzte Instanz für die Schiffsabnahme war, die die endgültigen Schiffbaukosten maßgeblich beeinflußte.

Der Zerstörer NOWIK

Ein denkwürdiger Tag des russischen Schiffbaus ist der 4. September 1913. An diesem Tag übergab das Putilow-Werk den Zerstörer NOWIK, den Prototyp und Stammvater einer großen Zerstörerserie (Wasserverdrängung 1260 t, Länge 102,4 m, Breite 9,4 m, Tiefgang 3 m; Bewaffnung: 4× 102-mm-Geschütze, 4 MGs, 4 TR, 50 Minen; Besatzung 130 Mann). Der Zerstörer übertraf bedeutend die in- und ausländischen Schiffe seiner Klasse hinsichtlich Bewaffnung und Geschwindigkeit. Seine Antriebsanlage, drei Turbinen mit einer Gesamtleistung von 29500 kW, gewährleisteten den damaligen Geschwindigkeitsweltrekord von 37,3 kn, der bei einer 1-Stunden-Fahrt aufgestellt wurde. Auf einer 6-Stunden-Fahrt hielt der Zerstörer stabil 36,2 kn.

Ungefähr ein Jahr nach der Flottenübernahme des Zerstörers begann auch für ihn der erste Weltkrieg. Am 17. August 1915 ging die NOWIK als Sieger aus einem Ge-

Der Zerstörer NOWIK in See

fecht mit zwei der modernsten deutschen Zerstörer (deutsche Klassifizierung: Torpedoboote) hervor, die schwere Schäden durch das Artilleriefeuer des russischen Zerstörers erhielten. Im Laufe des Gefechts geriet einer von ihnen, die V 100, in ein russisches Minenfeld, lief auf eine Mine und sank. Durch Minen, die der Zerstörer und zwei andere Zerstörer 1914/15 legten, davon allein die NOWIK 542, gingen der Kreuzer BREMEN, zwei Torpedoboote und ein Vorpostenschiff verloren.

Am 18. Mai 1916 realisierte die NOWIK zusammen mit den Zerstörern GROM und POBEDITEL erstmals in der Seekriegsgeschichte ein Fächertorpedoschießen, infolgedessen die U-Boot-Falle, das Hilfsschiff H (ex HERMANN), und weitere feindliche Schiffe versenkt worden sind. Die NOWIK nahm auch an der Moonsundoperation (heute Muuväin) 1917 teil.

Der Zerstörer war als JAKOW SWERDLOW bis 1941 in sowjetischem Flottendienst. Er sank bei der Überfahrt der Baltischen Rotbannerflotte von Tallinn nach Kronstadt durch einen Torpedotreffer.

Nach der NOWIK begann der Bau der Serienschiffe, die gegenüber dem Prototyp etwas verändert waren. Die Zerstörer sind auf mehreren Werften gebaut worden. Allein das Metallwerk übergab der Flotte sieben Schiffe vom Typ «Orfej» (Wasserverdrängung 1 330 t, Geschwindigkeit 33 bis 34 kn; Besatzung 150 Mann). Durch Entfernen einer Turbine konnten die Anlagen rationeller angeordnet und die Wohndecks und -räume für die Mannschaft vergrößert werden. Kaufte man für die NOWIK noch Turbinen und Anlagen im Ausland, so erhielten die «Orfej»-Zerstörer Anlagen russischer Produktion. Die Mannschaft wurde später um 20 Mann erweitert.

Den ersten Zerstörer, die POBEDITEL, nahm die Ständige Kommission am 25. Oktober 1915 ab, den zweiten, die SABIJAKA, 20 Tage später. Die Kommission bemerkte einen Konstruktionsmangel an den Drillingstorpedorohrsätzen, die für das sogenannte Fächerschießen gedacht waren (hintereinander sollten im Intervall von 1 s die Torpedos die Rohre verlassen). Wenn man aus einem Rohr automatisch schießen wollte, konnte aus den anderen der Schuß nur von Hand ausgelöst werden. Um erneut zum automatischen Schießen übergehen zu können, mußten die Pulverausstoßvorrichtungen der Torpedos entladen, die Automatik gespannt und die Pulverausstoßvorrichtungen erneut geladen werden. Die Kommission verwies darauf, daß «unter Kriegsbedingungen dieser Konstruktionsfehler der Automatik ernste Folgen haben kann». [22, Bl. 66]

Die ORFEJ und die GROM wurden in Helsingfors im Abnahmestützpunkt fertiggestellt und erprobt, wohin man sie Ende Oktober 1915 wegen der zeitigen Fröste übergeführt hatte (ORFEJ mit Schleppern und die GROM mit eigener Kraft).

Die im Frühjahr 1916 begonnenen Abnahmeprüfungen der Schiffe wurden mehrmals wegen Störungen unterbrochen. «Am 5. März 1916 ist die ORFEJ der Ständigen Kommission zu den Abnahmeprüfungen vorgestellt worden, ein Teil (hauptsächlich die Ankerüberprüfungen) führte man bis zum 9. März durch. Die Erprobung der Hauptmaschinen und das Artillerie- und Torpedoschießen mußte wegen vereister Reede bis zur Eröffnung der Navigationsperiode verschoben werden.

Am 22. April sind die Prüfungen fortgesetzt worden. An diesem Tag sollte der Zerstörer zur Maschinenerprobung mit einer Geschwindigkeit von 21 kn auslaufen, aber beim Parallelfahren der Kessel wurde die Hauptdampfleitung durch Verschulden des Meisters beschädigt. Die Ersatzteile wurden eilig aus Petersburg abgesandt. Um weitere Verzögerungen zu vermeiden, lief der Zerstörer am 24. April mit nur zwei Kesseln zur Erprobung der Artillerie aus. Nach Behebung des Schadens erprobte man die Hauptmaschinen bei voller Fahrt. Am 4. Mai sind die Prüfungen abgeschlossen und der Zerstörer abgenommen worden.» [23, Bl. 45]

Die GROM war bereits einen Monat vor der ORFEJ fertig. Die nächsten Zerstörer, die LETUN und die DESNA, erhielt die Flotte im Juli und August 1916, und im Dezember unterschrieb die Ständige Kommission die Abnahmeurkunden für die letzten Schiffe der Serie, für die SAMSON und die ASARD.

Viele Zerstörer vom Metallwerk zeichneten sich später aus. Ihre Namen stehen in den Annalen der Großen Sozialistischen Oktoberrevolution. In der Moonsundoperation versenkte die SABIJAKA ein deutsches Torpedoboot. Besatzungsmitglieder der GROM wiederholten die Heldentat der STEREGUSTSCHI, die 1904 nach schweren Schäden aus einem ungleichen Gefecht mit japanischen Zerstörern von zwei Matrosen versenkt wurde, die dabei umkamen. Beim Gefecht an der Kassarsker Fahrrinne am 1. Oktober 1917 war die GROM schwer beschädigt worden und begann zu sinken. Das Kanonenboot CHRABRY übernahm die Besatzung. Das feindliche Schiff (B 98), das die GROM aufbringen wollte, ist von Maat *F. E. Samontschuk* torpediert und versenkt worden, der auch danach sein Schiff sprengte. Die GROM ist dann beim Abschleppversuch gekentert und anschließend gesunken.

Die Matrosen der SAMSON und SABIJAKA beteiligten sich an dem historischen Sturm auf das Winterpalais.

Unter der Sowjetregierung war der Zerstörer STALIN (ex SAMSON) in die Pazifikflotte eingegeliedert worden und nahm am zweiten Weltkrieg gegen das imperialistische Japan teil. 1946 beendete die STALIN ihren Flottendienst, ihre Geschütze sind heute im Militärgeschichtlichen Museum Wladiwostok zu sehen. Die URIZIKI (ex SABIJANKA) diente lange Zeit als Flaggschiff der Nordmeerflottille und später -flotte. Im zweiten Weltkrieg war der Zerstörer jenseits des Polarkreises eingesetzt. Er legte 67000 sm zurück, geleitete 370 Transportschiffe, wehrte 67 Luftangriffe ab, schoß drei Flugzeuge ab und beschädigte eins und fuhr 44 Angriffe gegen U-Boote.

Der Zerstörer ASARD (später ARTEM) begann den Dienst in der sowjetischen Flotte mit der Versenkung des englischen U-Bootes L55 im Jahre 1919 vor dem revolutionären Petrograd. Der Zerstörer DESNA erhielt später den Namen ENGELS und die POBEDITEL den Namen WOLODARSKI. Die ENGELS sank am 24. August 1941 als Geleitschiff eines Konvois, bestehend aus fünf Transportschiffen, dem hydrographischen Schiff HYDROGRAF und dem Eisbrecher OKTJABR.

Die Zerstörer ARTEM und WOLODARSKI wurden bei der Flottenüberfahrt aus Tallinn nach Kronstadt versenkt.

Der Zerstörer GAWRIIL unter Volldampf (Federzeichnung)

Der Zerstörer GAWRIIL, der sich im Bürgerkrieg auszeichnete, wurde in Reval im Russisch-Baltischen Werk erbaut. Wie schwierig sich die Abnahmeprüfungen der GAWRIIL gestalteten, ist aus dem Jahresbericht 1916 der Ständigen Kommission ersichtlich.

«Vom 15. bis 19. September 1916 sind die Maschinen und Schiffsanlagen am Werkskai getestet worden. Eine Woche später war die GAWRIIL im Dock in Helsingfors zur Inspektion des Unterwasserrumpfes. Dort verstärkte man die Heckpanzerung mit zusätzlichen Platten. Am 11. Oktober wurden die Hauptantriebsmaschinen bei 21 kn auf der Überfahrt nach Reval erprobt. Wegen Sturm konnte die Geschwindigkeitsprüfung mit voller Leistung erst am 22. Oktober beginnen, aber beim Auslaufen aus dem Hafen, unter Leitung des Werksvertreters, hatte der Zerstörer mit dem Ruder und den Propellern Grundberührung. Zur Behebung der Schäden kehrte es in das Dock zurück. Am 3. November lief das Schiff wieder aus, aber wegen starker Erhitzung der Stützlagerringe der Stb.-Turbine konnte die Erprobung bei voller Fahrt erneut nicht stattfinden.

Nach der Reparatur des Stützlagers lief die GAWRIIL am 15. November aus. Die Anlagen und Systeme funktionierten befriedigend, aber man bemerkte eindringendes Wasser in den Heizöltank und in den Kesselbrennern.

Zehn Tage dauerte die Mängelbeseitigung. Die Prüfung bei voller Fahrt konnte erst am 25. November abgenommen werden. Nach Durchsicht und Kontrolle unterschrieb die Kommission die Abnahmeurkunde.»[23, Bl. 89]

Im Zeitraum von April bis Oktober 1917 wurden die Zerstörer ISJASLAW, AWTROIL, KONSTANTIN und WLADIMIR (später SWOBODA) in Reval erprobt und an die Baltische Flotte übergeben. Die beiden letzteren waren vom Typ

«Gawriil». Die Zerstörer vom Typ «Isjaslaw» hatten fünf 102-mm-Geschütze und eine 40-mm-Flak. Auf dem Deck befanden sich Drillingstorpedorohrsätze.

Acht Zerstörer vom Typ «Leutnant Iljin» legte man in den Putilow-Werken auf Kiel. Einer von ihnen, die FREGATTENKAPITÄN ISYLMETEW, begann 1916 seinen Dienst in der Baltischen Flotte. Im ersten Weltkrieg nahm sie unter dem Befehl von *A. W. Dombrowski* an der Moonsundoperation teil. Die Matrosen des Zerstörers waren auch am Sturm auf das Winterpalais beteiligt. Mit erheblichen Beulen im Rumpf beendete er die Eisüberfahrt von Helsingfors nach Kronstadt. Als 1919 die Weißgardisten unter *Judenitsch* Petrograd einnehmen wollten, versperrte Artilleriefeuer des Zerstörers ihnen den Weg. Nach dem Bürgerkrieg galt der Zerstörer als eines der besten Schiffe in bezug auf die militärisch-maritime und politische Ausbildung. Auf Bitte der Besatzung wurde dem Schiff am 31. Dezember 1922 vom Revaler Republiksrat der verpflichtende Name LENIN verliehen. Der Zerstörer beteiligte sich an den Gefechten im Sowjetisch-Finnischen Krieg (1939/40). Die Schiffsartillerie beschoß die Befestigungen auf der Insel Berke und unterstützte die Landungsoperation auf die Inseln Seskar und Gogland. Das Schiff setzte auch eine Landungstruppe auf der Insel Nerwa an Land.

Zu Beginn des Großen Vaterländischen Krieges wurde der Zerstörer in Libau (heute Liepaja) repariert. Die Seeleute der LENIN beteiligten sich an der heldenhaften Verteidigung der Stadt. Als die Gefahr der Eroberung des Zerstörers bestand, sprengte ihn die Besatzung auf Befehl von Kapitänleutnant *J. M. Afanasew*. Die Besatzung befreite sich dann aus der Umzingelung.

Die Schwarzmeerflotte erhielt zehn Zerstörer vom Typ «Nowik». Vier von ihnen, die GNEWNY, die BESPOKOINY, die DERSKI und die PRONSITELNY, sind in Nikolajew gebaut worden (Bewaffnung: 3× 102-mm-Geschütze, 2 MGs, 5_2× 450-mm-TR). Im Sommer 1914 wurden die Zerstörer GNEWNY und BESPOKOINY der Ständigen Kommission zu den Fahrtprüfungen vorgestellt und drei Monate später die DERSKI und PRONSITELNY. Die beiden letztgenannten Schiffe prüfte man wegen des bestehenden Kriegszustandes nach einem verkürzten Programm. Die Flotte übernahm sie im Oktober 1914. Die Kommission verwies im Abnahmeprotokoll auf einen unnötig hohen Freibord im Heckbereich, unzureichende Manövrierfähigkeit und zu starke Schlingerempfindlichkeit. Außerdem schlug die Kommission für den Bau neuer Zerstörer eine Verstärkung des Rumpfes vor.

Weitere fünf Schiffe, die STSCHASTLIWY, die GROMKI, die BYSTRY, die PYLKI und die POSPESCHNY liefen in Petrograd vom Stapel, wurden zerlegt nach Nikolajew und Cherson transportiert, wo man sie zusammenbaute und darauf nach Sewastopol zum Ausbau und zur Erprobung überführte. Die drei ersten Schiffe absolvierten die offiziellen Fahrtprüfungen im Frühjahr 1915. In der Meßmeile im Gebiet am Kap Sarytsch erzielte die BYSTRY 29,5 kn. Mit einer Maschinenleistung von 15400 kW zeigte die STSCHASTLIWY schlechtere Resultate, und selbst mit 17600 kW konnten 28 kn nicht übertroffen werden. Die GROMKI entwickelte bei voller Fahrt eine Geschwindigkeit von 30,1 kn. Mitte April unterschrieb die Kommission die Abnahmeurkunden für die Schiffe. Die offiziellen Erprobungen der PYLKI sind im Mai und die der POSPESCHNY im September 1915 abgeschlossen worden.

Die Kommission bemängelte die unzureichende Stabilität der Petrograder Zerstörer. Die metazentrische Höhe lag ungefähr bei 0,56 bis 0,57 m statt der vertraglich vereinbarten von 0,78 m. Dies war ein Ergebnis der Treibstoffoberfläche in den sehr breiten Doppelbodentanks. Die Kommission forderte die Trennung jedes Tanks durch zwei Längsschotten und, zum Überleiten des Heizöls aus den Seitenbordtanks in die mittleren, den Einbau eines Trimmschiebers. Außerdem deckte man unzulässig große «tote» Treibstoffvorräte auf. Den Schiffbauern empfahl die Kommission, diese Mängel bei der Projektierung und dem Bau neuer Schiffe zu berücksichtigen. Das Marineministerium faßte folgenden Beschluß:

«Es sind keinerlei überflüssige Lasten und Anlagen auf dem Deck bzw. überhaupt oberhalb der Wasserlinie zulässig, und bei starkem Wellengang und geringen Heizölvorräten sollte die Krängung des Zerstörers 38° nicht überschreiten.»[22, Bl. 35,36]

Hinsichtlich der neuen Zerstörer in der Schwarzmeerflotte fiel der Kommission eine unbefriedigende Manövrierfähigkeit und ein zu großer Schlankheitsgrad auf. Beim Bau der nächsten Zerstörerserie sollte die Rumpffestigkeit gleichfalls verbessert werden.

Im Oktober 1915 sind in Nikolajew die Zerstörer KERTSCH und FIDONISI aus der sogenannten «Uschakow»-Serie auf Kiel gelegt worden (Wasserverdrängung 1326 t, Geschwindigkeit 33,5 kn, Antriebsleistung 21300 kW, Aktionsradius 2000 sm; Bewaffnung: 4× 102-mm-Geschütze, 1× 47-mm-Flak, 4_3TR; Besatzung 125 Mann). Bei der Entwicklung und dem Bau dieser Schiffe wurden teilweise die

Der Zerstörer SCHAUMJAN (ex LEWKAS)

Unzulänglichkeiten der «Nowik»-Zerstörer abgestellt: die Form des Hecks, eine bessere Manövrierfähigkeit durch Vergrößerung der Ruderfläche und eine größere metazentrische Höhe. Die Torpedowaffe hatte Zentralsichtgeräte. Der Bau einiger «Uschakow»-Zerstörer konnte bis zum Ende des Bürgerkrieges nicht abgeschlossen werden. Die KALIAKRIA, HADSHIBEJ und FIDONISI wurden von ihren Besatzungen zusammen mit anderen Schiffen der Schwarzmeerflotte in der Zemesker Bucht versenkt. Die KERTSCH ging als letzter Zerstörer von ihnen verloren – sie wurde gesprengt. Der Zerstörer KALIAKRIA wurde 1925 gehoben und am 24. August 1929 als DZIERZYNSKI in die Schwarzmeerflotte eingegliedert.

Russische «Dreadnoughts»

Die 1909 auf Kiel gelegten «Dreadnought»-Schlachtschiffe SEWASTOPOL, POLTAWA, PETROPAWLOWSK und GANGUT übernahm die Flotte erst während des ersten Weltkrieges. Die Abnahmeurkunde für die GANGUT unterschrieb die Ständige Kommission im Dezember 1914 (Wasserverdrängung 23 000 t, Länge 181 m, Breite 26,6 m, Tiefgang 8,5 m, Leistung 31 000 kW, Geschwindigkeit 23 kn; Hauptbewaffnung: 12× 305-mm-, 16× 120-mm-Geschütze, 4 UTR). Die Antriebsanlage bestand aus 25 «Yarrow»-Kesseln und zehn «Parson»-Turbinen. Die Kessel konnten sowohl mit Kohle als auch mit Heizöl betrieben werden.

Erstmals in der russischen Flotte sind die zwölf Kampfgeschütze in vier Drillingstürmen untergebracht worden. Die Türme waren in der Mittschifflinie hintereinander auf gleicher Höhe aufgestellt. Das Deck hatte sehr wenige Aufbauten, was

Stapellauf des Schlachtschiffes SEWASTOPOL

Das Schlachtschiff PETROPAWLOWSK kehrt von der See-Erprobung zurück

maximale Schußwinkel für alle vier Türme gewährleistete. Die Schußweite einer 447 kg schweren Granate betrug bei einem Erhöhungswinkel von 25° 23 km; die Schußgeschwindigkeit 2 Schuß/min. An den Erprobungen und Abnahmen der Geschütztürme nahm *Krylow* teil, der ein relativ schwieriges technisches Problem zur Druckmeßgenauigkeit in den Geschützbremszylindern lösen konnte.

Die 16 Torpedobootabwehrgeschütze waren in gepanzerten Kasematten untergebracht. Man konnte das Feuer aus acht Geschützen auf einer Bordseite führen. Der 225 mm dicke Panzergürtel bedeckte die gesamte Bordfläche. Die Deckpanzerung war 38 bis 76 mm dick.

Die Bodenstringer, Längsverband des Rumpfes, waren verstärkt worden. Das entsprechend dem Projekt von *Bubnow* angewandte Längsverbandsystem für das obere Deck verbesserte die Gesamtschiffsfestigkeit wesentlich. Der dreifache Boden erhöhte die Standkraft der Schiffe beträchtlich. Zur Gewichtsverminderung setzte man hochfesten Stahl ein.

Die Ständige Kommission hob die besonders sorgfältig ausgeführten Montagearbeiten und die Ausstattung der inneren Räume auf dem Nullserienschiff SEWASTOPOL hervor. Außer den guten taktisch-technischen Parametern verwies die Kommission auch auf einzelne Schwachstellen der Schiffe, beispielsweise auf das nicht sehr effektive Minenschutzsystem und die umstrittene Torpedowaffe auf

Das Schlachtschiff IMPERATOR ALEXANDER III. (ab 1917 WOLJA), in einem Stützpunkt liegend

Schlachtschiffen. Auf der ersten Prüfetappe wurde das Zentralrichtsystem für die Artillerie Typ «Erikson» verworfen, konnte aber später verbessert werden.

Der Bau der Schwarzmeerschlachtschiffe begann zwei Jahre später als der der baltischen. Die IMPERATORIN JEKATERINA II. wurde auf der Nikolajewer Werft im Oktober 1911 auf Kiel gelegt. Fast zum selben Zeitpunkt begann der Bau der IMPERATORIN MARIA und der IMPERATOR ALEXANDER III. auf der benachbarten Russud-Werft. Den Bauablauf beaufsichtigte eine Kommission des Marineministeriums unter Leitung von Konteradmiral *A. A. Danilewski.*

Solcherart Kommissionen waren auch in anderen Werken im Einsatz. Beispielsweise war der Schiffbauingenieur *N. N. Kutejnikow* 1917 Hauptinspekteur für den Kriegsschiffbau auf den Petrograder Werften. Die Aufgabe des Inspekteurs umfaßte die Beaufsichtigung des gesamten Bauablaufs, von der Kiellegung bis zur Vorstellung des Schiffes. Die «Verordnung für die Beaufsichtigungskommission» regelte die Arbeit der Inspekteure.

Die Schwarzmeerschlachtschiffe befanden sich vier Jahre im Bau. Die Abnahmeprüfungen der IMPERATORIN JEKATERINA II. (später IMPERATORIN JEKATERINA WELIKAJA) konnten am 18. Oktober 1915 erfolgreich abgeschlossen werden (Wasserverdrängung 23789 t, Maschinenleistung 19500 kW, Geschwindigkeit 21 kn; Bewaffnung: 12× 130-mm-, 8× 75-mm-, 4× 47-mm-Geschütze; Besatzung 1220 Mann).

Das Schlachtschiff IMPERATORIN MARIA lief im Juli 1915 aus Nikolajew nach Sewastopol zum Ausbau und zur Erprobung. Bei den Fahrtprüfungen zeigte

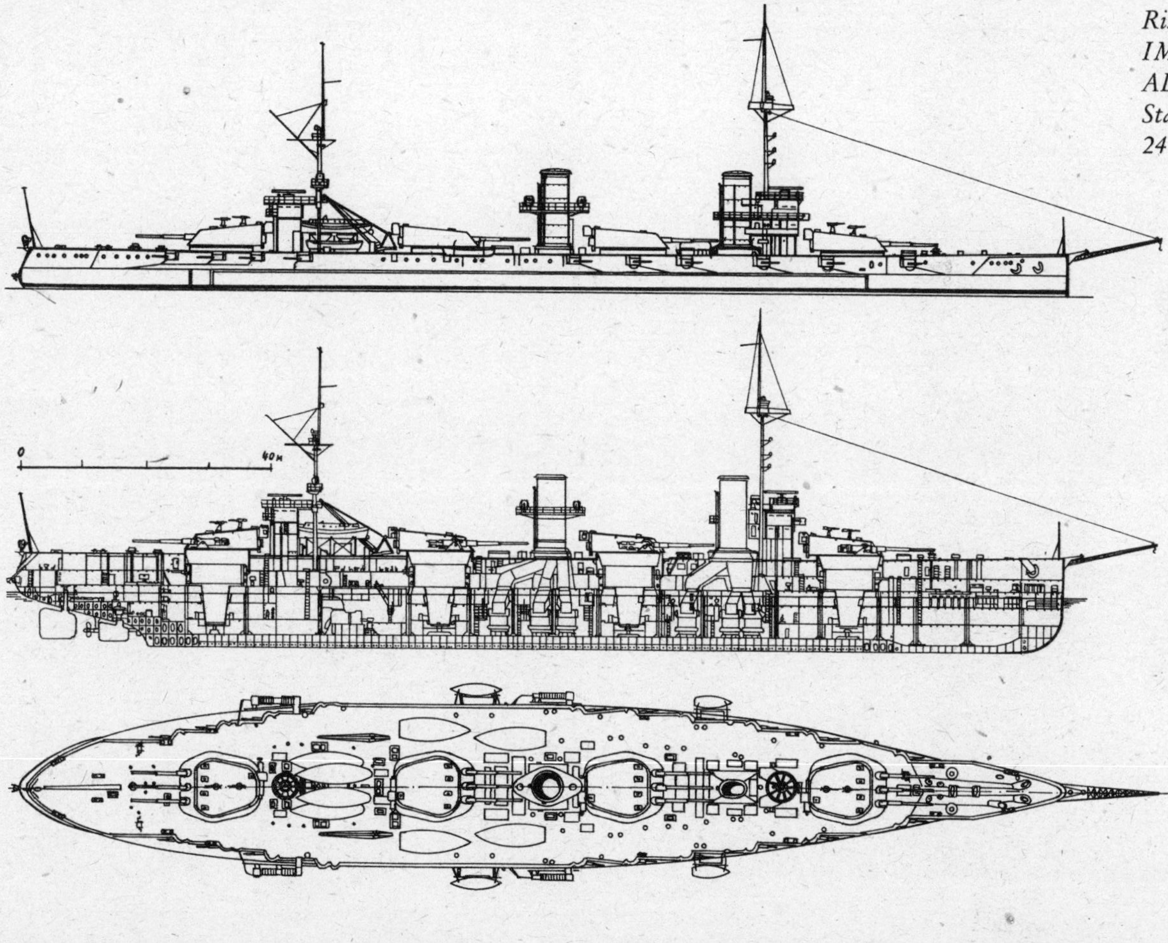

Risse der IMPERATOR ALEXANDER III. – Stapellauf 24. Mai 1914

Schlachtschiff IMPERATORIN MARIA, unter Volldampf fahrend

sich eine Buglastigkeit, infolgedessen selbst kleine Wellen das Deck überspülten und das Schiff schlecht im Ruder ging. Auf die Forderung der Ständigen Kommission hin wurden vom Werk Maßnahmen zur Verringerung der Buglastigkeit auf ein Minimum eingeleitet. Interessant dürften die Bemerkungen der Ständigen Kommission sein, die die Schlachtschiffe erprobte:

«Das Luftkühlsystem der Munitionskammern auf der IMPERATORIN MARIA ist einen Tag lang getestet worden, die Resultate sind jedoch nicht aussagekräftig. Die Temperatur in den Kammern sank praktisch kaum, trotz des eintägigen Betriebes der Kühlmaschinen. Die Ventilation ist nicht effektiv ausgelegt. Wegen der Kriegszeit mußte man sich auf eine eintägige Erprobung begrenzen.»

Das Schlachtschiff IMPERATORIN MARIA explodierte 1916 in der Sewastopoler Bucht.

Den anderen Schwarzmeerschlachtschiffen war ebenfalls keine lange Dienstzeit vergönnt. Die IMPERATORIN JEKATERINA II. (ab 1917 SWOBODNAJA ROSSIJA) wurde am 18. Juni 1918 im Noworossisker Gebiet auf Anweisung der sowjetischen Regierung versenkt. Die seit 1917 im Flottendienst befindliche IMPERATOR ALEXANDER III. entführte *Wrangel* 1920 nach Binzert (Bizerta). Das in GENERAL ALEXEJEW umbenannte Schlachtschiff befand sich in Binzert bis Mitte der 30er Jahre und wurde danach verschrottet. 1944 ist ein Teil seiner Geschütze von den Deutschen in einer Küstenbatterie auf der Kanalinsel Jersey aufgestellt worden. Das letzte Schlachtschiff der Serie, die IMPERATOR NIKOLAI I., lief 1916 auf der Nawal-Werft vom Stapel. Das Schiff wurde nicht fertiggestellt, sondern 1927 verschrottet.

Für die Reparatur der Schwarzmeer-«Dreadnoughts» bestellte das Marineministerium bei der Russud-Werft ein Schwimmdock mit einer Tragfähigkeit von

30000 t, das sich drei Jahre im Bau befand. Die Ständige Kommission begann die Abnahmeprüfungen am 10. Mai 1916. Man fand heraus, daß die Wasserverdrängung des Docks 5300 t unter der vertraglich vereinbarten lag. Das Heben des Docks zusammen mit einem Schiff verlief allerdings schneller als vorgesehen, und das Stapeldeck war um 0,5 m höher. Die Kommission erprobte das Dock mit dem Hochseepanzerschiff SINOPE, wobei das Dock in 9 h 30 min mit Wasser gefüllt wurde, und das Heben zusammen mit dem Panzerschiff dauert 2 h 20 min. Die Kommission konnte nach erfolgreichem Prüfungsverlauf am 3. Juni 1916 die Abnahmeurkunde unterschreiben.

Trotz des Krieges setzte die Ständige Kommission die Erprobung und Annahme neuer und reparierter Schiffe fort. Nicht selten wandelte sich die Abnahmefahrt zu einem Gefechtseinsatz. Aufgrund der Kriegszeit forderte das Marineministerium eine Kürzung des Prüfprogramms, um die Schiffe schneller in die Gefechtsformationen der Flotte eingliedern zu können. Im Zeitraum von 1914 bis 1917 erprobte und übergab die Ständige Kommission an die Flotte sieben Schlachtschiffe, 29 Zerstörer, 31 U-Boote, 10 Wachschiffe, 6 Minenabwehrschiffe, 1 großes Schwimmdock und einige Landungsboote und Schlepper.

«Die Ständige Kommission ist aufzulösen ...»

Anfang 1917 zählte die russische Flotte 558 Kriegsschiffe verschiedener Klassen und Typen. 79 Schiffe befanden sich im Ausbau oder in der Prüfungsphase.

Nach der Februarrevolution wurden Schiffskomitees zu den Prüfungen hinzugezogen. Aber ungeachtet der gestiegenen Anforderungen seitens der Abnahmekommissionen, verschlechterte sich die Qualität der Schiffe, insbesondere der auf privaten Werften gebauten. Die Schiffe sind zu den Prüfungen in einem unfertigen Zustand vorgestellt worden. Die Schiffsanlagen erprobte man vorher nicht, und deshalb fand die Kommission bei den Prüfungen solche Mängel, die die Rückkehr der Schiffe in die Werften zur gründlichen Ausbesserung erforderlich machten. Danach begannen die Wiederholungsprüfungen. Die revolutionäre Situation heizte sich im Land an. Die Tage der provisorischen Regierung waren gezählt. Die Werften setzten den Bau und die Abgabe der Schiffe fort. Am 26. Oktober 1917 traf aus Nikolajew in Petrograd ein übliches geschäftliches Telegramm ein.

«Petrograd. Schiffsprüfungskommission.

Schicken Sie am 5. November nach Nikolajew *Witstedt, Reinhard, Moritz* und einen Mechanikingenieur zur Abnahme der Landungsboote. *Lopatin.*»[24]

Die kleinen Flachrumpf-Landungsdampfer vom Typ «Elpiditor» (Wasserverdrängung 1000 t, Geschwindigkeit 10 kn; Bewaffnung: 130-mm-Geschütze; Besatzung 120 Mann) hatte das Marineministerium im Februar 1917 bei Russud in Nikolajew bestellt. Die Ständige Kommission prüfte und nahm sechs von ihnen im

Zeitraum von 1917 bis 1919 ab, drei Landungsboote entführten die Weißgardisten ins Ausland.

Auf der Rückseite des Telegramms von *Lopatin* war handschriftlich folgende Resolution geschrieben:

«General *Lopatin* ist per Telegramm mitzuteilen, daß nach der Wiederherstellung von normalen Zuständen in Petrograd *Witstedt, Moritz* und *Reinhard* nach Nikolajew beordert werden. 30. Oktober 1917,

Mechanikingenieur, Kapitän zur See *Poljakow*.»

An dem historischen 25. Oktober 1917 befanden sich auf den Stapeln der Putilow-Werke in Petrograd die Zerstörer FREGATTENKAPITÄN KONON SOTOW, FREGATTENKAPITÄN KROUN, FREGATTENKAPITÄN KERN und LEUTNANT DUBASOW. Auf derselben Werft wurden die Zerstörer KAPITÄN ZUR SEE NIKLUCHO-MAKLAJ, FREGATTENKAPITÄN BELLI und PRJAMISLAW bewaffnet und repariert. In den Baltischen Werken rüstete man die U-Boote JERSCH und FOREL aus. Viele Matrosen jener Schiffe beteiligten sich jetzt an der Revolution. Der Kreuzer AURORA lag 1917 zur Reparatur in den Franko-Russischen Werken und wurde am 22. Oktober der Ständigen Kommission zur Abnahme vorgestellt. Es war vorgesehen, daß der Kreuzer zur Erprobung der Maschinen auslaufen sollte. Auf Befehl der Baltischen Flottenleitung blieb er jedoch in Petrograd. Am entscheidenden Tag des Aufstandes war die AURORA, zusammen mit anderen revolutionären Schiffen, an der Nikolaibrücke (heute Leutnant-Schmidt-Brücke) stationiert. Aus ihrem Buggeschütz wurde der historische Schuß abgefeuert, der das Signal zum Sturm auf das Winterpalais war.

Für die Gründung eines neuen Staatsapparates mußte die junge sowjetische Republik das alte Staatssystem zerschlagen, darunter auch die Kommando- und Stabs-

Der Kreuzer AURORA

dienststellen der Armee. Nachfolgender Befehl vom Kollegium des Volkskommissariats ging an die Flotte und an die Marinebehörde:

«Petrograd, den 9. März (24. Februar) 1918, Nr. 206.

Die Ständige Kommission für die Kriegsschifferprobung ist aufzulösen. Die Mitglieder der Kommission sind zu entlassen. Kollegium des Volkskommissariats für Marineangelegenheiten.» Im Archiv fand man ein interessantes Dokument vom 6. März 1918.

«Eilig – dem 2. Gehilfen des Ministers.

Wegen des möglichen Einmarsches der Deutschen in Petrograd und der notwendigen Evakuierung sind folgende unaufschiebbaren Maßnahmen zu realisieren ... Die Kommissionsunterlagen verbrennen und darüber ein Protokoll anfertigen. Die Zeichnungen sind in ungefähr 30 Kisten zu verpacken, die Einrichtungen des Kommissionsbüros besteht aus etwa 15 Schränken und 10 Tischen. In dem Bericht zu dem oben Angeordneten erwarte ich Ihren Rat zu der Frage, wem diese Gegenstände gegen Unterschrift zugeordnet werden:

1. die nicht zu vernichtenden Kommissionsunterlagen und
2. das Büroinventar der Kommission.

Das Büro der Kommission wird in einem Gebäude im Gebiet des Petrograder Ruderhafens untergebracht.

Vorsitzender der Kommission *A. Belogolowy*.»[25, Bl. 372]

Auf dem Dokument war eine Resolution des Gehilfen vom Volkskommissar für Marineangelegenheiten:

«1. Dem Mechaguk zu übergeben und
2. dem Petrograder Hafen zur Verfügung zu stellen A. M. 7.3.»

Danach folgte die Anweisung zur offiziellen Auflösung der Ständigen Kommission.

«Auf der Grundlage des Befehls Nr. 206 vom 9. März (24. Februar) 1918 an die Flotte und die Marinebehörde, den ich am 20. März erhielt, gebe ich heute, am 20. März 1918, das Komitee zur Auflösung der Kommission bekannt: Vorsitzender – der Kommissionsvorsitzende *A. A. Belogolowy*, Gehilfe – Mechanikingenieur *N. I. Lopatin*, Mitglieder – *N. K. Perekrestow, W. G. Poljakow, W. K. Nikolajenko, N. W. Wysozki, L. W. Korinfski, D. K. Neupokojew*; Teilnehmer – *A. A. Pelikan* und *W. W. Alexandrow*.

Vorsitzender der Kommission *A. A. Belogolowy*.»

Unabhängig von der einsetzenden Auflösung der Ständigen Kommission sind die Erprobungen und Abnahmen neuer Schiffe jedoch fortgesetzt worden. Im Dezember 1917 stellte das Nikolajewer Werk das U-Boot BUREWESTNIK zu den Abnahmeprüfungen vor. Hier der Telegrammtext:

«An die Genmor Komisp von *Krutikow* (Mitglied der Ständigen Kommission für Mechanikfragen – d. A.)

Am 2. Dezember 1917 in Nikolajew abgesandt.

Erhalten am 3. Dezember 1917 in Petrograd.

Die BUREWESTNIK ist vorgestellt. Dringend *Moritz* nach Sewastopol und *Lachmanow* nach Nikolajew beordern. Bitte das Tage- und Fahrgeld telegrafisch nach Nikolajew überweisen. Am 5. (Dezember) verlasse ich das U-Boot.

Nr. 1116 *Krutikow.*»

Im November 1918 wurde die Ständige Kommission endgültig aus der Liste des Volkskommissariats für Militär- und Marineangelegenheiten gestrichen.

Die Wiedergeburt der Flotte und Erneuerung der «Ständigen Kommission»

«In der Revolution und im Bürgerkrieg», schrieb *M. W. Frunse*, «war die Kriegsflotte besonders schweren Schlägen ausgesetzt. Infolgedessen verloren wir viele und insbesondere die besten Schiffe, den Großteil der erfahrenen und qualifizierten Kommandeure, eine Reihe Marinestützpunkte ... Zusammengenommen bedeutet das, daß wir keine Flotte besitzen.»[26]

Für die Verteidigung der sehr langen Seegrenzen des Landes ist jedoch eine starke Seekriegsflotte unbedingt erforderlich. Ihr Wiederaufbau begann mit den «Seestreitkräften der Ostsee», so hieß die Baltische Flotte bis zum 9. Januar 1935, wo noch einige Schiffe und eine entwickelte Schiffbaubasis vorhanden waren. Nach der Behandlung im Rat für Arbeit und Verteidigung zur Organisation einer Kommission für den Wiederaufbau der Flotte am 25. Oktober 1920 beschloß *W. I. Lenin*: «Der Petrograder Abgeordnetenrat und das spezielle Verteidigungskomitee Petrograds müssen ihre besondere Aufmerksamkeit auf die Beschleunigung des Wiederaufbaus der Baltischen Flotte und auf die Koordinierung der Tätigkeit von den dafür erforderlichen Einrichtungen, unter Ausschluß jeglichen Bürokratismus und der Herstellung einer effektiven Aufsicht des schnellen Fortschritts der Arbeiten.»[27]

Das war das erste Dokument, mit dem der Wiederaufbau der Flotte begann.

Auf dem X. Parteitag der Russischen Kommunistischen Partei (B) im März 1921 wurde die Flottenfrage gesondert behandelt und festgelegt, «daß, entsprechend der allgemeinen Lage, Maßnahmen für die Wiedergeburt und Verstärkung der Roten Seekriegsflotte einzuleiten sind». [28] Die Delegierten des V. Allsowjetischen Komsomolkongresses beschlossen am 16. Oktober 1922, die Patenschaft des Komsomol über die Rote Seekriegsflotte der Republik zu übernehmen. Dem Aufruf des Komsomol folgten Tausende Jugendliche, die in Flotten- und Seeoffiziersschulen die Seefahrt erlernten und aktiv den Wiederaufbau der Flotte unterstützten.

In kurzen Fristen reparierten die Werftarbeiter und Seeleute viele Kriegsschiffe. Die Baltische Flotte zählte bald 18 Einheiten und führte erstmals nach dem Bürgerkrieg unter Leitung des Kommandeurs der Seestreitkräfte der Republik, *E. S. Panzershansky*, und dem Chef der Seestreitkräfte der Ostsee, *N. W. Viktorow*, Manöver und Verbandsfahrten durch. Die Schiffe legten dabei 400 sm zurück. Das Schulschiff KOMSOMOLEZ lief in die Kieler Bucht ein. Auf ihr war damals der später bekannte Marineschriftsteller *L. S. Sobolew* Navigationsoffizier. Die Seeleute demonstrierten auf der Fahrt einen hohen Ausbildungsstand. Aber die Hauptbedeutung dieser Fernfahrt bestand darin, weltweit auf die neu entstehende Rote Flotte aufmerksam zu machen, die Kriegsschiffe der jungen Sowjetrepublik zeigten Flagge.

Eine Sonderkommission begann am 9. November 1922 nach Entkonservierung und Reparatur mit der Abnahme des Kreuzers AURORA im Kronstädter Hafen. Zu jener Zeit prüften zeitweilige Kommissionen unter einem Leiter, der von der Schiffbauverwaltung aus der Kommission zur Beaufsichtigung des Baus und der Reparatur von Kriegsschiffen (Komnab) oder aus dem Kreis der Kommandeure des Geschwaders eingesetzt wurde. Nach Abschluß der Abnahmeprüfungen am 23. Februar 1923 ist der Kreuzer AURORA unter dem Befehl von *L. A. Polenow* in die Schulschiffgruppe der Baltischen Flotte eingegliedert worden. Ende 1923 waren außer der AURORA das Schlachtschiff MARAT, die Zerstörerdivision (sieben Schiffe), neun U-Boote vom Typ «Bars», zwölf Minenabwehrschiffe, der schwimmende Stützpunkt ORLIZA (später Handelsschiff SOWJET) und andere Kriegsschiffe im Dienst.

Im März 1924 berief man entsprechend dem Flottenbefehl «zur Organisation

Ein U-Boot vom Typ AG wird mit Hilfe eines Schwimmkranes zu Wasser gelassen

einer schnellen Abnahme der reparierten baltischen Schiffe und der gleichzeitigen Einführung von Abnahmeprüfungen» eine Kommission aus Vertretern der Marinetechnischen Verwaltung, der Baltischen Flotte und des Leningrader Hafens unter Vorsitz des Schiffbauingenieurs *A. P. Scherschow*(später Schiffbauer, Vizeadmiral). Eine analoge Kommission wurde zur Kriegsschiffabnahme der Schwarzmeerwerften, die damals ebenfalls mit Wiederaufbau- und Ausbauarbeiten begannen, ins Leben gerufen. Die ersten Kriegsschiffe der Schwarzmeerflotte, die unter der Sowjetmacht ausgebaut wurden, waren die U-Boote AG-23 und AG-24. Beim feierlichen Stapellauf eines von ihnen im September 1920 war auf Anordnung von *W. I. Lenin* der Bevollmächtigte des ZK der Russischen Kommunistischen Partei, *A. W. Lunatscharski*, anwesend. Im November 1921 statteten diese U-Boote zusammen mit dem schwimmenden Stützpunkt GEORGI unter der Flagge von *M. W. Frunse*, dem Kommandeur der Militärkräfte der Ukraine und der Krim, der Türkei einen Besuch ab.

Später übernahm die Flotte die U-Boote AG-25, AG-26, AG-21 und NERPA (Typ «Morsh»), die im Nikolajewer Werk vor der Revolution auf Kiel gelegt worden waren. Die EPRON aus dem Bergungsdienst der Flotte hob außerdem die U-Boote ORLAN, PELIKAN, SUDAK, NALIM und LOSOS. *M. I. Kalinin*, der 1923 die erste sowjetische U-Boot-Division besuchte, hob die Gefechtsqualitäten der Schiffe und den Ausbildungsstand der U-Boot-Fahrer hervor. Das Auftauchen einer sowjetischen U-Boot-Einheit im Schwarzen Meer beunruhigte damals die Briten. Ihr Außenminister sandte sogar eine Note an die sowjetische Regierung, worin er zum Ausdruck brachte, daß diese Einheit eine Bedrohung für die «Herrscherin der Meere» wäre.

Auch Überwasserkampfschiffe vervollständigten die Schwarzmeerflotte. Nach dem Wiederaufbau lief am 1. Mai 1923 der Kreuzer KOMINTERN (ex KAGUL) zur See-Erprobung aus. Zwei Zerstörer und fünf Kanonenboote begannen gleichfalls ihren Flottendienst. Die Flotte der Sowjetrepublik wuchs und erstarkte. Es wurde eine Woche der Roten Flotte organisiert, im Rahmen derer sich *M. I. Kalinin* an das sowjetische Volk wandte. «Die Seekriegsflotte erfordert das Maximum unserer Aufmerksamkeit. Jeder Betrieb, jede Fabrik, jedes Dorf, jeder Amtsbezirk und jede Stadt müssen es als ihre ureigenste Pflicht ansehen, der Flotte zu helfen und aktiv am Flottenaufbau teilzunehmen.»[29]

Im Herbst 1925 statteten die Zerstörer NESAMOSHNIK und PETROWSKI unter dem Divisionschef *A. M. Newinsky* Häfen in der Türkei und Italien Besuche ab. Auf der Ostsee bewältigte eine Schiffsgruppe eine Fahrt, die in die Geschichte als Große Fahrt einging. In sieben Tagen wurden 2000 sm zurückgelegt. Auf dem teilnehmenden Schlachtschiff MARAT (ex PETROPAWLOWSK) wehte die Flagge von *M. W. Frunse*, der nach der Fahrt schrieb: «Wir werden eine starke Baltische Flotte aufbauen. Der Kern ist schon vorhanden.»[30]

Auf dem schwimmenden Stützpunkt SMOLNY auf der Ostsee leitete *Frunse* eine Versammlung, auf der er die Seeleute mit dem Beschluß der Regierung zum Bau neuer U-Boote bekannt machte und die erfahrenen U-Boot-Fahrer aufrief, sich an der Erarbeitung der U-Boot-Projekte zu beteiligen.

Der Kreuzer KOMINTERN (Federzeichnung)

Die Werften beschleunigten die Produktion. Es wurde eine höhere Leistungseffektivität in der Schiffbauindustrie umgesetzt. Der Rat für Arbeit und Verteidigung bestätigte am 26. November 1926 das für sechs Jahre gültige Kriegsschiffbauprogramm (1926 bis 1932), das den Bau von zwölf U-Booten, 18 Küstenschutzschiffen, 36 Torpedobooten, die Generalreparatur des Schlachtschiffes OKTJABRSKAJA REVOLJUZIJA (ex GANGUT) und den Ausbau der Kreuzer TSCHERWONA UKRAINA und KRASNY KAWKAS sowie einiger Zerstörer vorsah. Später wurden zusätzlich sechs große und vier kleine U-Boote in das Programm aufgenommen. Im ersten Haushaltsjahr (1926/27) bewilligte die Regierung für den Wiederaufbau der Flotte 64 Mill. Rubel. Das war das Doppelte im Vergleich zum vorhergehenden Jahr.

Die Gesamtwasserverdrängung der Seekriegsflotte wuchs jährlich: 1923 – 82000 t, 1924 – 90000 t, 1925 – 116000 t und 1926 – 139000 t. In den 20er Jahren wurden insgesamt 100 Kriegsschiffe instand gesetzt bzw. modernisiert.

Das Tempo der Wiederaufbau- und Ausbauarbeiten nahm zu, jedoch wurde damit gleichzeitig die Organisation der Erprobung und Abnahme von neuen und reparierten Kriegsschiffen komplizierter. Für die Erprobung und Abnahme des Kreuzers CLARA ZETKIN auf der Ostsee berief man am 1. Februar 1927 eine Abnahmekommission unter Vorsitz des Kriegsschiffbauers *J. A. Schimanski.* Die PROFINTERN (ex SWETLANA, ex CLARA ZETKIN, ex SOWNARKOM, ab November 1939 KRASNY KRIM) verlegte zum Jahreswechsel 1929/30 zusammen mit dem Kreuzer PARISER KOMMUNE (ex SEWASTOPOL, ab 31. Mai 1943 wieder SEWASTOPOL) von Kronstadt nach Sewastopol.

Die Nominierung eines Vorsitzenden der Abnahmekommission aus einer Schiffbaueinrichtung (Flottenschiffbauverwaltung, Komnab u. a.), die mit den Schiffbauwerken in Verbindung standen und nicht vollständig unabhängig von ihnen waren, rief den Protest des Wissenschaftlich-technischen Komitees (WTK) auf den Plan.

Das Komitee wandte sich an den Chef der Seestreitkräfte mit einem Schreiben, in dem die Meinung zu der unzweckmäßigen Berufung eines Vertreters der Bauinspekteure zum Kommissionsvorsitzenden dargelegt wurde. In dem Brief empfahl man, eine Kommision für die Erprobung und Abnahme von Kriegsschiffen zu bilden, die unabhängig von den Schiffbau- und Reparaturorganen war. Diese Gedanken sind vom Flottenkommando gebilligt worden. Der Chef der Seestreitkräfte, *R. A. Muklewitsch*, schlug im Bericht an den Revolutionsmilitärrat der UdSSR vor, eine ständige Kommission für die Erprobung und Abnahme von Kriegsschiffen zu bilden, die von einem kompetenten Vertreter mit praktischen Kenntnissen und Marineerfahrungen geleitet werden sollte.

Der Revolutionsmilitärrat bestätigte am 12. Mai 1927 diese Kommission und gründete damit die bis heute existierende Organisation. Als erster Vorsitzender der Ständigen Kommission wurde *A. K. Wekman* ernannt, ein erfahrener Offizier der russischen Flotte und Teilnehmer des Bürgerkrieges, der nach Abschluß des Marinekorps im Jahre 1903 und der Artillerieklassen 1906 als Artillerieoffizier diente, danach erster Gehilfe auf den Torpedobooten PROGRANITSCHNIK und STRASCHNY war. Von 1912 bis 1915 war er Kommandant des letzteren Tor-

A. K. Wekman

pedobootes und kommandierte darauffolgend die Wacheinheit des Botanischen Gartens.

Im Bürgerkrieg befehligte *Wekman* die Astrachaner Abteilung der Roten Wolschsker Flottille. Für Heldenmut und kluge Führung erhielt er den Rotbannerorden. Im Befehl Nr. 330 des Revolutionsmilitärrates der Republik vom 10. Juli 1920 heißt es, daß der Kommandeur der Abteilung, *A. K. Wekman*, und sein Kommissar, *P. I. Marin*, mit dem Rotbannerorden ausgezeichnet worden waren, weil sie nach der Einnahme von Soleni Sajmischtsch durch den Feind in Tscherni Jar (bei Astrachan) blieben und es standhaft, energisch und umsichtig verteidigten, wodurch Astrachan, das sich über einen Monat im Belagerungszustand befand, gerettet wurde.

Von 1922 bis 1927 war *Wekman* Kommandeur der Kaspischen Flottille, danach Chef der Seestreitkräfte des Schwarzen Meeres und der Ostsee, 1940 ernannte man ihn zum Vizeadmiral.

Bei der Gründung der Ständigen Kommission ist unterstrichen worden, daß ihre Mitglieder nur aus dem fahrenden Personal stammen sollen : «Die Kommission soll nur aus Bordpersonal zusammengestellt werden, das zur Flotte zurückkehren kann. Eine ausschließliche Berufung von Personen in diese Einrichtung, die ihre aktive Seefahrtszeit beendet haben, ist ungünstig, weil die Ansichten der Kommission und der Flotte mit ihren Erfordernissen allmählich auseinandergehen würden.» [31]

Die Bildung der Ständigen Kommission erfolgte zum rechten Zeitpunkt, da die Schiffe in großer Anzahl die Werften nach der Reparatur, Modernisierung, Rekonstruktion und dem Ausbau verließen. Die Ständige Kommission erprobte und

Der Kreuzer KRASNY KAWKAS läuft aus einem Stützpunkt aus

nahm folgende Schiffe nach der Reparatur ab: Die Zerstörer WOJKOW, KARL MARX (ex ISJASLAW), KARL LIEBKNECHT (ex FREGATTENKAPITÄN BELLI), STALIN, WOLODARSKI, WALERIAN KUIBYSCHEW, KALININ (ex PRAJAMISLAW), DZIERZYNSKI, JAKOW SWERDLOW, URIZKI. Von 1933 bis 1936 verlegten die WOIKOW und STALIN in den Fernen Osten.

Die Kreuzer ADMIRAL NACHIMOW, ADMIRAL LASAREW und SWETLANA, die schon 1913 auf Kiel gelegt worden waren, stellte man ebenfalls fertig. Die ersten beiden Kreuzer, die damaligen TSCHERWONA UKRAINA und KRASNY KAWKAS, sind im Schwarzen Meer und der dritte in der Ostsee abgenommen worden. Die neuen Kreuzer stärkten die Kampfkraft der Flotte beträchtlich. Die TSCHERWONA UKRAINA begann ihren Flottendienst im März 1927 (Wasserverdrängung 7000 t, Antriebsleistung 36 800 kW, Geschwindigkeit 30 kn; Bewaffnung: 15× 130-mm-Geschütze, Flak, TR). Der erste Kommandant des Kreuzers war *N. N. Neswizki.*

Den im Januar 1932 von der Flotte übernommenen Kreuzer KRASNY KAWKAS (Wasserverdrängung 9000 t, Antriebsleistung 40 450 kW, Geschwindigkeit 29 kn; Bewaffnung: 4× 180-mm-Geschütze – Schußweite 207 kbl-, 10× 100-mm-, 2× 76-mm-, 4× 45-mm-, 10× 37-mm-Flak, 4_3 TR, 100 Minen; Besatzung 878 Mann) befehligte *N. F. Sajaz*, der in den Jahren des zweiten Weltkrieges und weiter bis 1949 im Range eines Konteradmirals die Ständige Kommission leitete.

Auf den Kreuzern wurden erstmals neuartige sowjetische Leitsysteme für die Haupt- und Fla-Kaliber sowie Start- und Aufnahmeeinrichtungen für Schwimmerflugzeuge installiert. Von der KRASNY KAWKAS konnten die Flugzeuge mittels Katapult gestartet werden. Die Flugzeuge der TSCHERWONA UKRAINA und KRASNY KRIM starteten nach Absetzen von der Wasseroberfläche.

Die Schlachtschiffe OKTJABRSKAJA REVOLJUZIJA, PARISER KOMMUNE und MARAT wurden laufend modernisiert. Die Kessel stellte man auf Ölfeuerung um. Die Fla-Artillerie wurde verbessert (sechs 76-mm-Flak) und die Panzerung verstärkt. Infolgedessen vergrößerte sich die Wasserverdrängung der Schiffe um einige tausend Tonnen. Eine staatliche Kommission unter dem Vorsitz des Leiters der Ständigen Kommission, *Wekman*, prüfte die Schlachtschiffe nach der Modernisierung. Die Kreuzer und Schlachtschiffe, die vor dem ersten Weltkrieg auf Kiel gelegt und in der Periode des Flottenwiederaufbaus fertiggestellt und modernisiert wurden, bestanden die harten Prüfungen des Großen Vaterländischen Krieges ehrenvoll.

Im Morgengrauen des 22. Juli 1941 eröffnete in Sewastopol die KRASNY KAWKAS das Feuer auf feindliche Flugzeuge. Im September setzte der Kreuzer eine Landungstruppe im Hinterland des Feindes, beim Dorf Grigorewka, aus. Diese erfolgreiche Operation unter Leitung von Konteradmiral *L. A. Wladimirski* und Kapitän zur See *S. G. Gorschkow* unterstützte die Verteidiger Odessas wesentlich. Die Hauptkalibergeschütze des Kreuzers vernichteten faschistische Batterien und Panzer vor Sewastopol. Für die kühne und entschlossene Landungsoperation im Hafen Feodossija erhielt die KRASNY KAWKAS (Kommandant, Kapitän zur See

A. M. Guschtschin) 1942 als eines der ersten Schiffe der Seekriegsflotte den Ehrennamen «Gardeschiff». Der Kreuzer beteiligte sich an der Noworossisker Operation 1943 mit der seeseitigen Deckung und Unterstützung der Landung. Damals stand das Schiff unter dem Befehl von Fregattenkapitän *W. N. Jeroschenko*. Fast 25 Jahre befand sich die KRASNY KAWKAS im Flottendienst, aus dem sie erst 1955 ausschied.

Der Kreuzer KRASNY KRIM, der im Großen Vaterländischen Krieg vom Kapitän zur See *A. I. Subkow* kommandiert wurde, war an den Landungsoperationen in Grigorewka und Feodossija, an der Verteidigung Sewastopols und an der Feuerdeckung der Landung im Gebiet Jushnaja Oserejka beteiligt, legte Minen und geleitete Truppen- und Militärtechniktransporte. Am 4. November 1944 wurde dem Kreuzer KRASNY KRIM die Ehre zuteil, die in die Bucht des befreiten Sewastopol einlaufende Flotte anzuführen. Zwei Monate vor Kriegsende, als die Kampfhandlungen im Schwarzen Meer schon eingestellt waren, überführte man die KRASNY KRIM in die Schulschiffgruppe, und 1960 erfolgte ihre Außerdienststellung.

Der Kreuzer TSCHERWONA UKRAINA war nur kurzzeitig, jedoch heldenhaft an der Verteidigung Sewastopols beteiligt. Anfang November 1941 lag er auf Ankerposition gegenüber dem Grafsker Landungssteg, auf der er zwölf Tage die Feindangriffe mit allen Kalibern abwehrte. Nach dem Untergang des Kreuzers infolge schwerer Bombentreffer demontierte man seine Geschütze und stellte sie in Küstenbatterien auf, die von Matrosen und Offizieren der TSCHERWONA UKRAINA bedient wurden.

Die Schlachtschiffe waren im Großen Vaterländischen Krieg besonders schwe-

Das Schlachtschiff OKTJABRSKAJA REVOLJUZIJA

ren Prüfungen ausgesetzt. Die faschistischen Flugzeuge jagten regelrecht das Schlachtschiff OKTJABRSKAJA REVOLJUZIJA. Hunderte Bomben fielen vom ersten Kriegstag an auf dieses Schiff. Das Schlachtschiff stand unter dem Befehl von Konteradmiral *M. S. Moskalenko*, der später im Laufe von zehn Nachkriegsjahren die Ständige Kommission leitete. Im Jahre 1941 sind 568 Seeleute von diesem Schlachtschiff an die Landfront beordert worden, wo sie sich durch Standhaftigkeit und Heldenmut auszeichneten. 1944 gab das Schlachtschiff (Kommandant, Kapitän zur See *N. A. Petrischtschew*) bei den Angriffsoperationen der Leningrader Front in Krasnoselsko-Popschinski und Wyborg Feuerunterstützung, wofür es zum Rotbannerschiff der Baltischen Flotte ernannt wurde. 1956 erfolgte ihre Außerdienststellung. Zum Gedenken an die Heldentaten seiner Besatzung errichtete man im Kronstädter Park eine Mahnstätte, bestehend aus dem Anker und einem Fla-Geschütz des Schlachtschiffes.

Ein sehr schweres Schicksal ist im ersten Kriegsjahr der MARAT beschieden gewesen. Am 23. September 1941 flogen die Faschisten den größten Luftangriff auf Kronstadt. Mehrere Dutzend Bombenflugzeuge stürzten sich auf das Schlachtschiff. Infolge der Bombentreffer (1000-kg-Bomben) und der Explosion der Munitionsvorräte wurde der Schiffsbug abgerissen, und das Schiff lag anschließend bis zur Brücke und den Aufbauten auf Grund. Der Kommandant, Fregattenkapitän *P. K. Iwanow*, kam dabei um. Einige Tage später war die Einsatzbereitschaft der über Wasser gebliebenen Geschütze jedoch wiederhergestellt. Die schweren Geschütze des dritten und vierten Turmes bekämpften weiterhin den Feind. Im Lauf der Angriffsoperationen der sowjetischen Truppen seit dem 14. Januar 1944 beschoß das Schlachtschiff zusammen mit anderen Schiffen feindliche Befestigungen.

Das Schlachtschiff SEWASTOPOL (ex PARISER KOMMUNE) beteiligte sich an der Verteidigung Sewastopols und anderen Kampfhandlungen der Schwarzmeerflotte (Kommandanten: Kapitän zur See *F. I. Krawtschenko*, *J. K. Sinowjew*, *M. F. Romanow*). Für die errungenen Gefechtserfolge ist die SEWASTOPOL 1945 mit dem Rotbannerorden ausgezeichnet worden; sie befand sich bis 1956 im Flottendienst.

Kehren wir aber nochmals zum Beginn des ersten Fünfjahrplanes zurück. Die Wiedergeburt der Flotte konnte als abgeschlossen betrachtet werden. Fernfahrten waren Bestandteil der Gefechtsausbildung geworden. So stattete 1928 eine Gruppe sowjetischer Schiffe mit dem Kreuzer TSCHERWONA UKRAINA und den Zerstörern PETROWSKI und SCHAUMJAN unter der Flagge des Kommandeurs der Schwarzmeerflotte, *W. M. Orlow*, Istanbul einen Besuch ab, und die Zerstörer FRUNSE und NESAMOSHNIK (Kommandeur der Gruppe *J. W. Schelting*) besuchten Neapel.

Die Rekonstruktion der Schiffswerften im Zeitraum von 1930 bis 1932 half, die Aufgaben des ersten Fünfjahrplanes in vier Jahren zu erfüllen. Auf der Tagesordnung standen nun Schiffsneubauten.

Der Aufbau einer U-Boot-Flotte

Die erweiterte Beratung des Revolutionsmilitärrates der UdSSR mit den Kommandeuren einer Reihe Militärbezirke und Flotten im Mai 1928 legte die Entwicklungsrichtung der Flotte fest. «Bei der Entwicklung der Seekriegsflotte», war im Beschluß niedergelegt, «ist ein enges Zusammenwirken der Über- und Unterwasserkräfte, des Küsten- und Minenschutzes sowie der Marinefliegerkräfte anzustreben.»

Flottenadmiral der Sowjetunion *S. G. Gorschkow* schreibt, daß «schon zu jener Zeit das Prinzip der Flottenentwicklung bestätigt wurde, das eine harmonische Entwicklung der verschiedenen Flottenkräfte vorsah».[32] Die Flotte bestand damals aus 104 Überwasserschiffen, 14 U-Booten, davon neun (Typ «Bars») in der Ostsee und fünf (Typen «Morsh», AG) im Schwarzen Meer, und aus 14 Hilfsschiffen.

Die Industrialisierung des Landes und die Entwicklung der Wissenschaft und Technik erlaubten den Übergang vom Ausbau und der Modernisierung alter Schiffe zu Schiffsneubauten. Diese Etappe begann mit den U-Booten. Am 5. März 1927 wurden im Beisein von *S. M. Kirow* in Leningrad die U-Boote gleichen Typs DEKABRIST (D-1), NARODOWOLEZ (D-2) und KRASNOGWARDEJEZ (D-3), die in einem Konstruktionsbüro unter Leitung vom späteren Professor Dr. sc. techn. *B. M. Malinin* projektiert wurden. (Die Bezeichnung D-1, D-2 und D-3 erhielten die U-Boote im September 1934.)

In diesem Büro arbeiteten auch die Schiffbauingenieure *A. N. Schtscheglow*, *P. Bolschedworski*, *M. A. Rudnizki*, *E. E. Krüger* und *A. K. Schljupkin*. An der Projektierung beteiligten sich *A. N. Krylow*, *J. A. Schimanski* und *P. F. Panko-*

U-Boot vom Typ «Dekabrist» (Federzeichnung)

witsch. Gleichzeitig sind im Süden für die Schwarzmeerflotte die U-Boote REVOLUTIONÄR (D-4), SPARTAKOWEZ (D-5) und JAKOBINEZ (D-6) errichtet worden. Viele Werke des Landes stellten Anlagen und Waffen für die U-Boote her.

Die Boote vom Typ «Dekabrist» waren Zweihüllen-U-Boote mit Nietverbindungen (Wasserverdrängung üW/uW 933/1354 t, Antriebsleistung – 2 Dieselmotoren 1620 kW, E-Motoren 772 kW, Geschwindigkeit üW 15,3 kn; Bewaffnung: 8 TR – 6 Bug, 2 Heck, 1× 100-mm-Geschütz, 2 MG; Besatzung 53 Mann). Einige U-Boote dieses Typs hatten außerdem noch ein 45-mm-Geschütz an Bord. Ihr Druckkörper wurde von sechs wasserdichten Querschotten in sieben Abteilungen unterteilt. Mit den zwei sowjetischen Dieselmotoren vom Typ 42-B-6 konnten diese Boote ohne Nachfüllung der Vorräte 7000 sm mit einer ökonomischen Überwassergeschwindigkeit von 9,5 kn zurücklegen und sich 40 Tage in See aufhalten. Bei einer ökonomischen Geschwindigkeit von 8,9 kn und maximalen Treibstoffvorräten betrug die Fahrstrecke 8950 sm. Die Tauchzellen gewährleisteten das Tauchmanöver innerhalb von 1,5 min. Der Unterwassereinsatz konnte bis auf drei Tage ausgedehnt werden. Die Fahrprüfungen der ersten U-Boote vom Typ «Dekabrist» wurden von einer staatlichen Kommission unter Vorsitz des Beauftragten der Ständigen Kommission, dem erfahrenen U-Boot-Fahrer *J. K. Subarew*, abgenommen, der vorher Kommandeur einer U-Boot-Division war. In der staatlichen Kommission arbeiteten außerdem Flaggspezialisten der Flotte, Schiffbauinspekteure und Besatzungsmitglieder.

Die Erprobung des Nullserienbootes DEKABRIST in der Überwasserlage verlief erfolgreich. Aber im Tauch-Auftauch-System fand man sofort Konstruktionsfehler. Beim ersten Tauchen stellte sich nach dem Öffnen der Flutventile der Tauchzellen mit dem Schließen der Entlüftungsventile eine starke Krängung nach Steuerbord ein. Es zeigte sich, daß bei der Projektierung die Veränderung der Stabilität infolge des ungehinderten Wasserüberlaufs in den Tauchtanks von einer Bordseite zur anderen nicht berücksichtigt wurde. Zur Behebung jenes Mangels sind getrennte Entlüftungsventile in die Tanks eingebracht worden. Es traten noch weitere unvorhergesehene Ereignisse bei der Erprobung auf. Einmal verlor das U-Boot im Bereich der Grenztauchtiefe plötzlich jeglichen Auftrieb und sank auf Grund, der sich in einer größeren Tiefe als die maximale Berechnungstauchtiefe befand. Nach dem schnellen Auftauchen wurde ermittelt, daß sich das Flutventil vom Alarmtauchtank von innen öffnete und durch den Außendruck, der auch in diesem Tank wirkte, vom Ventilsitz abgehoben worden war. Infolgedessen füllte sich dieser Tank weiter. Die Konstruktion des Flutventils mußte verändert werden.

Viele Scherereien bereiteten anfangs die «Mitchel»-Stützlager, die erstmalig im U-Boot-Bau auf der DEKABRIST eingesetzt wurden. Lange fand man nicht den Grund für die plötzliche Öltemperaturerhöhung nach der eintägigen Erprobung der Dieselmotoren mit Nennlast. Nach einer gründlichen Untersuchung stellte sich heraus, daß in die Lager Formsand von den inneren ungesäuberten Oberflächen des gegossenen Lagergehäuses gelangt war. Dieser Mangel wurde ebenfalls behoben. Endlich konnte das Prüfprogramm vollständig abgeschlossen werden. Die Kommission unterschrieb am 18. November 1930 die Abnahmeurkunde. Vom Chef der Seestreitkräfte traf ein Grußtelegramm mit folgendem Wortlaut ein: «Ich gratuliere den Seestreitkräften der Ostsee zur Indienststellung des U-Bootes DEKABRIST, zum Erstling des neuen Schiffbaus und der neuen Technik. Ich bin überzeugt, daß die DEKABRIST in den Händen der revolutionären Ostseematrosen eine mächtige Waffe gegen unsere Klassenfeinde wird und in den möglichen Gefechten für den Sozialismus an seine rote Fahne ruhmreiche Taten heftet.» [33]

Ein Jahr später wurden die U-Boote NARODOWOLEZ (D-2) und KRASNOGWARDEJEZ (D-3) erprobt und von der Flotte übernommen.

Die Indienststellung des Schwarzmeer-U-Bootes REVOLUTIONÄR erfolgte am 5. Januar 1931, und im Sommer desselben Jahres erhielt die Schwarzmeerflotte die U-Boote SPARTAKOWEZ und JAKOBINEZ. Sie sind von einer staatlichen Kommission unter Leitung von *N. I. Kjun* abgenommen worden.

Den ersten U-Booten vom Typ «Dekabrist» waren die unterschiedlichsten Schicksale beschieden. Das U-Boot D-1 beteiligte sich an der ersten «Expedition besonderer Bestimmung» (EON-1) von der Ostsee ins Nördliche Eismeer, die *S. A. Sakupnew* anführte. Das Boot stand unter dem Kommando von *B. A. Sekunow*. Im Jahre 1938 befand sich das U-Boot 120 Tage auf hoher See, legte dabei mehr als 10000 sm über und 1200 sm unter Wasser zurück. Der EON-1 gehörten weiterhin die Zerstörer URIZKI und KUIBYSCHEW, die Küstenschutzschiffe URAGAN und SMERTSCH und das U-Boot D-2 an.

Zwei Jahre später ging D-1 bei Gefechtsübungen im Gebiet der Motowsker Bucht tragisch verloren. Der Grund dafür blieb unbekannt. Man nimmt an, daß es die Grenztauchtiefe überschritt.

Das U-Boot D-3 nahm zusammen mit dem Zerstörer KARL LIEBKNECHT und dem Küstenschutzschiff GROSA an der Eismeerexpedition EON-2 teil. *I. S. Isakow* war der Expeditionsleiter. *K. H. Gribojedow* befehligte das U-Boot D-3. Unter dem Kommando von Oberleutnant *W. N. Kotelnikow* war D-3 1938 an der Rettungsaktion der Mitglieder der *Papanin*-Expedition von einer driftenden Eisscholle beteiligt. Ein Jahr nach Kriegsbeginn ging das U-Boot auf Feindfahrt verloren. Während des Krieges waren zuerst Korvettenkapitän *F. W. Konstantinow* und dann Korvettenkapitän *M. A. Bibejew* Kommandeure des U-Bootes. Nicht selten war auf Feindfahrten der Divisionskommandeur, der erfahrene U-Boot-Fahrer im Nördlichen Eismeer, Fregattenkapitän *I. A. Kolyschkin*, später Konteradmiral und Held der Sowjetunion, an Bord des U-Bootes D-3. *I. A. Kolyschkin* erhielt im Krieg gegen das faschistische Deutschland als erster U-Boot-Fahrer den Orden Held der Sowjetunion für die Versenkung von acht Frachtern und eines Vorpostenschiffes zuerkannt. In den Nachkriegsjahren war *Kolyschkin* einige Jahre Mitglied der Ständigen Kommission.

Zu einem vollen Erfolg gestaltete sich die Gefechtsfahrt der D-3 ab 22. September 1941. Ein abgeschossener Torpedo traf ein feindliches Transportschiff am Eingang des Tano-Fjords. Der nächste Angriff fand am 27. September statt, der mit der Versenkung eines Tankers am Kongs-Fjord endete. Drei Tage später versenkte das U-Boot noch ein faschistisches Schiff. Der vierte Erfolg gelang am 11. Oktober.

I. A. Kolyschkin

Auf dem zweiten Gefechtseinsatz im November/Dezember 1941 wurden weitere drei feindliche Schiffe auf Grund geschickt. Im Januar 1942 ist das U-Boot mit dem Rotbannerorden ausgezeichnet und im April zum Gardeschiff ernannt worden. Die Feindfahrt im Juni 1942 wurde für D-3 die letzte. Es kehrte nicht zum Stützpunkt zurück. Sein Untergang blieb ungeklärt. Die Heldentaten des U-Bootes D-3 und seine Gefechtsfahrten werden heute im Zentralen Marinemuseum Leningrad dargestellt.

«Eines kann man mit Sicherheit sagen: die heldenhafte Besatzung starb im standhaften und mutigen Kampf, wie es sich für U-Boot-Fahrer gebührt», schrieb in seinen Memoiren *Kolyschkin*. [34, S. 195]

Das U-Boot D-2, unter dem Kommando von Kapitänleutnant *A. Shukow*, befand sich 1939 in der Nähe Grönlands mit der Regierungsorder zur Absicherung des Funkverkehrs beim Nonstopflug *W. A. Kokkinakis* von Moskau in die USA. Diese Aufgabe erfüllte es erfolgreich. Kurz vor Kriegsbeginn kehrte die D-2 zur Generalinstandsetzung in die Ostsee zurück, die auch ihr Einsatzgebiet im Krieg war. Kommandant des U-Bootes war Korvettenkapitän *R. W. Lindenberg* gewesen.

Zum ersten Gefechtseinsatz lief das U-Boot D-2 am 23. September 1942 aus. Es gestaltete sich kompliziert, aber erfolgreich. Nördlich der Insel Gotland, die die Deutschen besetzt hatten, geriet es in ein ausgelegtes U-Boot-Netz und konnte sich einige Stunden lang nicht befreien. Als man endlich auftauchte, war das Seitenruder beschädigt. Unter großem Einsatz konnte die Besatzung den Schaden beheben und das Boot seine Fahrt fortsetzen. Auf dieser Fahrt von 50 Tagen torpedierte D-2 den Frachter JAKOBUS FRITZEN und das Eisenbahnfährschiff DEUTSCHLAND (Wasserverdrängung 21 000 t), das von einem Hilfskreuzer und fünf Wachschiffen geleitet wurde. Später stellte sich heraus, daß infolge der Explosion auf dem Fährschiff 900 Soldaten und Offiziere umgekommen waren. Der zweite Kampfeinsatz der D-2 fand im Oktober 1944 statt, bei dem es ein Transportschiff versenkte.

Im Schwarzen Meer schickte das U-Boot D-4 unter Kapitänleutnant *I. Trofimow* drei große feindliche Transporter auf Grund. Im Jahre 1942 konnte das U-Boot fünfmal in das besetzte Sewastopol durchbrechen und die Verteidiger mit Munition und Brennstoffen versorgen. Das Boot lief mit Verletzten, Kindern und Frauen wieder aus. Damit steuerten die ersten sowjetischen U-Boote einen würdigen Beitrag für den Sieg über den Feind bei.

Fast gleichzeitig mit den Abnahmeprüfungen der U-Boote vom Typ «Dekabrist» fand die Erprobung des britischen U-Bootes L55 statt, das 1928 gehoben und in Kronstadt instand gesetzt worden war. Im Juni 1919 war das U-Boot in die Hoheitsgewässer der sowjetischen Republik eingedrungen, wobei der Zerstörer ASARD das U-Boot in der Kaporsker Bucht versenkt hatte. Zur Überprüfung aller Maschinen, Anlagen und Waffen lief es auf eine eintägige Fahrt in den Finnischen Meerbusen aus. Die Erprobungen leitete der Bevollmächtigte der Ständigen Kommission *J. K. Subarew*, *W. S. Worobew* war der U-Boot-Kommandant. Die Prüfungen dauerten drei Wochen, und am 7. August 1931 hißte man die Flagge der Seestreitkräfte des Sowjetlandes auf dem Boot.

U-Boot vom Typ «Leninez», auslaufend

Kurz nach den «Dekabrist»-U-Booten waren die sowjetischen Unterwasser-Minenleger Typ L gebaut worden, die unter Leitung von *B. M. Malinin* entwickelt wurden. Das Nullserienboot LENINEZ (L-1) (Wasserverdrängung üW/uW 1039/1890 t, Leistung – Dieselmotoren 1610 kW, E-Motoren 700 kW, Überwasserreichweite 7400 sm, Geschwindigkeit üW/uW 14,2/8,5 kn; Bewaffnung: 8 TR – 6 Bug, 2 Heck, Heckminenrohre mit 20 Minen) legte man am 6. September 1929 auf Kiel, allerdings hatten nicht alle Boote dieses Typs Hecktorpedorohre.

Die LENINEZ erwies sich als würdiger Nachfolger des in der Welt ersten Unterwasser-Minenlegers KRAB, übertraf die KRAB in einer Reihe wichtiger Gefechtseigenschaften. Das Programm zur Erprobung Anfang 1933 war sehr umfangreich. Die Torpedo- und Minenwaffe mußte allseitig erprobt werden, und große Aufmerksamkeit widmete man der Standkraft des Bootes. Nicht alles verlief auf Anhieb erfolgreich. Beim Tauchmanöver war einmal ein starker Schlag im Rumpf zu hören. Die Inspektion der Abteilungen ergab keinerlei Befunde bzw. Abweichungen vom Normalzustand. Nach gemeinsamer Beratung des Kommissionsvorsitzenden, des Kommandanten und des Übergabeingenieurs wurde beschlossen, ohne Havarieausblasen weiter bis zur vorgegebenen Tiefe zu tauchen. Als Grund des Schlages wurde das Zerdrücken der Signalboje vermutet (das trat mitunter auf). Nach dem Erreichen der geplanten Tiefe überprüfte man den Betrieb aller Mechanismen sowie die Dichtigkeit des Druckkörpers und tauchte dann auf. Die Signalboje war jedoch unversehrt geblieben. Beim Ausblasen des Hauptballastes fiel jedoch auf, daß das Manometer der Hauptausblaseleitung einen Druck anzeigte, der weit über der Norm lag, wobei das Ausblasen des Hauptballastes etwas länger als sonst üblich dauerte.

Im Stützpunkt wurde die Hauptausblaseleitung auseinandergenommen. Fremdkörper konnten in der Leitung und im Verteilungsventilgehäuse nicht gefunden werden. Man öffnete die Ausstromstutzen in den Bordtanks zur Inspektion der Haupttleitung, die sich im Zwischenbordraum befanden. Die Ausströmstutzen bestanden aus einzelnen Rohrstutzenflanschen und waren an den wasserundurchlässigen Schotten der Tauchzellen befestigt. Nach langem Suchen wurde der Grund für den hohen Druck in der Ausblaseleitung endlich gefunden. Es stellte sich heraus, alle Stutzen waren, weil zu dünnwandig, vom Außenborddruck gequetscht. Dies war auf einen Fehler bei der Auswahl der Rohre zur Herstellung der Stutzen zurückzuführen.

Im Laufe der Prüfungen fand die staatliche Kommission eine Reihe konstruktiver Fehler sowie Betriebsmängel und schlug denSchiffbauern und Konstrukteuren ihre Behebung vor. Die Belüftung der Akkumulatoren wurde aus der allgemeinen herausgenommen, und die Akkumulatoren sind daraufhin getrennt belüftet worden. Man installierte außerdem eine Anlage zur Wasserstoffabsorption. Die Rohre des Niederdrucksystems zum Ausblasen des Hauptballastes, die direkt in den Tauchzellen installiert waren, wurden in den Druckkörper verlegt. Mehrmals änderte man die Konstruktion des Minenlegsystems.

Die Kommission unterschrieb am 22. Oktober 1933 die Abnahmeurkunde des Nullserien-U-Bootes L-1. Der U-Minenleger wurde in die Baltische Flotte eingegliedert. Bis 1937 stellte man sechs U-Boote dieses Typs fertig. Eine neue Serie von U-Booten des Typs «Leninez» begann mit L-20, die in der Nordflotte am 24. September 1942 in Dienst gestellt wurde.

Man kann rückblickend feststellen, daß die U-Boote vom Typ L die Prüfungen des Großen Vaterländischen Krieges mit Auszeichnung bestanden. So erzielte das U-Boot L-3 (FRUNSENEZ) der Baltischen Flotte die meisten Erfolge von allen sowjetischen U-Booten. Es vernichtete und beschädigte 21Transport- und sieben Kriegsschiffe des Feindes. Das Boot stand unter dem Kommando von Korvettenkapitän *P. D. Grischtschenko* und Korvettenkapitän *W. K. Konowalow*. Letzterer erhielt den Orden Held der Sowjetunion. Ein Erfolg von L-3 sollte besonders hervorgehoben werden. Zwei vom U-Boot abgeschossene Torpedos auf den Transporter GOYA (Wasserverdrängung 5230 t) am 17. April 1945 schickten das Schiff zusammen mit 5000 Faschisten auf Grund, darunter 1300 U-Boot-Offiziere, Offiziersschüler und Matrosen (ungefähr 30 U-Boot-Besatzungen). L-3 erhielt den Ehrentitel Gardeschiff.

Auf vom U-Boot L-21 (Kommandant, Korvettenkapitän *S. S. Mogilewski*) der Baltischen Flotte gelegte Minen liefen zwei faschistische Frachter und zwei Torpedoboote. Das Boot setzte nicht nur die Minen-, sondern auch die Torpedowaffe erfolgreich ein. Der Schwarzmeer-U-Minenleger L-4 wurde ebenfalls mit dem Rotbannerorden ausgezeichnet. Unter dem Befehl von Korvettenkapitän *E. P. Poljakow* versenkte L-4 im Jahre 1943 ein schnelles Landungsboot (Marine-Fährprahm) und zwei Schoner. Den Rotbannerorden erhielt ebenfalls das Nordflotten-U-Boot L-22 (Kommandant, Korvettenkapitän *E. N. Trofimow*).

Viele erfolgreiche Gefechtseinsätze führte das U-Boot L-20 unter dem Kommando von Fregattenkapitän *W. F. Tamman* und seit 1944 unter Korvettenkapitän *E. N. Alexejew* aus.

Von den mittleren U-Booten, die im Vorkriegs-Fünfjahrplan gebaut wurden, war der Typ «Stschuka» (Hecht) als Grundtyp am zahlreichsten. Diese Bezeichnung trug das Nullserien-U-Boot (später Stsch-301), das im Sommer 1933 zu den Prüfungen auslief. Es wurde von einer Kommission unter dem Vorsitz von *J. K. Subarew* abgenommen, der damals schon ein U-Boot-Prüfer mit einem großen Erfahrungsschatz war. Auf der Stsch-301 wurde am 14. Oktober 1933 die Seekriegsflagge der Baltischen Flotte gehißt. Zum Bau des Nullserien-U-Bootes vom Typ «Stsch» schrieb der Chef der Seestreitkräfte *R. A. Muklewitsch*: «Mit diesem U-Boot können wir eine neue Ära in unserem Schiffbau einleiten. Wir eignen uns die notwendigen Fertigkeiten an und bereiten die Kader zur Ausweitung der Produktion vor.»[35]

Gleichzeitig mit dem Nullserienboot erprobte man im Fernen Osten das fast gleichartige U-Boot LOSOS (Stsch-11, später Stsch-101). Die Erprobungen führte die Ständige Kommission unter Leitung von *Wekman* durch. Kommandant der Stsch-11 war *G. N. Cholostjakow* (später Vizeadmiral und Held der Sowjetunion). Dieses Boot und das gleichzeitig mit ihm in Dienst gestellte U-Boot Stsch-12 begründeten die U-Boot-Kräfte der Pazifikflotte.

Das U-Boot Stsch-304 (KOMSOMOLEZ) wurde von Spenden der Komsomol-

U-Boot vom Typ Stsch

zen und Jugendlichen gebaut, die auf die Initiative *W. W. Majakowskis* und entsprechend dem Beschluß vom Dezemberplenum des ZK des Komsomol 1929 gesammelt worden waren. Die Jugend baute Stsch-304, die sich dafür neue Fachkenntnisse und Technologien aneignete. Anfang 1931 konnten die Schiffbauer dem 9. Komsomolkongreß berichten, daß alle Schwierigkeiten, «vom Enthusiasmus der Arbeiterjugend weggefegt wurden». [36, S. 61] Die Abnahmeprüfungen des U-Bootes Stsch-304 fanden im Sommer 1934 statt. Der erste Kommandant war *K. M. Bubnow*, ein später in der UdSSR bekannter U-Boot-Prüfer. Die Eineinhalbhüllen-U-Boote vom Typ «Stsch» (Wasserverdrängung 600 t, Leistung – Dieselmotoren 740 kW, E-Motoren 380 kW, Geschwindigkeit üW/uW – 12/9 kn, Tauchtiefe 90 m; Bewaffnung: 6× 533-mm-TR – 4 Bug, 2 Heck) hatten sechs Abteilungen. Der Hauptballast wurde außerhalb des Druckkörpers in den Tauchzellen aufgenommen. Für den Gefechtseinsatz setzte man die zwei Viertakt-Einspritzdieselmotoren ein, während die separaten E-Motoren die ökonomische Fahrt gewährleisteten.

Es muß angemerkt werden, daß die Flotte später modernisierte U-Boote der Serie «Stsch» (V-bis, V-bis 2, X, X-bis) erhielt. Diese Boote hatten stärkere Antriebsanlagen, die eine Überwassergeschwindigkeit von 14 kn gewährleisteten, vollkommenere Elektronavigations-, Funk- und Hydroakustikgeräte.

Im Zeitraum von 1933 bis 1937 nahm die Ständige Kommission 65 U-Boote vom Typ «Stsch» ab. Anfang des Krieges waren 77 «Stschuka»-U-Boote in die Flotte eingegliedert.

Die U-Boote wurden außer von *J. K. Subarew* und *N. N. Kjun* gleichfalls durch Fregattenkapitän *B. S. Slastnikow* und dem Kapitän zur See Dipl.-Ing. *A. Chmelewski* abgenommen, die 1934 in die Ständige Kommission beordert worden sind.

In den Abnahmeprotokollen der U-Boote «Stsch» hob man die einfache, aber feste Konstruktion, die hohe Zuverlässigkeit der technischen Anlagen und die gute Seetüchtigkeit hervor. Die Ständige Kommission überschätzte die Vorzüge dieser Boote nicht. Die ausgezeichnete Seefähigkeit wurde überzeugend mit der in der Seefahrtgeschichte beispiellosen Überfahrt des U-Bootes Stsch-423 durch das Nördliche Eismeer in den Fernen Osten demonstriert. Der Kommandant des U-Bootes war Korvettenkapitän *T. M. Sajdulin*, die Verstärkungsarbeiten für das Eismeer leitete Dipl.-Ing. *Dubrawin*. Ausgezeichnete Erfolge erzielten die U-Boote vom Typ «Stsch» auch während des Krieges. Fast 20 Boote sind mit dem Rotbannerorden und als Gardeschiff ausgezeichnet worden.

Die Erfolgsliste der Nordflotten-U-Boote eröffnete Stsch-402, Kommandant Oberleutnant *N. G. Stolbow*, mit der Versenkung eines Transporters auf der Reede von Honnigswog am 14. Juli 1941. Im Schwarzen Meer führte das U-Boot Stsch-211 unter Kapitänleutnant *A. D. Dewjatko* den ersten erfolgreichen Torpedoangriff durch. Das U-Boot Stsch-307 der Baltischen Flotte unter dem Kommando von Kapitänleutnant *N. I. Petrow* versenkte als erstes sowjetisches U-Boot ein feindliches U-Boot, die U 144, mit Torpedos.

Viele Siege errangen das U-Boot Stsch-422 (Kommandant: Korvettenkapitän *F. A. Widajew*) der Nordflotte, das U-Boot Stsch-303 (Kommandant: Held der Sowjetunion Korvettenkapitän *I. W. Trawkin*) sowie Stsch-309 (Kommandant: Korvettenkapitän *I. S. Kabo*, ab 1943 Korvettenkapitän *P. P. Wettschinkin*) der Baltischen Rotbannerflotte, Stsch-205 (Kommandant: Kapitänleutnant *P. D. Suchomlinow*) und Stsch-215 (Kommandant: Kapitänleunant *G. A. Apostolow*, danach Korvettenkapitän *M. W. Greschilow*) der Schwarzmeerflotte.

Schweren Angriffen war das U-Boot KOMSOMOLEZ (Stsch-304) auf seinem zweiten Gefechtseinsatz 1942 ausgesetzt. Siebenmal griffen Flugzeuge an, 14mal ist es von U-Boot-Abwehrschiffen verfolgt worden, zweimal mußte es Torpedoangriffen faschistischer U-Boote ausweichen, und 22mal durchfuhr Stsch-304 Minensperrlinien. Von 660 Einsatzstunden in der Ostsee hielt sich das U-Boot 606 Stunden unter Wasser auf. Auf dieser Fahrt versenkte das U-Boot ein faschistisches Frachtschiff. Mit «Heldenbesatzung» bezeichnete der Flottenkommandeur die Mannschaft des Bootes. Im Herbst 1942 kehrte das U-Boot nicht von seiner dritten Gefechtsfahrt zurück.

Das U-Boot Stsch-323 wurde mit dem Rotbannerorden für die erfolgreiche Feindfahrt im Spätherbst 1941 ausgezeichnet, während der es einen faschistischen Frachter und zwei Tankschiffe versenkte. Kommandant des Bootes war Kapitänleutnant *F. I. Iwanzow*.

Zu den mittleren U-Booten zählte man auch die U-Boote vom Typ S (verschiedentlich als Typ «Stalinez» bezeichnet), die sieben Abteilungen hatten (Wasserverdrängung üW/uW – 840/1000 t, Antriebsleistung 2950 kW, Geschwindigkeit üW/uW – 19,5/9 kn, Tauchtiefe 100 m; Bewaffnung: 1× 100-mm-, 1× 45-mm-Geschütze, 6 TR – 4 Bug, 2 Heck; Besatzung 45 Mann) und von einer Gruppe Konstrukteure projektiert wurde, der *W. W. Perlowski, W. F. Kritski, S. A. Deribin* und *W. N. Peregudow* angehörten. Die U-Boote vom Typ S waren die ersten U-

U-Boot vom Typ S

Boote kombinierter Bauweise im sowjetischen Schiffbau. Der Druckkörper war genietet und die Außenhaut geschweißt. Dank dem größeren Aktionsradius, den Vorteilen in der Seetüchtigkeit und der Autonomie waren die U-Boote vom Typ S in weiter entfernten Seegebieten als die U-Boote vom Typ «Stsch» im Einsatz.

Die Abnahmeurkunde für das Nullserien-U-Boot S-1 wurde am 11. September 1936 von *Kjun* unterzeichnet. Im Protokoll hob die Kommission die guten Gefechtseigenschaften des U-Bootes hervor. Das Boot zeigte bessere Manövrierfähigkeit und Seetüchtigkeit und gehorchte dem Ruder sicher. Das Tauch-Auftauch-System war einfach in der Bedienung. Die zentrale Steuerung des Tauchsystems erlaubte es, beim Alarmtauchen die Sehrohrtauchtiefe innerhalb von 68 s zu erreichen. Beim Salvenschießen tauchte das Boot nicht ungewollt auf, und die Trimmlage änderte sich kaum. Das Ausblasesystem des Hauptballastes war gut gelungen. Das Auftauchen aus Sehrohrtiefe dauerte nicht länger als 7 bis 8 min.

Im Rahmen der Erprobung der ersten vier U-Boote des Typs S wurden auch ihre Schwachstellen offensichtlich. So reichte beispielsweise die Leistung eines Generators nicht zum Aufladen der Batterien. Man mußte den zweiten Dieselmotor dafür starten, was natürlich den Treibstoffverbrauch erhöhte. Die Kommission bemängelte weiterhin das große und sperrige Torpedoladesystem, die komplizierte Batteriebedienung und den kleinen Proviantladeraum.

Die Serienunterseeboote vom Typ S späterer Baujahre sind im Vergleich mit dem Nullserienboot wesentlich modernisiert und mit neuen Funkgeräten, Ortungs- und Navigationsmitteln ausgerüstet worden. Das Boot verfügte über zwei Sehrohre für die Luft- und Seeraumbeobachtung, die Funkgeräte «Okun», «Stschuka» und «Rejd», die Empfänger «Dosor» und «Metel», den Geräuschpeiler «Mars-12», die Unterwasser-Schallverbindungsanlage «Sirius» und den Kreiselkompaß «Kurs-2».

Die Magnetkompaßanzeige wurde mittels optischer Übertragung von der Zentrale zum Kommandoturm übertragen.

Die U-Boote vom Typ S bewährten sich in vielen Gefechten des Großen Vaterländischen Krieges und das Nullserienboot S-1 schon im Sowjetisch-Finnischen Krieg. Für Entschlossenheit und Mut ist der Kommandant von S-1, Kapitänleutnant *A. W. Tripolski*, als Held der Sowjetunion ausgezeichnet worden. Viele U-Boote dieses Typs trugen die Ehrennamen Garde- oder Rotbannerschiff, und dem U-Boot S-56 unter Fregattenkapitän *G. J. Schtschedrin* sind beide Ehrennamen Rotbanner- (1944) und Gardeschiff (1945) verliehen worden. S-56 wurde im Fernen Osten ausgerüstet und erprobt. Die Kommission unter Vorsitz des erfahrenen Schiffprüfers, Kapitän zur See *A. G. Bulawinza*, nahm das U-Boot, die Waffen und Technik peinlich genau ab. Im Herbst 1941 hißte man auf der S-56 nach erfolgreicher Absolvierung des Prüfprogramms die Seekriegsflagge. Die sorgfältige und allseitige Überprüfung der Bewaffnung und Mechanismen des U-Bootes sowie sein Seeverhalten waren ein Garant für eine störungsfreie Fahrt und erfolgreichen Gefechtseinsatz. Vom September 1942 bis Juni 1943 bewältigten die U-Boote S-56, S-51 (Kommandant: Korvettenkapitän *Kutscherenko*, an Bord befand sich der Divisionschef *Tripolski*), S-54 (Kommandant: Kapitänleutnant *Bratischko*) und S-55 (Kommandant: Korvettenkapitän *Suschkin*) die Überfahrt vom Stillen Ozean über den Atlantik in den Arktischen Ozean. Dabei legten sie 17000 sm unter schwierigen hydrometeorologischen Bedingungen und durch Haupteinsatzgebiete japanischer und deutscher U-Boote zurück. Die eingetroffenen Pazifik-U-Boot-Fahrer unterstützen sofort die Nordflotte.

Äußerst erfolgreich waren die Feindfahrten des U-Bootes S-56. Es versenkte 13 und beschädigte zwei feindliche Kriegsschiffe und Frachter. Für Mut und Entschlossenheit erhielt der Kommandant die Auszeichnung Held der Sowjetunion. Dieses Boot führte auch die erste Erdumrundung eines U-Bootes aus. S-56 kehrte nach dem Krieg in die Pazifikflotte zurück und wurde nach Außerdienststellung zu einem Museumsschiff umgerüstet. Vor dem 30. Jahrestag des Sieges über das faschistische Deutschland stellte man es in Wladiwostok an der Uferpromenade der Bucht Solotoj Rog auf. Am Postament von S-56 wird die feierliche Vereidigung junger Matrosen vorgenommen, Veteranen des Krieges und der Arbeit überreichen Komsomolausweise, Schüler erhalten dort ihr Pionierhalstuch.

Rotbannerschiff wurde in der Nordflotte auch das U-Boot S-51, das danach von der Pazifikflotte übernommen worden ist. Es zeichneten sich noch weitere «Eski» (so bezeichneten die Seeleute die U-Boote vom Typ S) aus.

Das U-Boot S-11 eröffnete die Abschußliste der baltischen U-Boote am 19. Juli 1941 mit der Versenkung eines Netzlegers im Gebiet von Palanga. S-11 lief im Herbst 1941 auf eine Mine. Ein Teil der Besatzung konnte von einem vorbeifahrenden Boot gerettet werden. Drei Mann befreiten sich aus der Heckabteilung durch die Torpedorohre. Sie schwammen ungefähr acht Stunden bis zum rettenden Ufer. Im Jahre 1955 wurde S-11 von der Flotte gehoben.

Das Rotbannerboot S-101 war zuerst in der Ostsee und danach im Nördlichen Eismeer im Einsatz, wo es ein U-Boot, ein Vorpostenschiff, drei Minenabwehrschiffe und fünf Transporter versenkte sowie einen Zerstörer und zwei Frachter beschädigte. Erst 1956 ging es außer Dienst. Während des Kriegseinsatzes im Arktischen Ozean stand das Boot unter dem Kommando der Korvettenkapitäne *P. I. Jegorow*, *E. N. Trofimow* und *N. T. Sinowjew* (er diente in den Nachkriegsjahren in der Ständigen Kommision und erhielt 1963 den Leninorden für die Einführung neuer Technik).

Herausragende Gefechtserfolge erzielte das U-Boot S-104 der Nordflotte unter dem Kommando von Korvettenkapitän *W. A. Turajew*. Im Juni 1944 schickte es mit einer Salve von vier Torpedos gleichzeitig einen Frachter, ein Minenabwehr- und ein U-Boot-Abwehrschiff auf Grund, und im September bewirkte eine Torpedosalve von S-104 erneut den Untergang zweier feindlicher Schiffe. Sehr wenig U-Boot-Fahrer wurden wie *Turajew* mit vier Rotbannerorden ausgezeichnet.

Das Rotbanner-U-Boot S-31 unter Kapitänleutnant *N. P. Belorukow* war im Schwarzen Meer im Einsatz.

Das U-Boot S-13 der Baltischen Flotte versenkte und beschädigte in den Kriegsjahren sechs feindliche Transportschiffe mit einer Gesamtwasserverdrängung von über 42000 t. Nach der versenkten Tonnage nimmt die S-13 den ersten Platz unter den sowjetischen U-Booten ein. Interessant dürfte ein Ereignis aus der Dienstzeit von S-13 sein. Für die Versenkung des deutschen Fahrgastschiffes WILHELM GUSTLOFF (Wasserverdrängung 25000 t), auf der sich 7000 Soldaten, darunter 3700 hochqualifizierte U-Boot-Fahrer befanden, trug *Hitler* den Kommandanten des Bootes, Korvettenkapitän *A. I. Marinesko*, in die Liste der «Feinde des Führers und des dritten Reiches» ein.

Einige Tage später griff S-13 auf der gleichen Feindfahrt das als Truppentransporter eingesetzte Passagierschiff GENERAL VON STEUBEN mit 3000 Mann an Bord an. Für die herausragenden Erfolge erhielten alle Besatzungsmitglieder staatliche Auszeichnungen, und das U-Boot ist mit dem Rotbannerorden gewürdigt worden.

Entgegen der unbeliebten Zahl 13 in der Schiffsbezeichnung war es das einzige baltische U-Boot vom Typ S, das den Tag des Sieges, den 9. Mai, auf Feindeinsatz beging. Die Nachricht von der bedingungslosen Kapitulation Hitlerdeutschlands erhielt *Marinesko* per Funk in See.

Etwas unglücklicher fiel die Konstruktion der Geschwader-U-Boote vom Typ «Prawda» aus, die 1936 gebaut wurden (Wasserverdrängung üW/uW – 955/2100 t, Geschwindigkeit üW/uW – 20/8,5 kn, Tauchtiefe 75 m; Bewaffnung: 2× 100-mm-, 1× 45-mm-Geschütze, 6 TR – 4 Bug, 2 Heck). Es war ursprünglich eine Serie dieser über Wasser schnellen und mit starker Artilleriebewaffnung versehenen U-Boote geplant gewesen. Jedoch wurden bei den Erprobungen von der staatlichen Kommission unter Vorsitz von *Kjun* und zu Beginn des Flotteneinsatzes einige konstruktive Mängel der Boote offensichtlich. Daraufhin faßte man den Beschluß, nur drei U-Boote des Typs zu bauen: die PRAWDA (P-1), SWESDA (P-2) und ISKRA (P-3). Das U-Boot P-1 ging im September 1941 bei der Überfahrt von Kronstadt nach Hanko mit Munition und Proviant für die Verteidiger des Marinestützpunktes an Bord verloren. Die P-Boote sind hauptsächlich zur Ausbildung von U-

U-Boot vom Typ M in schwerer See (Federzeichnung)

Boot-Fahrern genutzt worden. In den Kriegsjahren setzte man sie zu Transportzwecken ein. Im September 1941 brachte z. B. die P-2 aus Kronstadt nach Leningrad Brennstoff für die Kraftwerke.

In den Jahren des zweiten Fünfjahrplanes wurde ein U-Boot-Typ kleiner Wasserverdrängung entwickelt. Die «Maljutka», wie sie die Seeleute nannten, projektierte eine Gruppe Konstrukteure unter Leitung von *A. N. Asafow*. Das Nullboot M-1 (VI. Serie) wurde im Schwarzen Meer von einer staatlichen Kommission, der *Wekman* vorstand, erprobt. Die Indienststellung des U-Bootes erfolgte am 28. April 1934. Nach den U-Booten der VI. Serie folgten die «Maljutkis» der Serie IV. bis XII. Die U-Boote hatten einen Einwellen-Antrieb (Wasserverdrängung 160 t, Leistung – Dieselmotor 650 kW, E-Motor 280 kW, Geschwingigkeit üW/uW – 13/7,5 kn, Reichweite üW/uW – 1 880/107 sm; Bewaffnung: 1× 45-mm-Geschütz, 2× 533-mm-TR – Bug; Besatzung 20 Mann). Der Rumpf wurde erstmalig vollständig geschweißt. Die «Maljutka»-U-Boote konnten mit der Eisenbahn transportiert werden (ohne Turm). Für die Pazifikflotte stellte man einige Dutzend jener U-Boote her. Eines der ersten «Maljutka»-U-Boote stand unter dem Kommando von *W. A. Masin* (später Konteradmiral), der mehr als 20 Jahre in der Ständigen Kommission diente.

Auf der Grundlage von Erprobungsergebnissen der ersten U-Boote des Typs M machte die Ständige Kommission mehrere Bemerkungen. Beispielsweise hielt sich das U-Boot nach dem Abschuß einer Torpedosalve nicht unter Wasser, sondern tauchte auf. Die Konstrukteure fanden eine Lösung zur Behebung des Mangels. Die Serien-U-Boote wurden mit einer Anlage ausgerüstet, die ein Torpedoschießen ohne Ausstoßschwall und ohne Veränderung des Trimms gewährleistete. Die Turmverkleidung erfordert gleichfalls konstruktive Änderungen. Bei aufgebrister

See war das Boot wegen der begrenzten Möglichkeiten zur Beobachtung des Horizonts und der Anwendung von Signalmitteln von der Brücke aus schwer zu steuern. Beginnend mit M-91, ist die Turmverkleidung wesentlich verbessert worden.

Unter Leitung des Hauptkonstrukteurs, *F. F. Poluschkin*, wurde eine neue, die XV. Serie der U-Boote vom Typ M entwickelt. Sie hatten eine Zweiwellen-Antriebsanlage, und die Torpedowaffe wurde auf vier Rohre erweitert. Das Prototypboot der neuen Serie war die M-171. Von 1933 bis 1937 stellte man insgesamt 53 «Maljutka»-U-Boote her.

Partei und Regierung schätzten die Tätigkeit der U-Boot-Prüfer hoch ein. Für die ausgezeichnete Erprobung und Abnahme der U-Boote vom Typ M sind die Beauftragten der Ständigen Kommission *Kjun* und *B. S. Slastnokow* mit dem Leninorden ausgezeichnet worden.

Die Besatzungen der «Maljutka»-U-Boote schrieben viele große und ruhmreiche Taten in die Annalen des Großen Vaterländischen Krieges. Darunter waren Aufklärungsfahrten, verwegene Durchbrüche durch U-Boot-Netze und Minenfelder in feindliche Stützpunkte, Dutzende versenkte feindliche Frachter und Kriegsschiffe.

Das Garde- und Rotbanner-U-Boot M-172 der Nordflotte unter dem Kommando von Held der Sowjetunion, Kapitänleutnant *I. I. Fisanowitsch*, fuhr 18 Feindeinsätze, wobei es zehn feindliche Transporter und Kriegsschiffe versenkte. Die Inbetriebnahme des U-Bootes war unter der Bezeichnung M-88 am 11. Dezember 1937 erfolgt.

Unter den ersten vier Kriegsschiffen, denen erstmalig in der Geschichte der sowjetischen Seekriegsflotte am 3. April 1942 der Ehrenname Gardeschiff verliehen wurde, waren zwei «Maljutka»-U-Boote der Nordflotte: die M-171 (Kommandant: Kapitänleutnant *W. G. Starikow*) und M-174 (Kommandant: Kapitänleutnant *N. E. Jegorow*). Beide waren hauptsächlich auf den Seewasserstraßen eingesetzt und führten Torpedoangriffe gegen feindliche Häfen. Über die Besatzungen jener U-Boote berichtete die «Prawda» am 10. Juli 1942 im Leitartikel: «In der Feuerprobe des Großen Vaterländischen Krieges härteten sich die sowjetischen U-Boot-Fahrer ab, erhöhten ihr Können weiter und lernten beharrlich, den Feind zu besiegen. Sie treffen ihn in den eigenen Gewässern, Stützpunkten und Anlegestellen. Sind die Durchbrüche der U-Boot-Kommandanten *Fisanowitsch*, *Jegorow*, *Starikow* und anderer unserer mutigen Kämpfer in die feindlichen Stützpunkte nicht Beispiele hoher militärischer Tapferkeit?»

Im Schwarzen Meer wurde das U-Boot M-35 (Kommandanten: Oberleutnant *M. W. Greschilow* und Kapitänleutnant *W. M. Prokofjew*) zum Gardeschiff ernannt, und die M-111, unter dem Befehl der Kapitänleutnante *J. K. Iosseliani* und *M. I. Chomjakow* sowie M-117 (Kommandant: Kapitänleutnant *A. N. Kessajew*) erhielten den Rotbannerorden. Das U-Boot M-112 unter Oberleutnant *S. N. Chachanow* verließ als letztes Schiff Sewastopol am 3. Juli 1942.

In den Vorkriegsjahren entwickelte eine Gruppe Konstrukteure unter Leitung von *M. A. Rudnizki* den U-Kreuzer vom Typ K, der für Kampfhandlungen im Ozean und in weit von den Stützpunkten entfernten Gebieten vorgesehen war.

Das war ein wirklicher U-Kreuzer (Wasserverdrängung üW/uW – 1490/2440 t, Leistung – 2 DM 2940 kW, Geschwindigkeit üW 22,5 kn, Reichweite – bei 10 kn – 15000 sm, Tauchtiefe 100 m; Bewaffnung: 2× 100-mm-, 2× 45-mm-Geschütze, 10 TR, 20 Sperrminen; Besatzung 64 Mann). Es gab einen Motor für die ökonomische Fahrt. Im Tauch-Auftauch-System wurden alle Flut- und Entlüftungsventile ferngesteuert. Die neueste damalige Funktechnik erlaubte eine Nachrichtenverbindung über große Strecken, beispielsweise von der Ostsee zum Fernen Osten. Während des Krieges wurden auf einigen U-Booten dieses Typs die Minenschächte zu Treibstofftanks umgerüstet, was den Aktionsradius und die Einsatzdauer noch vergrößerte.

Die ersten beiden «Katjuschas», wie die U-Kreuzer vom Typ K von den Seeleuten genannt wurden, liefen im Frühjahr 1938 vom Stapel und wurden zwei Jahre später der Ständigen Kommission zu den Abnahmeprüfungen vorgestellt ... Im Abnahmeprotokoll des Null-U-Bootes K-1 steht geschrieben: «... Das U-Boot entspricht dem modernen technischen Stand und übertrifft in seinen taktischen Charakteristika die gleichartigen ausländischen Boote, vor allem in bezug auf die Bewaffnung und Geschwindigkeit. Es ist das stärkste und schnellste.» Die Boote zeichneten sich durch eine gute Manövrierfähigkeit und Kursstabilität aus. Die Tauchzeit auf Sehrohrtiefe betrug bei der Erprobung von K-1 60 s. Die Auftauchzeit überschritt nicht 10 min, was den damaligen Forderungen entsprach.

Die Prüfungskommission von K-1 verwies aber auch auf seine Mängel, beispielsweise das Unterschneiden bei hohen Wellen, das unvollkommene Torpedoladesystem, besonders am Heck (Ladedauer 6 bis 8 Stunden), und die nicht ausreichend effektiven hydroakustischen Mittel. Einige Hinweise der Kommission konnten die Konstrukteure und Schiffbauer schon im Laufe des Baus der ersten Serienboote berücksichtigen, so z. B. die Minenlegvorrichtungen, die Antriebe für die Bugtiefenruder, die Abgasventile der Dieselmotoren und einige Armaturen des Druckluftsystems.

Im Laufe der Erprobungen stellte die Ständige Kommission mehrmals die Forderung nach Verringerung des Geräuschpegels von verschiedenen Bordanlagen. Jedoch konnte das Problem nicht vollständig gelöst werden, obwohl eine Reihe organisatorischer und technischer Maßnahmen realisiert wurden, wie beispielsweise die periodische Kontrolle des Lärmniveaus im Boot.

Im Sommer 1940 fuhren die U-Boote K-1, K-2 und der Zerstörer STREMITELNY zu ihrem Stützpunkt im Nördlichen Eismeer.

Gleichzeitig liefen in der Ostsee die staatlichen Prüfungen der K-22, die am 4. August 1940 in Dienst gestellt wurde. Dieses Boot ist zusammen mit den U-Booten K-3, K-21 und K-23 während des Krieges in den Arktischen Ozean verlegt worden, die Boote K-51, K-52, K-53 und K-56 begannen ihren Flottendienst in der Baltischen Rotbannerflotte.

Die hohen Gefechtsqualitäten der U-Boote vom Typ K, die von der Ständigen Kommission auf den Erprobungen ermittelt wurden, fanden ihre volle Bestätigung im Großen Vaterländischen Krieg. Die sowjetischen U-Kreuzer führten wirkungsvolle Torpedoschläge gegen feindliche Transport- und Kriegsschiffe und versenkten jene gleichfalls mit Artillerie. 27 feindliche Kriegs- und Hilfsschiffe sind von den U-Kreuzern auf Grund geschickt worden.

Der Kommandeur der Nordflotte, Admiral *A. G. Golowko*, schrieb in seinem Tagebuch: «... Die großen Ozean-U-Boote vom Typ K riefen den Neid bei unseren Verbündeten hervor ...» Und wirklich, die amerikanischen U-Kreuzer und die britischen waren in bezug auf Bewaffnung, Geschwindigkeit und Reichweite merklich unterlegen. Die deutschen U-Kreuzer Typ B1 und die japanischen J-1 konnten sich ebenfalls nicht mit den «Katjuschas» vergleichen.

Als erster U-Kreuzer der sowjetischen Seekriegsflotte wurde die K-22 (Kommandant: Fregattenkapitän *W. N. Kotelnikow*) der Nordflotte zum Gardeschiff ernannt. Während sieben Gefechtseinsätzen vernichtete es mit Torpedos und Artillerie acht feindliche Frachter, Kriegs- und Hilfsschiffe. Auf die von ihm gelegten Minen liefen drei feindliche Transporter und sanken.

Den Rotbannerorden erhielt auch K-21 (Kommandant: Held der Sowjetunion, Korvettenkapitän *N. A. Lunin*), das das faschistische Schlachtschiff TIRPITZ angriff. Auf der Abschußliste von *Lunin*, der die U-Boote Stsch-421 und K-21 befehligte, stehen 16 versenkte Transport- und Kriegsschiffe.

Das am 12. November 1942 in Dienst gestellte U-Boot K-52 der Baltischen Flotte vernichtete sechs Frachter des Feindes. Der Kommandant des Bootes, Korvettenkapitän *I. W. Trawkin*, ist als Held der Sowjetunion und das Schiff mit dem Rotbannerorden ausgezeichnet worden.

Im Großen Vaterländischen Krieg versenkten die sowjetischen U-Boote einige Dutzend feindliche Kriegsschiffe verschiedener Klassen und Hunderte Transportschiffe mit einer Gesamtwasserverdrängung von ungefähr 1 Mill. t.

Mit dem Aufbau der U-Boot-Flotte wurden gleichzeitig intensive Anstrengungen zur Entwicklung moderner Waffen und Technik für die Boote unternommen. Die Torpedos aus der Zeit des ersten Weltkrieges mit einem Kaliber von 450 mm entsprachen hinsichtlich der Geschwindigkeit, der Laufstrecke und der Ladung nicht mehr den Anforderungen. Es wurden Torpedos mit einem Kaliber von 533 mm entwickelt. In der Geschwindigkeit und Laufstrecke übertrafen sie eineinhalbmal und im Sprengladungsgewicht zweimal ihre Vorgänger.

Man entwickelte auch einen spurenlosen elektrischen Torpedo und neue Minenarten. Alle U-Boote waren mit Geräten zum schwallosen Torpedoschießen ausgerüstet. Der Geräuschpeiler wurde eine gute Ergänzung des Sehrohrs, weil er die akustische Beobachtung der Umgebung nachts, bei schlechten Sichtverhältnissen und im getauchten Zustand gewährleistete. Auf einigen U-Booten installierte man außer dem Geräuschpeiler aktive Unterwasser-Schallortungsanlagen und Geräte zur Unterwasser-Nachrichtenverbindung.

Große Aufmerksamkeit wurde den Bergungs- und Rettungsmitteln gewidmet. Nach der Erprobung in der Ostsee nahm man 1937 in die Ausrüstung der U-Boote Kombinationen und individuelle Geräte zum Austieg aus dem getauchten Boot auf.

Infolge der heldenmutigen Anstrengungen des sowjetischen Volkes besaß die Seekriegsflotte der Sowjetunion zu Beginn des Großen Vaterländischen Krieges auf den vier Kriegsschauplätzen 212 große, mittlere und kleine U-Boote.

Torpedoschnellboote von A. N. Tupolew

Der Bau neuer Überwasserschiffe für die sowjetische Flotte begann eigentlich mit den Torpedoschnellbooten (TS-Booten). Das Projekt des ersten Schnellbootes erarbeitete ein Kollektiv des ZAGI unter der direkten Leitung von *A. N. Tupolew* (später ordentliches Akademiemitglied, dreimaliger Held der sozialistischen Arbeit). Er beteiligte sich gleichfalls persönlich an der Erprobung und Abnahme der TS-Boote.

Das erste Versuchsschnellboot, das am 17. März 1927 vom Stapel lief, nannte man PERWENEZ (1 × 450-mm-Torpedo; Geschwindigkeit 54 kn). Die Erprobungen dauerten vier Monate. Bootskommandant war *I. A. Ananin*. Der Leiter der Abnahmekommission, *J. W. Schelting*, bemerkte im Abnahmeprotokoll folgendes: «... Unter Berücksichtigung der Tatsache, daß das Gleitboot eine Versuchskonstruktion darstellt, schätzt die Kommission die dem ZAGI gestellte Aufgabe als voll erfüllt ein, und das Gleitboot kann unabhängig von einigen Mängeln, vornehmlich militärischen Charakters, den Seestreitkräften übergeben werden.»

Die erste Gruppe Serien-TS-Boote (16 Stück) vom Typ «Sch-4» (ANT-4 – **An**drej **N**ikolajewitsch **T**upolew) für die Baltische und Schwarzmeerflotte nahm die Ständige Kommission im Jahre 1928 ab. Vier Jahre später hatte die sowjetische Seekriegsflotte 56 TS-Boote. Die «Sch-4»-Boote waren nunmehr mit zwei 450-mm-Torpedos bewaffnet, und ihre Wasserverdrängung übertraf nicht 10 t. Die Massen-

A. N. Tupolew

produktion der TS-Boote ist allerdings durch fehlende sowjetische Antriebsmotoren eingeschränkt worden. Die Fahrtprüfungen von TS-Booten waren oft mit einem gewissen Risiko verbunden. Ein technologischer Fehler beim Bau, Nachlässigkeiten oder Verletzungen der Betriebsvorschriften irgendeiner Anlage konnten folgenschwer sein. Einer der Kommandanten von den ersten Schnellbooten des Typs «Sch-4», der spätere Konteradmiral *B. W. Nikitin*, erinnert sich an die Erprobungen des Torpedoschnellbootes Nr. 31: «Ich erinnere mich an eine Prüfung mit voller Fahrt, bei der das Torpedoschnellboot zwischen dem Seekanal und der Kleinen Kronstädter Reede getestet wurde. Zwei Motoren zu je 480 kW heulten mit 2200 U/min. Wir flogen fast über die glatte Wasseroberfläche: 48 kn – ungefähr 90 km/h! Plötzlich schlug auf dem Deck aus der Benzinabteilung eine Flamme hoch – ein Brand! Mit Flugzeugbenzin ist nicht zu spaßen, jede Verzögerung kann zur Explosion führen. Mit einem Feuerlöscher in der Hand stürzte der Maschinist zum Benzintank. Es brannten die öligen Putzlappen und das Schmieröl. Mit dem Feuerlöscher konnte die Flamme nicht erstickt werden. Daraufhin wurden Kleidungsstücke und der Sand eingesetzt, der als Ballast anstelle der Torpedos auf dem Boot war. So konnte eine Explosion vermieden und der Brand gelöscht werden. Als Ursache für den Brand ermittelte man eine starke Erhitzung der Wellenlager. Ein sich in der Nähe befindlicher Ausflugsdampfer schleppte uns nach Kronstadt.» [38]

Die Organisation der TS-Boot-Erprobung verbesserte sich mit der Zeit. Im Bericht für das Jahr 1930 führt *Wekman* folgendes Beispiel an: «Wenn 1929 für die Abnahme von zwei Torpedobooten 25 bis 47 Tage benötigt wurden, dauerte das 1930 für drei Boote nur 16 Tage.»

Der Grundschnellboottyp in der sowjetischen Flotte war jedoch der Typ G-5 (GANT-5). Das Nullserienboot ist im Dezember 1933 abgenommen worden. Die prüfende staatliche Kommission kam zu der einmütigen Meinung, daß «das Torpe-

TS-Boot vom Typ G-5 mit Höchstgeschwindigkeit laufend

doschnellboot G-5 das beste der vorhandenen hinsichtlich der Bewaffnung und auch der technischen Charakteristika ist». [39] Die Erprobungen bei einem Seegang bis zu einer frischen Brise ergaben «eine gute Führung des Bootes, keine Vibrationen sowie eine hervorragende Kursstabilität ohne Ladung und ebenso mit Torpedos». [37] Das Gleitboot empfahl man für die Serienproduktion (Wasserverdrängung 14,5 t, Antriebsleistung 625 kW, Geschwindigkeit – ohne Bewaffnung 65,3 kn, mit Bewaffnung 58 kn; Hauptbewaffnung: 2× 533-mm-Torpedos). Für das Boot wurde der leichte, schnellaufende Motor GAM-34 auf der Grundlage des Flugzeugmotors AM-34 von *A. A. Mikulin* entwickelt, dem späteren ordentlichen Akademiemitglied und Helden der sozialistischen Arbeit. Der Motor war mit einem Wendegetriebe und indirektem (Süßwasser-/Seewasser-) Kühlsystem ausgerüstet. Der Bootsrumpf bestand aus einer speziellen Aluminiumlegierung, die vom Metallurgen *W. A. Butalow* geschaffen worden war.

In den Vorkriegsjahren stellten die Serientorpedoschnellboote vom Typ G-5 den Hauptteil der leichten sowjetischen Flottenkräfte (Wasserverdrängung 17 t, Geschwindigkeit – max. 55 kn, Dauer 40–45 kn, Antriebsleistung 920 kW; Besatzung 6 Mann). Damit gehörte dieser Typ noch zu den kleinen TS-Booten.

Man beendete erst 1944 den Bau der G-5-Boote, als die Schiffbauer die besseren TS-Boote «Komsomolez» entwickelt hatten, die nunmehr Torpedorohre an Stelle von Gleitschienen im Bootskörper und eine stärkere Luft- und U-Boot-Abwehrbewaffnung hatten. Die Erprobung des Nullserienbootes erfolgte durch die Beauftragten der Ständigen Kommission *N. E. Chawin* und *D. L. Blinow*.

TS-Boot vom Typ D-3

In der Seekriegsflotte waren auch große TS-Boote des Typs D-3 mit Holzrumpf im Dienst, einige Boote dieses Typs (SM-3) wurden auch mit Stahlrumpf hergestellt (Wasserverdrängung 31,1 t, Antriebsleistung 3 DM 1780 kW, Geschwindigkeit 48 kn, Reichweite 355 sm; Bewaffnung: 2× 533-mm-Torpedos, 2× 12,7-mm-MGs – DSchK; Besatzung 9 Mann). Der Prototyp wurde der Ständigen Kommission im Sommer 1939 zu den Abnahmeprüfungen vorgestellt. Seine Fertigstellung nahm längere Zeit in Anspruch, und die erste Serie legte man erst Ende 1940 auf Kiel. Die Indienststellung der Boote erfolgte während des Großen Vaterländischen Kriegs, nachdem die Ständige Kommission ihnen auf der Grundlage der Prüfergebnisse eine gute Seetüchtigkeit bescheinigt hatte. Die seitlichen Torpedoabwurfeinrichtungen erlaubten im Unterschied zu den Gleitschienen einen Torpedoeinsatz bis zur maximalen Geschwindigkeit. Als Hauptantrieb setzte man Versuchsmotoren mit Aufladung ein, die bei den Erprobungen die projektierte Leistung und Umdrehungszahl erreichten und befriedigende Betriebsparameter aufwiesen. Diese Schnellboote wiesen aber auch Unzulänglichkeiten auf: Es fehlte beispielsweise ein Hilfsantrieb für die ökonomische Fahrt. Aus diesem Grunde mußten die Hauptmotoren bei kleinen Geschwindigkeiten in einem ungünstigen Regime betrieben werden, das einen erhöhten Verschleiß und einen großen Treibstoffverbrauch nach sich zog.

Die TS-Boote Typ D-3 waren vor allem für Einsätze nachts, weit von der Küste auf den feindlichen Seewasserverbindungen, für Kommandounternehmen und Vorpostendienst vorgesehen. Sie sollten sowohl einzeln als auch in Gruppen, selbständig und zusammen mit Zerstörern angreifen. Einige jener TS-Boote hatten Raketenstartanlagen RS-30 an Bord. Anfang des Großen Vaterländischen Krieges besaß die Seekriegsflotte 269 Torpedoschnellboote. Sie demonstrierten hohe Kampfqualitäten und brachten dem Feind empfindliche Verluste bei.

«Unabhängig davon, daß der Kriegsschauplatz im Nördlichen Eismeer sehr kompliziert für den Einsatz kleiner Schiffe ist», schreibt der Held der Sowjetunion, Admiral *W. N. Alexejew*, der bekannte sowjetische TS-Boot-Fahrer der Kriegsjahre, «versenkten die Nordflotten-Torpedoschnellboote im Zusammenwirken mit den Unter- und Überwasserkräften sowie hauptsächlich mit den Seefliegerkräften 78 feindliche Frachter und Kriegsschiffe.» [34]

Selbst bürgerliche Historiker sind gezwungen, die hohe Effektivität der Nordflotten-TS-Boote anzuerkennen. Der deutsche Historiker *J. Meister* schreibt: «... Die russischen Torpedoschnellboote griffen tags ebenso wie nachts an. Oft erwarteten sie hinter Felsen in kleinen Buchten deutsche Konvois ... Die russischen Torpedoschnellboote stellten eine ständig wachsende Gefahr für die deutschen Geleitzüge dar.» [40]

Die Torpedoschnellbootbrigade der Nordflotte unter dem Kommando von Kapitän zur See *A. W. Kusmin* erhielt den Rotbannerorden. Neun Schnellbootfahrer wurden Held der Sowjetunion und Kapitänleutnant *A. O. Schabalin* sogar zweimal. Schon 1943 stand auf dem Kommandoturm seines Bootes die Ziffer 5, die Anzahl der versenkten feindlichen Schiffe.

Von der Baltischen Flotte sind die TS-Boot-Fahrer Korvettenkapitäne *W. P. Gumanenko*, *E. A. Osipow* und die Kapitänleutnante *A. I. Afanasew*, *W. M. Shilzow*,

A. G. Swerdlow und *B. T. Uschtschew*, der nach dem Krieg in der Ständigen Kommission diente, mit dem Orden Held der Sowjetunion geehrt worden. *Gumanenko* zeichnete sich gleich am Anfang des Krieges aus, als vier TS-Boote unter seinem Befehl am 13. Juli 1941 einen faschistischen Geleitzug, aus 48 Transportern und Kriegsschiffen bestehend, angriff. Unter dem Schutz einer Nebelwand brachen sie in den Konvoi ein und versenkten mit Torpedos einen Zerstörer (Flottentorpedoboot), zwei Truppentransportschiffe und eine Prahm mit Panzern. Das Überraschungsmoment und die hohe Meisterschaft der TS-Boot-Fahrer erlaubten ihnen, ohne Verluste zum Stützpunkt zurückzukehren.

Viele Kampfepisoden belegen die hohe Standkraft und Zuverlässigkeit der Maschinen und Anlagen dieser Boote. Infolge eines Luftangriffes am 21. Mai 1943 erhielt das TS-Boot TKA-23 der Baltischen Rotbannerflotte, das sich vor der Insel Lavensari befand, einige Dutzend Lecks und verlor an Fahrt. Auf dem Boot entstand ein Brand, und einige Anlagen waren beschädigt, es gab viele Verletzte. Trotzdem gelang es der Besatzung, die Schwimmfähigkeit des Bootes zu erhalten und gemeinsam mit dem zu Hilfe eilenden TS-Boot TKA-33 den Brand zu löschen. Die Lecks konnten abgedichtet werden, und bald war das Boot wieder einsatzfähig.

Eine Einheit Minensuch-Schnellboote räumte am 30. Oktober in der Narvaer Bucht. Plötzlich tauchten sechs feindliche Vorpostenschiffe und Minenabwehrschiffe auf und eröffneten das Feuer. Den Minensuchbooten kam eine Gruppe TS-Boote unter dem Kommando von Kapitänleutnant *Gumanenko* zu Hilfe. Die Schnellboote gingen zum Angriff über. Auf dem ersten Schnellboot wurde durch einen Artillerieeinschlag der Bug zerstört. Trotzdem gelang es dem Kommandanten, Oberleutnant *Gluschkow*, sich auf Schußweite zu nähern und mit zwei Torpedos ein feindliches Minenabwehrschiff zu versenken. Dem als zweite taktische Nummer laufenden Boot von Leutnant *W. Gasin* wurde beim Durchbrechen des feindlichen Sperrfeuers die Ruderreepleitung von einem Splitter zerschlagen. Den Angriff setzte er jedoch fort. Unter unglaublichen Anstrengungen konnte das Schnellboot auf Kurs gehalten und das zweite Minenabwehrschiff versenkt werden. Die restlichen feindlichen Schiffe flüchteten daraufhin aus dem Räumgebiet. Im Jahre 1943 ging die Torpedoschnellbootbrigade unter Kapitän zur See *E. W. Guskow* auf 43 Feindfahrten mit 40 Torpedoangriffen und legte 1000 Minen.

Beispiele für Mut und militärische Meisterschaft gaben während des Krieges auch die Schnellbootfahrer im Schwarzen Meer, die 1944 besonders aktiv waren. Verwegene Schläge versetzten die Schnellbootbrigaden unter den Fregattenkapitänen *W. T. Prozenko* und *G. D. Djatschenko* den feindlichen Konvois. Vom 11. April bis 12. Mai 1944 liefen die Torpedoschnellboote 268mal aus.

Auf Initiative der Schiffbauverwaltung der Seekriegsflotte (Chef: Vizeadmiral *N. W. Isatschenkow*) entwickelten die Werkskonstrukteure auf der Basis der Armeegeschoßwerfer für M-13- (Kaliber 132 mm) und M-8-Geschosse (Kaliber 82 mm) die Werfer 16-M-13 und 24-M-8, mit denen auch einige TS-Boote ausgerüstet wurden. Das kam für den Feind überraschend. Das Zusammenwirken von Schnellbooten mit Geschoßwerfern und mit der üblichen Torpedowaffe erbrachte einen außerordentlichen Effekt.

Eine Gruppe aus fünf TS-Booten unter dem Befehl von Oberleutnant *I. P. Schengura* lief am 29. Mai 1943 aus. Sie näherte sich unter dem Schutz einer Nebelwand dem Ufer und gab die erste Raketensalve mit 68 Geschossen auf den feindlichen Flugplatz bei Anapa ab, worauf zwei heftige Explosionen folgten und Flugzeuge und Treibstofftanks brannten sowie Munitionsvorräte explodierten.

Zwölf Schwarzmeer-Schnellbootfahrer erhielten den Ehrentitel Held der Sowjetunion, unter ihnen die Oberleutnante *A. G. Kananadse* und *M. P. Podymachin*, die in den Nachkriegsjahren in der Ständigen Kommission dienten.

Die Torpedoschnellboote der Schwarzmeerflotte beteiligten sich ebenfalls an Landungsoperationen, darunter an der Noworossisker, wo die Torpedowaffe gegen feindliche Küstenbefestigungen (Molen-Flak) eingesetzt wurde. Unter dem Schutz der Explosionen brachen die TS-Boote unter Kapitänleutnant *A. F. Afrikanow* in die Bucht ein und hielten die Feuernester im Hafen nieder. Gleichzeitig zerstörte der Schnellbootverband unter dem Befehl von Fregattenkapitän *Prozenko* mit Torpedos die Befestigungen am Ufer der Zemessker Bucht, was das Anlaufen der Landungsschiffe zur Küste erleichterte.

U-Jäger und Küstenschutzschiffe

Am Ende des zweiten Fünfjahrplanes erhielt die sowjetische Seekriegsflotte kleine Küstenschutzboote der Typen MO-4 und MO-2. Sie waren auch als «kleine Jäger» geläufig. Im Jahre 1940 erfolgte die Erprobung, und es wurden in der ersten Serie

Kleiner U-Jäger vom Typ MO-4 wehrt feindliche Flugzeuge ab (Federzeichnung)

40 MO-4-Boote in Dienst gestellt. Insgesamt baute man in den Vorkriegsjahren 200 MO-4-Boote. Im Krieg sind die Verbände der Küstenschutzboote durch Boote vom Typ OD-200 ergänzt worden.

Die U-Jäger, deren Rumpf aus Holz bestand, hatten als Hauptantrieb drei Motoren vom Typ GAM-34, ihre Hauptaufgabe bestand in der Suche und Vernichtung von U-Booten (Wasserverdrängung 56 t, Länge 26,9 m, Breite 4,2 m, Tiefgang 1,5 m, Antriebsleistung 1875 kW, Geschwindigkeit 27 kn, Reichweite – bei 17 kn – 1200 sm; Bewaffnung: 2× 45-mm-Geschütze, 2× 12,7-mm-MGs, Minen – 4 Modell 1908 oder 2 Modell 1926 oder 6 Typ R-1, Wasserbomben).

Schon in der Anfangsphase des Krieges wurde die notwendige Standkrafterhöhung und Verbesserung des Splitterschutzes offensichtlich. Auf Vorschlag von Kapitän zur See *B. J. Krasikow* wurden die MO-4-Boote teilweise gepanzert, indem die Decke und die Seitenwände der Kommandobrücke und die Benzintanks eine Panzerung erhielten und vor den Geschützen Panzerplatten aufgestellt wurden. Infolge dieser Maßnahmen erhöhte sich die Standkraft der Schiffe, und die Menschenverluste konnten gesenkt werden. Für die Baltische Flotte sind serienmäßig gepanzerte Jagdboote gebaut worden. Die U-Boote spürte man mit Geräuschpeilstationen auf und bekämpfte sie mit großen und kleinen Wasserbomben, die beim Angriff geworfen wurden. Bei Gruppenangriffen wurden Serienbombenwürfe zur Vergrößerung der Fläche und Treffwahrscheinlichkeit angewandt.

Die U-Jäger kamen auch für das Absetzen von Landungs- und Aufklärungsgruppen, Legen von Minensperren, für den Vorpostendienst, zum Geleiten von Frachtern und U-Booten und zur Niederhaltung von feindlichen Feuernestern an der Küste zum Einsatz.

Zum Minenlegen waren Minenablaufschienen vorhanden. Es bestand die Mög-

Gepanzertes U-Jagdboot in spiegelglatter See

lichkeit, zwischen Scherdrachen- oder Otterräumgerät und den dazugehörenden Räumwinden zu wählen.

Die MO-4-Boote unterschieden sich von den MO-2 dadurch, daß sie am Heck keine Einschnitte im Oberdeck hatten und die Bordhöhe 100 mm niedriger war, was die Stabilität wesentlich verbesserte. Die Reserveschwimmfähigkeit betrug 200 %. Die Antriebsanlagen der MO-Boote konnten mit Unterwasserauspuff betrieben werden. Das erlaubte ein gedecktes Anlaufen der Küste bei Landungs- und Aufklärungsoperationen. 30 s nach dem Ablegen entwickelten die Boote Langsame Fahrt und nach 5 min konnte Große Fahrt gelaufen werden.

Die Vielseitigkeit und Fahrtüchtigkeit der U-Jäger kann man anhand der Fahrstrecke und Einsätze einiger Boote beurteilen. Bis zum Februar 1944 fuhr der U-Jäger SKA-022 unter dem Befehl von Oberleutnant *G. P. Pawlow* 586 Gefechtseinsätze und legte 50000 sm zurück. Allein innerhalb von drei Monaten im Jahre 1942 befand es sich 45 Tage in See, geleitete 29 Transporte und wehrte 25 Luftangriffe ab.

Im Kommandoturm der SKA-084 hing während des Krieges eine Erfolgsliste: «184 Frachter und Kriegsschiffe geleitet, 20 Minen vernichtet, 52 Luftangriffe zurückgeschlagen, 1 Flugzeug abgeschossen und 2 Boote versenkt.» [41]

Heldenhaft hielten sich die Boote bei den Landungsoperationen von Kertsch-Feodossija und Noworossisk. Das Jagdboot SKA-0131, unter *A. D. Kokarew*, drang als erstes in den Hafen Feodossija ein. Es beschoß mit den MGs die Anlegeplätze und setzte eine Sturmgruppe von 28 Mann und eine Vermessungsgruppe ab. Die gelandeten Soldaten besetzten den Leuchtturm, erstürmten zwei gegnerische Panzerabwehrgeschütze und deckten die Hafeneinfahrt. Damit wurde der Durchbruch weiterer Boote und Schiffe erleichtert.

Als zweites Boot lief die SKA-013 in den Hafen ein und feuerte mit den 45-mm-Geschützen und MGs. Auf der Kommandobrücke befanden sich der Kommandant, Leutnant *N. N. Wlasow*, und der Kommandeur der Landungspruppe, Kapitänleutnant *A. P. Iwanow*. Die Landungssoldaten wurden auf der Breiten Mole abgesetzt, befreiten sie vom Gegner und bereiteten das Anlegen weiterer Schiffe vor. Hinter den beiden ersten Booten brachen die restlichen in den Hafen ein und setzten eine Sturmeinheit mit der Gesamtstärke von 266 Mann ab.

Die Boote der Otschamtschirsker Gruppe (Kommandeur: Kapitänleutnant *A. A. Shitko*) setzten an der Anlegestelle in der Kamysch-Burun-Bucht die erste Staffel der Gebirgsjägerdivision ab. Heldenmut und Standhaftigkeit demonstrierten hier die Besatzungen der U-Jäger SKA-084, SKA-091, SKA-100 und SKA-143.

Nach Überwindung des Feuervorhangs und Absetzen der Landungseinheit wurde die SKA-143 beschädigt. Der Kommandant, Oberleutnant *I. W. Lednew*, fiel (er wurde postum Held der Sowjetunion). Nach Behebung der Schäden kehrte der U-Jäger nach Taman zur Aufnahme einer neuen Landungsgruppe zurück und lief unter Leutnant *W. Ponomarjow* erneut in die Kamysch-Burun-Bucht. Auf der zweiten Fahrt fing das Benzin infolge eines Granattreffers Feuer. Der Kommandant fiel, die Munitionsvorräte explodierten. Wegen der Lecks ging der Bug des Bootes unter Wasser, doch die Besatzung kämpfte bis zum Letzten. Das Heckgeschütz feuerte, bis die Munition ausging. Als auch das Heck unterging, sprangen die vier verbliebenen Matrosen ins Wasser, schwammen zum Ufer, und nach drei Tagen waren sie wieder einsatzfähig.

Bei der Noworossisker Landungsoperation setzte das von Oberleutnant *S. G. Fleischer* befehligte Boot SKA-081 die Gruppe unter dem Befehl des späteren Helden der Sowjetunion, Kapitänleutnant *W. A. Botylewy*, ab. Auf diesem Boot befand sich außerdem der Kommandeur der zweiten Landungsgruppe, Kapitänleutnant *D. A. Gluchow*, später Held der Sowjetunion. Beim Anlaufen der Anlegestelle erhielt das Boot ein Unterwasserleck. Die Hilfsmaschinen fielen aus. Wasser drang in den Maschinenraum. Das Boot setzte jedoch die Fahrt mit Höchstgeschwindigkeit fort, und die Besatzung begann erst nach dem Absetzen der Landungsgruppen mit dem Abdichten des Lecks.

Dreimal lief der U-Jäger SKA-084 mit Landungstruppen in den Hafen Noworossisk ein. Auf der dritten Fahrt fiel der Kommandant, Oberleutnant *W. F. Schkola*.

Den Kommandeuren von U-Jagdbootdivisionen, Korvettenkapitän *G. I. Gnatenko*, Kapitänleutnant *F. S. Djatschenko* und Kapitänleutnant *N. I. Sipjagin*, wurde der Ehrentitel Held der Sowjetunion zuerkannt. Drei U-Jäger-Divisionen der Schwarzmeerflotte erhielten den Rotbannerorden, und die SKA-065 wurde Gardeschiff. Unter dem Kommando von Oberleutnant *P. P. Siwenko* geleitete das Boot SKA-065 insgesamt 118 Schiffe mit Geschützen und Munition, setzte mehr als 2000 Soldaten und Offiziere von Landungstruppen ab und hielt in Dutzenden von Kämpfen mit feindlichen Booten und Flugzeugen stand.

Aktiv und erfolgreich wirkten die U-Jäger der Baltischen und Nordflotte. Die Heldentat der MO-103 unter dem Befehl von Oberleutnant *A. P. Kolenko* ging in die Geschichte des zweiten Weltkrieges ein. Das Boot entdeckte im Finnischen Meerbusen mit der hydroakustischen Anlage ein deutsches U-Boot (U 250) und versenkte es mit Wasserbomben. Von dem U-Boot wurden der Kommandant und fünf Besatzungsmitglieder gefangengenommen. Das U-Boot hoben kurz darauf sowjetische Taucher. In seinen Torpedorohren befanden sich die neuesten zielsuchenden akustischen Torpedos TV («Zaunkönig») mit Abstandszünder. Die Torpedos wurden entschärft und untersucht. Man ermittelte die Besonderheiten des Systems, seine Charakteristika und machte die britischen Spezialisten mit den erhaltenen Ergebnissen vertraut. Im weiteren sind entsprechende Schutzmaßnahmen gegenüber dem T V entwickelt worden.

Anfang Juli 1941 wurde der U-Jäger MO-121 der Nordflotte, der eine Navigationsgruppe an der Küste aufnehmen sollte, von 18 «Junkers»-Flugzeugen angegriffen. Im ungleichen Kampf zeigte die U-Jäger-Besatzung Tapferkeit und militärisches Können. Mit den 45-mm-Geschützen und den MGs holten sie zwei «Junkers» vom Himmel. Trotz der ernsten Beschädigungen verlor das Boot nicht seine Kampffähigkeit. Den U-Jäger MO-112, der das beschädigte Boot in Schlepp nahm, überfielen am 11. Mai 1943 sieben faschistische Jagdflugzeuge. Die Bootsbesatzung schoß zwei Flugzeuge ab, und die restlichen schlug sie in die Flucht.

Die Kommandanten der Nordflottenboote MO-429, die Oberleutnante

N. G. Tanski und *B. M. Ljach*, sowie der Chef einer Küstenschutzbootdivision, Korvettenkapitän *S. D. Sjusin*, erhielten die Auszeichnung Held der Sowjetunion.

Bedeutend zeitiger als die U-Jagd-Boote sind die Küstenschutzschiffe projektiert und gebaut worden, die die Seeleute wegen ihrer Schiffsnamen «Schlechtwetterschiffe» nannten, Dem Prototyp URAGAN folgten die Serienschiffe ZYKLON. GROSA, WICHR, TAIFUN und SMERTSCH. Diese Schiffe projektierte ein Kollektiv unter Leitung von *W. A. Nikitin*.

Die URAGAN erprobte man unter Leitung von *Wekman* 1930. Kommandant des Schiffes war *G. A. Wisel*, der später lange Zeit in der Ständigen Kommission diente. Das erste Serienschiff, die TAIFUN, nahm *Wekman* gleichfalls ab.

Die Küstenschutzschiffe für die Pazifikflotte METEL, WJUGA, GROM, MOLNJA u. a. sind zerlegt mit der Eisenbahn in den Fernen Osten transportiert worden. Dort wurden sie montiert und nach den Prüfungen in Dienst gestellt. Am 4. Oktober 1935 übernahm die Flotte das Küstenschutzschiff BURUN, das damals unter dem Befehl von *S. G. Gorschkow*, dem langjährigen Flottenadmiral der Sowjetunion und Oberkommandierenden der Seekriegsflotte, stand. Seine Unterschrift steht auf der Abnahmeurkunde Nr. 173 zusammen mit der des Beauftragten der Ständigen Kommission, *N. K. Nikonow*, der die Erprobungen leitete.

Diese Küstenschutzschiffe (Wasserverdrängung 570 t, Antriebsleistung 4550 kW, Geschwindigkeit 23 kn, Reichweite – bei 14 kn – 1200 sm; Bewaffnung: 2× 102-mm-, 4× 45-mm-Geschütze, 1_3× 450-mm-TR, 30 Wasserbomben – 2 Werfer, 48 Ankertauminen, 2 Otterräumgeräte; Besatzung 108 Mann) hatten zum Orten von U-Booten die hydroakustische Station «Poseidon» an Bord. An Stelle der 45-mm-Geschütze kamen später drei automatische 37-mm-Geschütze.

In den Jahren der Vorkriegsfünfjahrpläne übernahm die Seekriegsflotte ungefähr 20 Küstenschutzschiffe. Ein Teil von ihnen wurde später den Seegrenztruppen zugeordnet. Kurz vor dem Krieg erstellten Konstrukteure das Projekt des Küstenschutzschiffes Typ «Jastreb» (Wasserverdrängung 1059 t, Geschwindigkeit 31 kn; Hauptkaliber: 100-mm-Geschütze). Die Indienststellung des Nullserienschiffes JASTREB erfolgte im Dezember 1944. Die Serienproduktion jener Küstenschutzschiffe begann allerdings erst nach dem Krieg.

Die Küstenschutzschiffe Typ «Uragan» waren zur Sicherung von großen Kriegsschiffen und Konvois vor U-Boot-Angriffen im Offenen Meer und auf ungeschützten Reeden vorgesehen. Im Großen Vaterländischen Krieg beteiligten sie sich außerdem an Landeoperationen, legten Minen und transportierten Truppen sowie Technik. Die Prüfungen des Krieges bestanden die Küstenschutzschiffe erfolgreich.

Eine Gruppe der Baltischen Flotte, bestehend aus den Küstenschutzschiffen SNEG und TUTSCHA sowie den Zerstörern SILNY, SERDITY und ENGELS, unter dem Befehl von Kapitän zur See *B. W. Choroschchin*, hatte am 6. Juli 1941 erstmals Feindberührung, bei der sie zwei feindliche Schiffe beschädigte. Die Nordflotten-Küstenschutzschiffe unterstützten öfter mit ihrer Artillerie die Seeflanke der Armee. Die Artillerie der GROSA und SMERTSCH zerschlug den Angriff der faschistischen Truppen auf den Halbinseln Sredni und Rybatschi im Juli 1941. Bis zum Ende des ersten Kriegsjahres konnten die Schiffe auf 13 Einsätze zur Bekämpfung von Küstenzielen verweisen. Die SMERTSCH gab der Landungsoperation am Südufer der Motowsker Bucht Ende April 1942 Feuerunterstützung.

Im Schwarzen Meer beteiligten sich die SCHKWAL und STORM an Kommandounternehmen auf den Seewasserstraßen.

Dem Küstenschutzschiff der Pazifikflotte METEL wurde für Standhaftigkeit und Heldenmut der Besatzung im Kampf gegen die japanischen Imperialisten die Ehrenbezeichnung Gardeschiff verliehen, und der Kommandant, Kapitänleutnant *L. N. Baljakin*, erhielt den Orden Held der Sowjetunion.

Minensuchboote – «Pflüger» der Meere

Der Grundtyp der Minenabwehrschiffe war in der Vorkriegszeit die TRAL. Das Nullserienschiff jenes Räumfahrzeugprojektes wurde 1936 in der Ostsee erprobt. Die staatliche Abnahmekommission leitete Fregattenkapitän *M. Daimitow*. Die ersten Serienräumfahrzeuge FUGAS und SARJAD erprobte im selben Jahr eine Kommission unter dem Vorsitz von Fregattenkapitän *S. Nikandrow*.

1937 gingen die Minenabwehrschiffe GRUS, STSCHIT und MINREP, ein Jahr

Minenabwehrschiff vom Typ «Tral» läuft aus dem Stützpunkt aus

später die SASTSCHITNIK in Dienst. Letzteres wurde im Krieg zum Gardeschiff ernannt (Kommandant: Kapitänleutnant *W. Michailow*). Die Räumfahrzeuge GAFEL, WERP und SPILL wurden 1939 an die Flotte übergeben. Während die Abnahmeprüfungen der ersten beiden relativ reibungslos abliefen, verzögerten sie sich bei der SPILL wegen Störungen am Hauptantriebsmotor und an der Räumwinde. Nach der SPILL prüfte man die GAK, STAG, RYM und KNECHT.

Die Hauptelemente und Bewaffnung der TRAL entsprach ihrer Bestimmung eines Basisräumfahrzeuges (Wasserverdrängung 550 t, Geschwindigkeit – ökonomische – 9–10 kn; Bewaffnung: 1× 100-mm-, 1× 45-mm-, 1× 37-mm-Geschütze – später 3× 37-mm-Geschütze, 20 Wasserbomben, 27 Ankertauminen; Räumgeräte: «Schulz»-Räumgeräte, 1 Scherdrachen, 1 Ottergerät, 46 Minenschutzmittel).

Die Schiffskörperkonstruktion verlieh dem Basisräumfahrzeug eine ausreichende Standkraft. Die Explosion einer Mine in Hecknähe beim Räumen rief keine bedeutenden Beschädigungen hervor. Die Ständige Kommission bemängelte auf der Grundlage der Erprobung des Prototyps und der ersten Serienschiffe einige Unzulänglichkeiten: Beispielsweise erlaubten die Antriebsanlagen keine Geschwindigkeitsverringerung um 2 bis 3 kn, bei der das «Schulz»-Räumgerät aber äußerst effektiv war. Das Räumen im Verband gestaltete sich wegen der schwierigen Geschwindigkeitsregelung kompliziert. Die Einholgeschwindigkeit des Otterräumgerätes (0,33 m/s) war zu langsam. Die Süßwasservorräte wurden als unzureichend eingeschätzt. Ein Teil der Mängel konnte schon auf den folgenden Serienschiffen beseitigt werden. So erlaubte die Antriebsanlage auf der MINA schon eine stufenlose Geschwindigkeitsregelung. Zu den Abnahmeprüfungen der MINA betrug die Geschwindigkeit mit dem Otterräumgerät 14,4 kn bei schwach bewegter See. Die Dienst- und Lebensbedingungen an Bord wurden ebenfalls verbessert.

Die Räumkräfte der Pazifikflotte wurden anfangs mit Schiffen der Schwarzmeer- und Baltischen Flotte vervollständigt. So fuhr im April 1939 eine Division Minenabwehrschiffe unter dem Befehl von *P. P. Michailow* von Sewastopol nach Wladiwostok. Bald darauf traf im Fernen Osten auch eine baltische Räumfahrzeuggruppe ein.

Bis zu Beginn des zweiten Weltkrieges erhielt die Seekriegsflotte von der Industrie ungefähr 40 Basisräumfahrzeuge. Außerdem hatten die Flotten Räumboote der Typen P, KLT, KTStsch und KM, die bis zu leicht bewegter See räumen konnten. Sie erreichten allerdings nicht mehr als 9 kn.

Schon am Anfang des Krieges wurde offensichtlich, daß die Minenabwehrschiffe nicht in ausreichender Menge vorhanden waren, insbesondere in der Ostsee nicht. Zu Räumfahrzeugen mußten daher Schlepper, Motorboote und andere Schiffe umgerüstet werden. Außerdem baute man noch schnelle Räumschiffe. So erfolgte im Oktober 1942 die Indienststellung des Nullserien-Geschwaderräumfahrzeuges WLADIMIR POLUCHIN (Leistung der Dampfturbinen 5000 kW, Geschwindigkeit 22,4 kn, Aktionsradius 2000 sm; Bewaffnung: 2× 100-mm-, 1× 45-mm-, 3× 37-mm-, 2× 20-mm-Geschütze, 30 Wasserbomben, 20 Minen; Besatzung 115 Mann). Eine magnetische Eigenschutzanlage des Systems «LFTI» war installiert.

Minenräumboot vom Typ KM (Federzeichnung)

Im September 1943 erhielt die Baltische Flotte trotz der angespannten Kriegslage noch ein Minenabwehrschiff dieses Typs, die WASILI GROMOW. Die war um so notwendiger, wenn man bedenkt, daß von den auf den sowjetischen Seekriegsschauplätzen gelegten 108442 Minen auf die Ostsee über 70 % entfielen.

In den Kriegsjahren entwickelten die Leningrader Schiffbauer das Projekt eines Reederäumfahrzeuges, der sogenannte «Hunderttonner» (Wasserverdrängung 130 t, Antriebsleistung 2 DM 1030 kW, Geschwindigkeit 14 kn, Reichweite bei 10 kn – 2200 sm; Bewaffnung: 2× 45-mm-Geschütze, 2 MGs – DSchK; Besatzung 25 Mann). Diese Schiffe waren äußerst zuverlässig im Betrieb, hatten jedoch nur eine begrenzte Seetüchtigkeit, und ihr Stahlrumpf rief Schwierigkeiten bei der Arbeit mit dem elektromagnetischen Räumgerät hervor.

Der Prototyp der «Hunderttonner» wurde im Baltischen Werk am 16. Juni 1942 auf Kiel gelegt und lief schon vier Monate später zu den Erprobungen ins Gebiet des Schepelewsker Leuchtturms aus. Die staatliche Kommission, die die Prüfungen unter einer komplizierten Gefechtslage abnahm, leitete Vizeadmiral *J. F. Rall.* Einmal geriet das Schiff beim Proberäumen in den Feuerbereich einer feindlichen Küstenbatterie. Nur dank dem Können und Mut der Besatzung und Prüfer konnten das Räumfahrzeug aus der gefährlichen Zone herausgeführt und die Erprobungen fortgesetzt werden. Im November 1942 schloß man die Prüfungen ab, und der erste «Hunderttonner» wurde in Dienst gestellt.

Die Erprobungen und darauffolgenden Einsätze zeigten, daß diese Minenabwehrschiffe ohne Schwierigkeiten die Otter- und Scherdrachenräumgeräte mit einer Geschwindigkeit von 9 kn schleppen und beim Verbandsräumen das elektromagnetische Kabelfernräumgerät verwenden konnten. Die «Hunderttonner» sind ständig modernisiert worden. Man montierte Kettenschutzgeräte am Bug zum Schutz der Schiffe vor einer Berührung mit Ankertauminen, hydroakustische Geräte und zusätzliche Dieselgeneratoren zur Versorgung der Fernräumgeräte mit Strom. Folgendes schreibt der ehemalige Volkskommissar der Seekriegsflotte, *N. G. Kusnezow*, zum Bau der «Hunderttonner»: «Trotz der Kriegserschwernisse forderten wir von den Konstrukteuren gute und kampfstarke Schiffe. Das Projekt wurde kurzfristig ausgearbeitet. Sein Rumpf ist zur Vereinfachung der Bauweise mit gerader Linienführung (unverformte Platten) ausgeführt worden. Aber das Schiff war dennoch relativ schnell, manövrierfähig und stabil. Wir bauten fünf Schiffe monatlich.» [42, S. 81]

Allein die Schiffswerft *«A. A. Shdanow»* stellte während des Krieges 26 «Hunderttonner» her. Am Ende des Krieges waren in den drei Räumbrigaden der Baltischen Flotte 89 Minenabwehrschiffe und 209 Räumboote eingegliedert.

Für diese Räumfahrzeuge, oft «Pflüger» der Meere genannt, endete die Gefechtstätigkeit nicht mit Kriegsende. Sie räumten sowohl feindliche als auch eigene Minen und erfüllten täglich unter großen Gefahren ihre wichtige Aufgabe. Die Vielfalt der Minenarten, z. B. hydrodynamische oder Magnetminen, die Tatsache, daß nicht nur Schiffe Minen gelegt hatten, sondern auch Flugzeuge, forderten die vielfältigsten Räummethoden und führten zur Entwicklung neuer Räumgeräte.

In den Kriegsjahren waren die Minenabwehrschiffe selten an den Anlegestellen zu sehen. Das Räumfahrzeug GAFEL der Baltischen Rotbannerflotte unter dem Kommando von Kapitänleutnant *E. F. Schkrebtienko*, eines der ersten Gardeschiffe, befand sich allein im Jahre 1941 insgesamt 137 Tage in See und fuhr 67 Gefechtseinsätze. In dieser Periode geleitete es 75 Schiffe und vernichtete 30 Minen. Die Minenabwehrschiffe erfüllten vielseitige Aufgaben, u. a. Vorpostendienst, jagten U-Boote, legten Minen, transportierten Truppen und Frachten und gaben Feuerunterstützung.

Besonders großen Belastungen waren die Räumkräfte in der Ostsee während der Offensive 1944 ausgesetzt. Aufopferungsvoll wirkten die Seeleute der 1. Räumbrigade unter ihrem Kommandeur, Konteradmiral *F. L. Jurkowski*, bei der Minenräumung der Narvaer Bucht unter aktiver Feindeinwirkung. Von Mai bis September vernichteten sie über 1300 Minen und Räumschutzmittel. Die Zugänge zum Berksker Archipel in der Wyborger Bucht räumte die Brigade im Juni 1944 erfolgreich. Am Eingang des Berkesunds beseitigten die Minenabwehrschiffe in fünf Tagen 113 Minen und 88 Räumschutzmittel. Beim Räumen wurden die Schiffe intensiv von der Artillerie des Feindes auf der Insel beschossen. Aber die von den Nebelbooten unter Korvettenkapitän *N. N. Amelko* (heute Admiral) gezogene Nebelwand erlaubte kein gezieltes Feuer.

Die baltischen Minenabwehrschiffe beteiligten sich mit anderen Kriegsschiffen der Flotte am Truppentransport der 2. Stoßarmee aus Leningrad zum Oranienbaumer Brückenkopf. Die Operation verlief in Feindnähe, der das Nord- und Südufer des Finnischen Meerbusens besetzt hielt. Hierbei zeichneten sich die Kommandanten *F. D. Rutkowski, A. W. Zybin, K. M. Busdin, W. A. Tichomirow* und *A. A. Sokolow* besonders aus.

Im Herbst 1942 wollten die Deutschen auf der Insel Sucho landen. Mit der dortigen Batterie hätten sie die Versorgungsstraße über den Ladogasee kontrollieren können. Beim Anlaufen eröffnete die feindliche Schiffsgruppe das Artilleriefeuer auf die Insel und auf das als Vorposten eingesetzte Minenabwehrschiff TStsch-100. Das Artilleriefeuer der Inselbatterie und der TStsch-100 rief einen Brand auf dem Führerschiff des Feindes hervor. Später gerieten die Landungsboote ebenfalls in Brand. Dem Räumfahrzeug eilte der U-Jäger MO-171 (Kommandant: Oberleutnant *W. I. Kowalewski*) zu Hilfe. Fast zwei Stunden führten die Batterie, das Minenabwehrschiff und der U-Jäger ein erbittertes Gefecht mit dem Feind, und nur durch Luftunterstützung gelang den Deutschen die Landung auf der Insel. Sie waren dort aber nicht lange. Die Verteidiger der Insel, die Schiffe der Ladoga-Flottille, die damals Konteradmiral *W. S. Tscherokow* befehligte, und die Flugzeuge der Baltischen Flotte unter dem Kommando von Generalmajor *M. J. Samochin* vertrieben den Feind. Der Gegner verlor 17 von 23 Landungsbooten und unternahm bis Kriegsende keine weiteren aktiven Handlungen auf dem Ladogasee.

In die Nordflotte waren nicht nur Räumfahrzeuge eigener Produktion (spezielle und umgerüstete aus Handels- und Fischereischiffen), sondern auch von den Verbündeten über Lend-Lease erhaltene eingegliedert. Die deutschen U-Boote waren in der Barentssee, am Eingang zum Weißen Meer, an der Küste von Nowaja Semlja und in der Karasee bis hin zur Wilkizkistraße im Einsatz. Sie griffen einzelne Frachter und Konvois an, legten magnetakustische, magnethydrodynamische und andere Fernzündungsminen und setzten Diversantengruppen zur Vernichtung der Polarstationen aus. Die Nordflotten-Minenabwehrschiffe mußten ständig aktiv sein.

Das Räumfahrzeug T-116 unter Kapitänleutnant *W. A. Babanow* ortete am 5. September 1944 in der Karasee das U-Boot U 362 und versenkte es mit einigen Salven aus dem mehrrohrigen Wasserbombenwerfer. Am 24. Oktober wurde ein weiteres U-Boot von der T-116 angegriffen und beschädigt. Bei der Insel Dikson geleiteten die Minenabwehrschiffe T-108 (Kommandant: Oberleutnant *J. W. Pilizyn*) und T-110 (Kommandant: Oberleutnant *W. W. Michailin*, heute Admiral) im Laufe eines Monats im Sommer 1943 insgesamt 20 Schiffe und vernichteten 31 Fernzündungsminen. Die T-100 erhielt den Rotbannerorden, weil sie in einer Navigationsperiode 51 Schiffen Räumgeleit gab. Für die erfolgreichen Räumarbeiten im Jahre 1944 und des dort gezeigten Mutes wurde der Kommandant des Minenabwehrschiffes T-115, Kapitänleutnant *A. I. Iwannikow*, als Held der Sowjetunion ausgezeichnet.

Heldenmütig zeigte sich die Besatzung des Räumfahrzeuges T-120 unter Kapitänleutnant *D. A. Lysow* am 24. September 1944, als es einen Konvoi geleitete. Die T-120 wurde von einem feindlichen U-Boot torpediert, der akustische Torpedo traf das Heck. Das Minenabwehrschiff verlor an Fahrt und begann zu krängen. Getreu den besten Flottentraditionen leitete der Kommandant alle Maßnahmen zur Rettung der Besatzung ein und blieb selbst an Bord. 26 Mann fanden im Rettungsboot und 20 auf einem Ponton Platz. Bis zur letzten Minute leitete *Lysow* kaltblütig die Handlungen der Besatzung im Kampf um die Erhaltung des Schiffes und der

Menschenleben. Infolge der Explosion des zweiten Torpedos ging das Räumfahrzeug zusammen mit 38 Helden, darunter der Kommandant, unter. Die Seeleute im Boot und auf dem Ponton waren großen Strapazen ausgesetzt, bevor sie gerettet werden konnten.

Vorbildlich erfüllten ihre schwere und gefährliche Arbeit die Räumfahrzeug-Besatzungen im Schwarzen Meer. Trotz der großen Wassertiefe war die Minengefahr dort groß. Von 1941 bis 1944 legte der Gegner im Schwarzen Meer ungefähr 20000 Minen. Der Minenabwehrschiffsbestand war auch hier unzureichend, und der Einsatz der Räumfahrzeugverbände gestaltete sich deshalb äußerst angespannt. Das Basisräumfahrzeug WSRYW geleitete allein im Jahre 1942 insgesamt 47 Frachter in Konvois und wehrte dabei 27 Luftangriffe ab. 1944 wurden 1371 Minen von den Räumkräften geräumt und vernichtet. In den Kriegsjahren legte die MINA mehr als 50000 sm zurück, beteiligte sich an Kommandounternehmen gegen Häfen an der Westküste des Schwarzen Meeres, transportierte Truppen und Frachten nach Sewastopol und beteiligte sich am Geleitschutz von 269 Transportschiffen.

Die Räumfahrzeugen TRAL, MINA, STSCHIT und ARSENI RASSKIN wurden mit dem Rotbannerorden ausgezeichnet. Das Minenabwehrschiff SASTSCHITNIK wurde Gardeschiff. Der Kommandeur der Räumbootdivision, Kapitänleutnant *M. G. Bondarenko*, und der Kommandant eines Räumbootes, Fähnrich *M. G. Poljakow*, erhielten den Titel Held der Sowjetunion.

Die «Pflüger» der Meere waren nach Kriegsende noch lange im Gefechtseinsatz. Dieser Nachkriegseinsatz unterschied sich von dem im Krieg lediglich durch die fehlende Feindeinwirkung. Mehrere Minenabwehrschiffe liefen in Dwarslinie in ihren Räumstreifen und legten einen Überlauf nach dem anderen zurück. Die vom Räumgerät durchschnittenen Minen tauchten auf und wurden beschossen oder gesprengt. Einer der Buchautoren war im Zeitraum von 1945 bis 1948 zuerst Kommandant des Räumbootes BTsch-II-III und danach Navigationsoffizier auf den Minenabwehrschiffen T-611 und T-609. Die Räumdivision (Schiffsnummern 605 bis 611) unter dem Kommando von Kapitänleutnant *I. Grinewitsch* war mehrmals im Japanischen und Gelben Meer im Einsatz. Sie räumte japanische, amerikanische und eigene Minen, wobei die T-610 im Herbst 1945 auf eine Mine lief und unterging.

In den 60er Jahren sind Minenabwehrschiffe der sowjetischen Seekriegsflotte zum Räumen des Suezkanals und des Hafens Chittagong (Volksrepublik Bangladesh) angefordert worden. Diese Aufgabe erfüllten die sowjetischen Seeleute ausgezeichnet und verdienten sich den Dank der betroffenen Länder.

Würdige Nachfolger der NOWIK

Am 11. Juli 1933 nahm der Rat für Arbeit und Verteidigung der Sowjetunion den Beschluß «Zum Kriegsschiffbauprogramm 1933 bis 1938» an. Entsprechend diesem Programm sollten im zweiten Fünfjahrplan Kriegs- und Hilfsschiffe mit einer

Gesamtwasserverdrängung von über 500000 t gebaut werden. Die führende Position kam dabei den U-Booten zu. Das Verhältnis der Anzahl von den Unter- zu den Überwasserschiffen betrug 3:1 (ohne Kampfboote und Hilfsschiffe). Dieses Verhältnis wurde bis zum März 1936 beibehalten, als der Rat für Arbeit und Verteidigung den Beschluß «Über den Bau von Serienzerstörern» annahm, wodurch der Bau von Schiffen dieser Klasse über das Doppelte erhöht werden sollte.

Als die vielseitigsten und aktivsten Überwasserschiffe galten damals die Zerstörer. Sie waren für Artillerie- und Torpedoangriffe, Vorposten- sowie Aufklärungsdienst, zum Schutz großer Schiffe vor Luftangriffen, U-Booten und leichten Kräften des Gegners, zum Legen von Minensperren und zur Feuerunterstützung von Landungs- sowie Landtruppen in Küstenrichtung vorgesehen.

Der berühmte russische Zerstörer NOWIK war der Stolz der damaligen sowjetischen Flotte. In den Jahren vor dem zweiten Weltkrieg entsprach er jedoch schon nicht mehr den Anforderungen. Es mußte ein neuer Zerstörer entwickelt werden. Diese Aufgabe löste ein Kollektiv unter der Leitung des Hauptkonstrukteurs *W. A. Nikitin* erfolgreich und erstellte die Projekte für den Zerstörerführer LENINGRAD und den Zerstörer GNEWNY.

Der Bau des Nullserienzerstörerführers LENINGRAD begann 1932 (Wasserverdrängung 2700 t, Antriebsleistung 50000 kW, Geschwindigkeit 42 kn; Bewaffnung: 5× 130-mm-, 2× 76,2-mm-Geschütze, 2_4 TR, 80 Minen, 34 Wasserbomben; Besatzung 220 Mann). Das Schiff wurde im Herbst 1936 zu den Erprobungen vorgestellt, die eine staatliche Kommission mit dem Vorsitzenden *Wekman* abnahm, der am 5. Dezember auch die Abnahmeurkunde unterschrieb. Im Abschlußbericht zum geprüften Schiff hob *Wekman* die hohen Gefechts- und Betriebsqualitäten hervor. Die staatliche Kommission verwies gleichzeitig auf einige konstruktive

Der Zerstörerführer LENINGRAD hat über die Toppen geflaggt

Unzulänglichkeiten, wie beispielsweise die fehlende Panzerung des Kommandoturms als Schutz vor Luftangriffen, die unzureichende Feuerleistung der Flak und die nicht mögliche Feuerführung aller Fla-Geschütze nach einer Bordseite, was die Luftabwehr des Zerstörers bei Tiefflugangriffen wesentlich einschränkte. Ein Teil der Mängel konnte schon auf dem ersten Serienschiff behoben werden. Die Luftabwehr wurde mit fünf 37-mm-Fla-Waffen verstärkt.

Fast gleichzeitig mit der baltischen LENINGRAD übernahm die Schwarzmeerflotte den Zerstörerführer MOSKWA. Zwei Jahre später fuhren sie und der Zerstörer BESPOSTSCHADNY unter dem Befehl von Fregattenkapitän *S. G. Gorschkow* nach Istanbul, wohin sie den türkischen Außenminister, der der Sowjetunion einen Staatsbesuch abgestattet hatte, zurückbrachten. Nach langwierigen Erprobungen im Schwarzen Meer, die sich ungefähr ein Jahr hinzogen, erfolgte die Indienststellung des Zerstörerführers CHARKOW. 1940 ist dann der Zerstörerführer MINSK an die Baltische Flotte übergeben worden, dessen offizielle Abnahmeprüfungen 88 Tage dauerten.

Am 10. März 1936 wurde der Zerstörerführer BAKU als weiteres Schiff dieser Serie auf Kiel gelegt, und im Mai 1940 konnten die Erprobungen abgeschlossen werden. Anschließend ist das Schiff in die Pazifikflotte eingegliedert worden. Im Großen Vaterländischen Krieg verlegten die BAKU, die Zerstörer RASUMNY und RASJARENNY über den nördlichen Seeweg von Osten nach Westen, wo sie im Oktober 1942 von der Nordflotte übernommen wurden. Am Kriegsende erhielt die BAKU (Kommandant: *P. M. Gontschar*) den Rotbannerorden.

Der Bau der Zerstörer vom Typ «Gnewny» und «Storoshewoj» begann 1935. Die Indienststellung der GNEWNY erfolgte 1938 (Wasserverdrängung 2000 t, Antriebsleistung 35500 kW, Geschwindigkeit 38 kn; Bewaffnung: 4× 130-mm-, 2× 76-mm-Geschütze, 2_3× 533-mm-TR, Minen, Wasserbomben; Besatzung 210 Mann).

Die Ständige Kommission schätzte die Konstruktion, Seetüchtigkeit und Bewaffnung ausreichend hoch ein, verwies aber gleichzeitig auf eine Reihe von

Der Zerstörer GORDY (Typ «Gnewny») in See

Schwachstellen des Zerstörers. So war die Luftabwehr nicht befriedigend, und auf dem Nullserienschiff fehlten Leitgeräte für das Artillerie- und Flak-Feuer (MPUASO). Mit drei Drillingstorpedorohrsätzen konnte der Torpedoangriff nach der ersten Salve nicht genügend schnell wiederholt werden. Im Betrieb, insbesondere unter den rauhen Kriegsbedingungen, wurde die hohe Wertschätzung der Seetüchtigkeit des Typs «Gnewny» durch die Ständige Kommission nicht bestätigt. Die Rumpffestigkeit erwies sich unter komplizierten Wetterverhältnissen als unzureichend. Der Nordflottenzerstörer SEKRUSCHITELNY z. B. zerbrach bei einer Sturmfahrt und sank.

Auf den Serienzerstörern installierte man zusätzlich vier 37-mm-Fla-Waffen und neun großkalibrige MGs. Die U-Boot-Abwehr setzte sich aus Heckablaufgerüsten und einem Satz großer und kleiner Wasserbomben zusammen. Während des Krieges erhielt ein Teil der Zerstörer die neuen Wasserbombenwerfer BMB-1, die die Wasserbomben querab auf einer großen U-Boot-Bekämpfungsbreite werfen konnten.

Nach der GNEWNY erprobte und nahm die Ständige Kommission die Zerstörer GROMKI und GROSJASTSCHI ab, und am 24. Februar 1939 wurde die Seekriegsflagge auf der GROSNY gehißt, die im Krieg mehr als 50 000 sm zurücklegte und sich am Geleitschutz von ungefähr 800 Frachtern beteiligte. Die Besatzung schoß sechs feindliche Flugzeuge ab und beschädigte drei U-Boote.

Der Zerstörer SOOBRASITELNY (Typ «Storoschewoi») läuft zur Ausbildung aus, die Besatzung ist an Oberdeck angetreten

Die STEREGUSTSCHI begann ihren Dienst in der Baltischen Rotbannerflotte am 30. Oktober 1939.

Die STOROSHEWOI, das Nullschiff einer modernisierten Serie, trat ihren Flottendienst 1940 an. Im Vergleich zur GNEWNY hatte sie stärkere Luftabwehrwaffen. Die Betriebszuverlässigkeit und Standkraft der «Storoshewoi»-Zerstörer war besser. Auf diesen Kriegsschiffen waren die Kessel- und Turbinenabteilungen hintereinander gestaffelt angeordnet, deshalb hatten sie eine andere Silhouette, nicht einen, sondern zwei Schornsteine (Wasserverdrängung 2200 t, Antriebsleistung 42500 kW, Geschwindigkeit 39 kn, Reichweite bei 500 t Treibstoffvorrat – 3500 sm).

Ein allgemeiner Nachteil der neuen Zerstörer waren die fehlenden U-Boot-Ortungsgeräte, denn bis zum Krieg gab es nur Geräuschpeiler auf den Schiffen.

Im dritten Fünfjahrplan wurde noch ein neuer Zerstörer mit Zwillings-Geschütztürmen entwickelt. Der Krieg verhinderte jedoch seinen Bau, so daß der Nullserienzerstörer OGNEWOI erst gegen Ende des Krieges fertiggestellt werden konnte.

Die Zerstörer und Zerstörerführer waren von den ersten Kriegsstunden an in Kampfhandlungen verwickelt. Sie schlugen Luft- und TS-Boot-Angriffe des Feindes zurück, legten Minen und geleiteten Transportschiffe. Am 22. Juni 1941 beschützte der Zerstörer SMELY das Turbo-Elektroschiff STALIN, das Familien von Armeeangehörigen von der Halbinsel Hanko evakuierte. Die Zerstörer STOROSHEWOI, STOIKI, SERDITY, SILNY und ENGELS, das Räumfahrzeug FUGAS und drei kleine U-Jäger legten im Kolkas Rags (Rigaer Bucht) 480 Minen und 40 Räumschutzmittel.

Die Zerstörer SUROWY und ARTEM unter Fregattenkapitän *S. D. Solouchin* schossen mit der Artillerie am 21. August 1941 im Gebiet am Kap Mersrags (Rigaer Bucht) zwei feindliche Frachtschiffe in Brand und versenkten zwei Boote. Es gab auch die ersten Verluste. So lief das Nullserienschiff GNEWNY schon am zweiten Kriegstag auf eine Mine, wonach die Besatzung den Befehl erhielt, das Schiff zu verlassen und zu sprengen.

Die Zerstörer unterstützten auch aktiv die Verteidiger Leningrads. Trotz des intensiven Feuers von der Küste hielt sich der Zerstörer STOIKI einige Tage auf seiner Feuerposition im Seekanal. Vom 16. September bis 21. Oktober 1941 eröffnete seine Artillerie 54mal das Feuer auf Batterien, Truppenansammlungen, motorisierte Kolonnen und andere Objekte des Gegners, wobei 576 Granaten verschossen wurden. 1942 wurde die STOIKI zum Gardeschiff ernannt.

Die Zerstörer gaben ebenfalls bei den Landungsoperationen im Gebiet Strelny und Neuer Peterhof Feuerunterstützung. In den Januarkämpfen 1944, als auf den Gegener die gesamte Marineartillerie von Leningrad und Kronstadt zwecks Unterstützung der Angriffsoperationen konzentriert worden war, zeichneten sich besonders die Besatzungen des Zerstörerführers LENINGRAD (Kommandant: Fregattenkapitän *W. M. Klimow*), der Zerstörer SWIREPY (Kommandant: Korvettenkapitän *L. E. Roditschew*), GROSJASTSCHI (Kommandant: Korvettenkapitän *I. I. Majewski*), OPYTNY (Kommandant: Korvettenkapitän

I. J. Gorowoj) und STROGI (Kommandant: Korvettenkapitän *W. R. Nowak)* aus.

Schwere Kämpfe hatten die Zerstörerführer und Zerstörer der Schwarzmeerflotte zu bestehen. Am 25./26. Juni 1941 realisierte eine Gruppe, bestehend aus dem Kreuzer WOROSCHILOW, den Zerstörerführern MOSKWA und CHARKOW, den Zerstörern SMYSCHLENY und SOOBRASITELNY, einen Artillerieangriff auf den rumänischen Hafen Constanta. Die Zerstörerführer bildeten die Stoßgruppe, und die Zerstörer übernahmen die Sicherung. Auf einer Distanz von 130 kbl eröffneten sie das Feuer auf den Hafen, wobei sie innerhalb von 10 min 350 Schüsse abgaben. Das Artilleriefeuer der Zerstörerführer vernichtete große Treibstoffvorräte, sprengte einen Munitionszug, beschädigte den Bahnhof und die Gleisanlagen, was den Treibstofftransport des Feindes vom Hafen erschwerte.

Die sowjetische Seite hatte ebenfalls große Verluste zu verzeichnen. Eine gegnerische Küstenbatterie und Flugzeuge beschädigten die CHARKOW, die jedoch unter Zerstörerschutz nach Sewastopol zurückkehren konnte. Das Stoßtruppunternehmen endete für den Zerstörerführer MOSKWA tragisch. Schon beim Ablaufen von Constanta geriet er auf eine Mine und sank, mit ihm der Großteil der Besatzung. Der verwundete Kommandant, Kapitänleutnant *A. B. Tuchow*, wurde gefangengenommen und in ein Konzentrationslager verschleppt. *Tuchow* flüchtete später aus der Gefangenschaft, reihte sich in eine Partisanengruppe ein und bekämpfte den Feind bis März 1944. Er fiel in der Nähe der Ortschaft Golowanewsk. An der Landungsoperation bei Grigorewka zur Verteidigung Odessas beteiligten sich die Zerstörer BOIKI, BESUPRETSCHNY, FRUNSE und etwas später die BESPOSTSCHADNY. Eine hohe Standkraft demonstrierten die Zerstörer BESOPOSTSCHADNY und BESUPRETSCHNY. Auf den ersten von beiden warfen die feindlichen Sturzkampfflugzeuge 84 Bomben. Eine von ihnen zerstörte das Backdeck vollständig. Und trotzdem lief die BESOPOSTSCHADNY selbständig mit Rückwärtsfahrt (!) bis nach Odessa. Auf die BESUPRETSCHNY warf der Gegner 36 Bomben, wodurch der erste und zweite Kesselraum und die Bb.-Maschine geflutet wurden. Der Zerstörer hielt aber die Schwimmfähigkeit aufrecht und wurde nach Odessa geschleppt. Nach der Reparatur war er noch ein Jahr, bis zu seinem Untergang am 26. Juni 1942 auf einer Fahrt in das besetzte Sewastopol, im Gefechtseinsatz. Infolge eines Fliegerbomben-Volltreffers brach der Zerstörer in der Mitte entzwei und sank. Es fielen der Kommandant, Kapitänleutnant *P. M. Burjak*, sein Sohn, der Schiffsjunge *Wolodja Burjak*, und viele Besatzungsmitglieder.

Der Zerstörerführer TASCHKENT, die Zerstörer BOIKI, SMYSCHLENY und andere Schiffe dieser Klasse verteidigten Sewastopol. Ihre Geschütze bekämpften systematisch feindliche Truppenansammlungen und Technik. Die Schiffe brachten mehrmals Vorräte, Kampftechnik und Munition nach Sewastopol und evakuierten die Bevölkerung und Verwundete.

Der Zerstörer TASCHKENT, auf einer italienischen Werft gebaut, wurde im Schwarzen Meer nach der Ausrüstung mit sowjetischen Waffen geprüft. Die Artilleriebewaffnung bestand aus sechs 130-mm-Geschützen, die in Zwillingstürmen untergebracht waren, und einem Luftabwehrkomplex. Die TASCHKENT er-

Der Zerstörerführer TASCHKENT ist an der Pier vertäut

reichte in der Meßmeile eine Höchstgeschwindigkeit von 44 kn. Der Abschluß der Erprobungen fiel mit dem Kriegsbeginn zusammen.

Im ersten Kriegsjahr legte die TASCHKENT 27000 sm zurück. Der Zerstörerführer geleitete ohne Verluste 17 Transportschiffe mit Truppen und Frachten für die Front. Er transportierte 19300 Menschen und 2538 t Munition, Lebensmittel, Medikamente und andere Ladungen. Allein das Hauptkaliber wurde hundertmal eingesetzt. Sein Artilleriefeuer vernichtete sechs Küstenbatterien des Gegners, einen Flugplatz, versenkte ein TS-Boot und beschädigte bzw. schoß 13 Flugzeuge ab. Beim Auslaufen aus dem belagerten Odessa am 30. August 1941 wurde der Zerstörerführer von feindlichen Küstenbatterien intensiv beschossen und von Flugzeugen angegriffen. Ein Bombentreffer verursachte ein 6 m großes Leck an der Stb.-Heckseite, deformierte das Deck, flutete das fünfte Wohndeck vollständig und das vierte zur Hälfte. Die Rudersteuerung fiel infolge des beschädigten hydraulischen Antriebs aus. Die TASCHKENT erhielt jedoch ihre Schwimmfähigkeit. Mit verminderter Geschwindigkeit von 12 kn setzte sie das Artilleriefeuer aus allen Geschützen fort. Das Schiff steuerte man von dem Reservebefehlsstand aus. Nebenbei bemerkt gehörte der Übergang von dem Haupt- auf das Reserveschema der Führung zum Pflichtprogramm der Erprobungen. Alle Reserveleitstände für das Schiff und die Waffen waren gleichfalls wie die Leck- und Brandbekämpfungssysteme bei den Abnahmeprüfungen sorgfältig getestet worden. Das vollständige Fluten der vierten Abteilung des Zerstörerführers wurde einzig und allein von der gut funktionierenden Lenzeinrichtung verhindert. Die durch intensives Havarietraining gut vorbereitete Besatzung verstärkte die unter Wasserdruck stehenden Schotten. Die dazu notwendigen Streben, Balken, Keile und andere Mittel befanden sich an speziellen Plätzen. Mit eigener Kraft fuhr die TASCHKENT in den Hafen Odessa und am nächsten Tag nach Sewastopol zur Reparatur ins Dock.

Besonders beeindruckend demonstrierte die TASCHKENT ihre Standkraft auf ihrer letzten Fahrt aus dem besetzten Sewastopol am 27. Juni 1942 unter dem Kommando von Korvettenkapitän *W. N. Jeroschenko*. An Bord befanden sich 2509 Personen und das berühmte Panoramawandbild «Die Verteidigung Sewastopols 1854–55». Sturzkampfflugzeuge griffen das Schiff drei Stunden ununterbrochen in 96 Anflügen an, wobei sie mehr als 300 Bomben warfen. Infolgedessen ist der Rumpf beschädigt und zwei Kesselabteilungen, zwei Wohndecks und der Rudermaschinenraum sind geflutet worden. Das Schiff nahm ungefähr 1000 t Wasser. Mit einer starken Buglastigkeit setzte die TASCHKENT ihre Fahrt langsam nach Noworossisk fort, wobei sie sich ständiger Luftangriffe erwehren mußte. Die gesamte Flak-Munition wurde verschossen, aus jedem Geschützrohr wurden mindestens 1000 Schüsse abgefeuert. Die entgegenkommenden Zerstörer, ein Rettungsschiff und ein Schlepper sowie Flugzeuge halfen dem Zerstörerführer, Noworossisk wohlbehalten zu erreichen.

Der Zerstörer SOOBRASITELNY (Kommandant: Korvettenkapitän *S. S. Workow*) geleitete in den Kriegsjahren 33 Konvois, gab 56mal den sowjetischen Landstreitkräften Feuerunterstützung, nahm an Landungsoperationen und Kommandounternehmen teil, schlug 126 Luftangriffe zurück und schoß dabei fünf Flugzeuge ab. Für den Mut, die Standhaftigkeit und die organisierten Handlungen der Besatzung wurde der Zerstörer zum Gardeschiff ernannt.

Der Rotbannerzerstörer BOIKI versenkte mit Torpedos einen Tanker, ein Kanonenboot und zerstörte mit seiner Artillerie sieben Küstenbatterien des Feindes. Seine Luftabwehr schoß drei Flugzeuge ab und beschädigte zwei. Die Zerstörer SHELESNJAKOW und NESAMOSHNIK wurden Rotbannerschiffe. Der Zerstörer BESPOSTSCHADNY unter dem Befehl von Korvettenkapitän *G. P. Negody* (später Konteradmiral) war das erste mit dem Rotbannerorden ausgezeichnete Schiff der Schwarzmeerflotte. Interessant dürfte sein, daß im Krieg nur zwei Zerstörer, die BESPOSTSCHADNY und die BOIKI, Torpedos schossen. In den übrigen Operationen setzten die Zerstörer nur Artillerie und Wasserbomben ein.

In den Annalen der Nordflotte nimmt der Gardezerstörer GREMJASTSCHI einen Ehrenplatz ein. Von Kriegsbeginn bis Dezember 1942 führte Korvettenkapitän *A. I. Gurin* das Schiff, und im März 1943, als es Gardeschiff wurde, war Korvettenkapitän *B. D. Nikolajew* Kommandant. Die Schiffsbesatzung zeichnete sich gleich in den ersten Kriegstagen aus, so bei der Abwehr eines Luftangriffes im Juni 1941, als sie das erste Flugzeug von insgesamt 14 abschoß. Weiterhin beschädigte sie 23. Im März 1942 fügten die einen Konvoi begleitenden Zerstörer GREMJASTSCHI und SOKRUSCHITELNY einem deutschen Handelskreuzer Schäden zu. Die GREMJASTSCHI versenkte ein U-Boot und griff öfter faschistische Unterwasserkräfte an. Das Schiff legte im Krieg ungefähr 70000 sm zurück. Zusammen mit anderen Zerstörern geleitete es Hunderte Frachter und vernichtete mit seiner Artillerie einige feindliche Küstenbatterien. Den Namen und die besten Traditionen der GREMJASTSCHI übernahm das moderne große U-Boot-Abwehrschiff der Rotbanner-Nordflotte.

Im Nördlichen Eismeer waren die Zerstörer GROSNY (Kommandant: Korvettenkapitän *A. I. Andrejew*) und KUIBYSCHEW (Kommandant: Korvettenkapitän *P. M. Gontschor*) ebenfalls erfolgreich. Sie erhielten alle den Rotbannerorden. Der Kommandeur der Zerstörerdivision, Kapitän zur See *A. I. Gurin*, wurde mit dem Titel Held der Sowjetunion ausgezeichnet.

Der Zerstörer der Pazifikflotte RESWY unter Korvettenkapitän *S. M. Lobow* (später Flottenadmiral) beteiligte sich an Kampfhandlungen gegen das imperialistische Japan.

Leichte Kreuzer und Schlachtschiffe

Das Aufgabengebiet der Kreuzer war sehr vielfältig. Sie konnten zur Verteidigung der eigenen Seewege und zum Stören feindlicher sowie für Angriffe auf wichtige feindliche Küstenobjekte eingesetzt werden. Die Kreuzer unterstützten die Seeflanken der Landstreitkräfte, gaben Landungsoperationen Feuerunterstützung und geleiteten große Konvois. Über die Kreuzer vom Typ «Swetlana», die im zaristischen Rußland auf Kiel gelegt und unter der Sowjetmacht während des Wiederaufbaus der Flotte fertiggestellt wurden, ist schon berichtet worden. Der Bau sowjetischer Kreuzer neuen Typs begann am 22. Oktober 1935 mit der Kiellegung des Leichten Kreuzers KIROW (Wasserverdrängung 8600 t, Länge 191 m, Breite 17,66 m, Tiefgang 6,15 m, Antriebsleistung 83106 kW, Geschwindigkeit 36 kn, Fahrstrecke – bei 18 kn – 3750 sm; Bewaffnung: $3_3\times$ 180-mm-, 6× 100-mm-, 6× 45-

Kreuzer KIROW

mm-Geschütze, 4× 12,7-mm-, 4× 7,6-mm-MGs, 2_3× 533-mm-TR, 100 Minen Typ KB oder 175 Minen Modell 1912, 66 Wasserbomben; Ausrüstung: 4 Wasserbombenwerfer BMB-1, 2 Wasserbombenablaufgerüste, 1 Katapult, 2 Bordflugzeuge – später entfernt; Besatzung 724 Mann). Während der Reparatur 1943 wurden noch zwei weitere 100-mm-Universalgeschütze aufgestellt, und an Stelle der 45-mm- kamen zehn 37-mm-Fla-Waffen an Bord, womit die Bewaffnung annähernd dem neuesten Stand entsprach. Die neuen Hauptkaliber sind unter Teilnahme des stellvertretenden Hauptkonstrukteurs des Werkes, *D. F. Ustinow*, später Mitglied des Politbüros des ZK der KPdSU, Marschall der Sowjetunion und Verteidigungsminister, montiert und eingerichtet worden. Die Mechanismen und Systeme der Artillerieleitanlagen gewährleisteten eine hohe Feuergeschwindigkeit bei Schußweiten bis zu 37 km. Die relativ hohe Feuerkraft harmonierte mit einer ausreichenden Rumpfpanzerung und ausgezeichneten See-Eigenschaften. Bezüglich der Bewaffnung, der vielfältigen technischen Ausrüstung und Geschwindigkeit glich bzw. übertraf die KIROW die ausländischen Kreuzer gleicher Wasserverdrängung. Das Kriegsschiff lief am 30. November 1936 vom Stapel. Die Erprobungen und Abnahme leitete wiederum *Wekman*. Die Beauftragten der Ständigen Kommission, Kapitän zur See *N. K. Nikonow* und Kapitän zur See Dipl.-Ing. *N. I. Kjun*, Vertreter der Baltischen Flotte und wissenschaftlich-technischer Institute, der Kommandant und eine Reihe Hauptspezialisten des Kreuzers waren Kommissionsmitglieder. Die Erprobungen in der Ostsee wurden am 26. September 1938 abgeschlossen. Die Abnahmeurkunde unterschrieb der neue Kommissionsvorsitzende, Fregattenkapitän *M. M. Dolinin*. Er war gleichzeitig Leiter der Ständigen Kommission bis zu Beginn des Großen Vaterländischen Krieges. Der Kommission fielen mehrere konstruktive und taktische Unzulänglichkeiten sowie Projektabweichungen am Kreuzer auf. So hatte das Schiff eine um 890 t höhere Wasserverdrängung im Vergleich mit der projektierten. Anstatt 94000 kW Antriebsleistung entwickelten die Hauptturbinen nur 84000 kW. Die in der Meßmeile erzielte Höchstgeschwindigkeit lag 1 kn unter der vorgegebenen. Den Anker konnte man nur mittels eines «Startstoßes», gegeben auf den E-Motor des Ankerspills, werfen. Die Getriebe der Hauptturbinen wiesen Schwachstellen auf: bei den Erprobungen brachen einige Zähne vom Zahnrad. Die Förderleistung der Kielraumlöschpumpen war zu gering. Die Grenzschußwinkel des Hauptkalibers lagen unter den Projektwerten. Die Feuerleistung der Flak wurde als unzureichend eingeschätzt. Die Konstruktion der Minen-Bugschutzgeräte war unglücklich, sperrig und kompliziert beim Ausbringen. Die wesentlichsten Beanstandungen der Kommission wurden bis zur Übergabe an die Flotte beseitigt, die restlichen berücksichtigte man bei den folgenden Schiffen.

Der von der Flotte übernommene Kreuzer KIROW wurde bald Flaggschiff der leichten Kräfte der Baltischen Rotbannerflotte und «Stammvater» der sowjetischen Schiffe dieser Klasse. Zwei Jahre nach seinem Dienstbeginn stellte die Flotte den verbesserten Kreuzer MAXIM GORKI mit verstärkter Panzerung in Dienst. In der Meßmeile erreichte der Kreuzer eine Höchstgeschwindigkeit von 36,1 kn.

Im Schwarzen Meer wurden die Leichten Kreuzer WOROSCHILOW (27. Mai 1940) und MOLOTOW getestet und abgenommen. Die Kreuzer waren ausnahms-

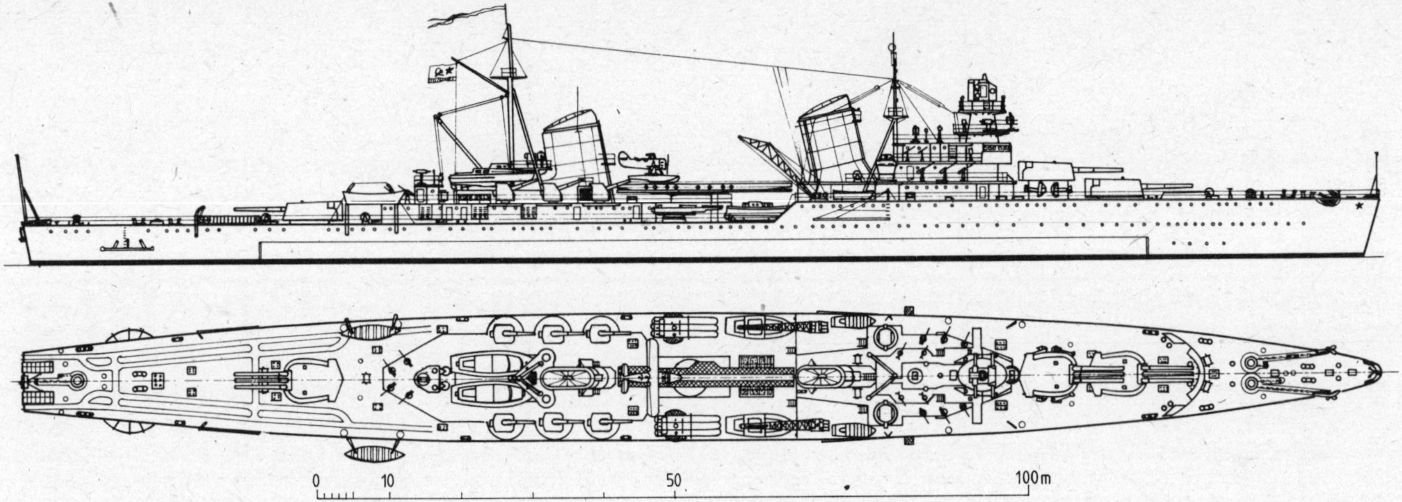

Riß vom Kreuzer MAXIM GORKI

los aus sowjetischen Materialien hergestellt und mit sowjetischen Waffen und Maschinen ausgerüstet worden.

Während des Krieges erhielt die Pazifikflotte die beiden Leichten Kreuzer KALININ und PETROPAWLOWSK.

Entsprechend den Beschlüssen des XVIII. Parteitages der KPdSU(B) unter Berücksichtigung der gestiegenen ökonomischen und militärischen Kraft der UdSSR stellten Partei und Regierung den Schiffbauern die Aufgabe zum Bau einer starken Seekriegsflotte. Dies spiegelte sich im Programm zur Entwicklung der Seekriegsflotte im dritten Fünfjahrplan wider.

Es wurde eine Serie neuer Leichter Kreuzer vom Typ «Tschapajew» auf Kiel gelegt. Das Hauptkaliber bestand aus zwölf 152-mm-Geschützen. Die Inbetriebnahme der TSCHAPAJEW erfolgte allerdings erst nach dem Krieg.

Der Bau zweier Schwerer Kreuzer ist in Angriff genommen worden. Für die KRONSTADT (Prototyp) und die SEWASTOPOL mit einer Wasserverdrängung von ungefähr 40000 t waren neun 305-mm-, acht 152-mm- und acht 100-mm-Geschütze vorgesehen. Nach dem Projekt sollte die Antriebsanlage mit 170000 kW Leistung eine Höchstgeschwindigkeit von 32 kn gewährleisten. Der Krieg unterband jedoch den Bau.

Schon am zweiten Kriegstag deckte die MAXIM GORKI das Minenlegen am Eingang des Finnischen Meerbusens. Für den Kreuzer verlief diese Aufgabe unglücklich, denn er lief auf eine Mine und mußte instandgesetzt werden.

Das Geschützfeuer des Kreuzers KIROW unterstützte die Verteidiger Tallinns im August 1941 wesentlich. Während der Überfahrt der Baltischen Rotbannerflotte von Tallinn nach Kronstadt befand sich der Flottenkommandeur, Vizeadmiral *W. F. Tribuz*, auf der KIROW, Kommandant war damals Fregattenkapitän *M. G. Suchorukow*. Der Kreuzer bestand diese schwierige Probe ehrenvoll, wobei so dichte Minensperren überwunden werden mußten, daß der Kreuzer mitunter in einer halben Stunde bis zu fünf Minen ortete. Minen ausweichend, massierte Luftangriffe und Torpedoboote abwehrend, bahnte sich die KIROW durch das Sperrfeuer der feindlichen Küstenbatterien den Weg nach Kronstadt. Die Verluste waren groß. Der Auftrag der Evakuierung von Truppen und Flotte aus Tallinn wurde jedoch erfüllt. Nach Kronstadt wurden mehr als 18000 Kämpfer übergeführt, die anschließend Leningrad verteidigen halfen. Für die erfolgreiche Erfüllung der Kampfaufträge und die gezeigte Tapferkeit erhielt der Kreuzer KIROW (Kommandant: Kapitän zur See *S. D. Solochin*) am 27. Februar 1943 den Rotbannerorden. Ein Jahr später wurde der Kreuzer MAXIM GORKI mit diesem Orden ausgezeichnet, den damals Kapitän zur See *A. G. Wanifate* befehligte.

Bei den Angriffsoperationen der Leningrader und Wolchowsker Fronten erreichte das Feuer aus den 180-mm-Geschützen der beiden baltischen Kreuzer im Geschwader des Vizeadmirals *J. F. Rall* «eine Lähmung der Verbindungswege der zurückweichenden feindlichen Peterhofer Schützengruppierung». [43] Im Sommer 1944 unterstützte der Rotbannerkreuzer KIROW im Laufe der Wyborger Angriffsoperation die Truppen der Leningrader Front bei der Befreiung der Karelischen Landenge.

Den Rotbannerorden erhielt ebenfalls der Schwarzmeer-Kreuzer WOROSCHILOW, der mehrmals an Stoßunternehmen beteiligt war.

Im Großen Vaterländischen Krieg beweisen die Leichten Kreuzer vom Typ «Kirow» eine große Standkraft und Festigkeit. Dies bestätigt ausdrucksvoll und überzeugend der Fakt, daß die sowjetischen Seestreitkräfte keinen einzigen Kreuzer dieses Typs verloren. Alle vier Kreuzer schossen am Tag des Sieges Salut aus ihren Geschützen.

In den Nachkriegsjahren setzte der Kreuzer KIROW seinen Dienst in der Baltischen Flotte fort. Ab 1961 Schulschiff, absolvierten auf ihm Schüler der Seeoffiziershochschulen und anderer Schuleinheiten ihr Praktikum. Im Jahre 1968 nahm die KIROW am Manöver «Sewer» der Flotten des Warschauer Vertrages als Stabsschiff teil, auf dem der damalige Oberkommandierende der Seestreitkräfte, Flottenadmiral der Sowjetunion *S. G. Gorschkow*, seinen Gefechtsstand hatte. Zur Abschlußetappe der Übungen gab der Kreuzer den Landungstruppen Feuerunterstützung. Die Handlungen der Besatzung während des Manövers sind vom Kommando hoch bewertet worden. Die KIROW wurde im Dezember 1974 außer Dienst gestellt.

Im Zeitraum von 1938 bis 1941 begann die sowjetische Schiffbauindustrie mit dem Bau der größten Kriegsschiffe für die Flotte, die Schlachtschiffe vom Typ «Sowjetski Sojus» (Wasserverdrängung 65150 t, Antriebsleistung 170000 kW, Geschwindigkeit 28,5 kn; Artilleriebewaffnung: 9× 406-mm-, 12× 152 mm-, 8× 100-mm-, 32× 37-mm-Geschütze). Auf den Schiffen sollten vier Flugzeuge und ein Katapult stationiert werden. Die Serienschlachtschiffe hießen SOWJETSKAJA UKRAINA (Kiellegung 1938), SOWJETSKAJA BOLORUSSIJA (Kiellegung 1939) und SOWJETSKAJA ROSSIJA (Kiellegung 1940). Das Baugeschehen verlief zunächst zügig. Im Juni 1939 war schon die erste Rumpfabteilung der SOWJETSKAJA BOLORUSSIJA fertig. Es begann aber der Krieg, und der

Schlachtschiff Typ «Sowjetski Sojus» (Projektzeichnung)

Schlachtschiffbau konnte nicht fortgesetzt werden. Die Fertigstellung nach Kriegsende ist als unzweckmäßig erachtet worden, und man demontierte die Schlachtschiffe.

Die Entwicklung neuer Waffensysteme und elektrotechnischer Anlagen

Gleichzeitig mit dem Bau neuer Schiffe sind neue Waffen- und Schutzsysteme, Feuerleit-, Navigations-, Funk- und Ortungsanlagen entwickelt und erprobt worden. Die für die Türme des Kreuzers KRASNY KAWKAS vorgesehenen 180-mm-Geschütze testete man 1932 auf dem maritimen Forschungs-Artillerieübungsplatz. Hinsichtlich der Ballistik übertrafen die Geschütze die besten ausländischen. Die größte Schußweite eines 97,5-kg-Geschosses betrug 37,8 km.

Von 1935 bis 1941 sind die 152-, 130- und 100-mm-Geschütze sowie die halb- und automatischen Fla-Waffen mit einem Kaliber von 25 bis 100 mm vervollkommnet und erprobt worden. Für die im Bau befindlichen Schlachtschiffe vom Typ «Sowjetski Sojus» prüfte man auf dem Seeübungsplatz die 406-mm-Geschütze. Mit den Granaten eines Gewichts von mehr als einer Tonne konnte 45 km weit geschossen werden. Über die Gefechtsqualitäten der damals entwickelten Marineartillerie schreibt *S. G. Gorschkow:* «Unsere in der Vorkriegsperiode errichteten Schiffe waren mit einer für damalige Verhältnisse erstklassigen Artillerie ausgerüstet, die bezüglich ihrer Durchschlagskraft, Feuergeschwindigkeit und Schußweite die besten Artilleriesysteme in den Flotten der kapitalistischen Länder übertraf.» [44]

Auf den Schiffen wurden die modernsten Feuerleiteinrichtungen erprobt. Im Jahre 1926 begann die Projektierung der Feuerleitanlagen (PUS) für den Kreuzer KRASNY KAWKAS, und drei Jahre später schloß man die Entwicklung der Luftabwehr-Feuerleitanlage (MPUASO) ab. Die äußerst ausgereifte Anlage «PUS» mit automatischer Zentraleinheit schufen die Konstrukteure 1937 für das Hauptkaliber des Kreuzers KIROW. Für die Kreuzer MAXIM GORKI und MOLOTOW ist das Gerät noch verbessert worden. Das Versuchsmuster durchlief die Erprobung auf dem Kreuzer WOROSCHILOW erfolgreich. Die zweite Anlage installierte und überprüfte man auf dem Zerstörerführer MINSK. Zur Ermittlung der Schiffsschwingungen ist der künstliche Horizont (Kreiselhorizont) genutzt worden, dessen Werte ununterbrochen an das «PUS»-System zur Berücksichtigung der Schwingungen beim Richten der Geschütze und Schießen gingen. Die für die Leichten Kreuzer entwickelten Fla-Feuerleitanlagen «MPUASO» gewährleisteten ein automatisches Richten auf schnelle Luft- und Überwasserziele. Erstmals tauchten auf den Kreuzern die sogenannten stabilisierten Richtleitstände (SPN) auf. Der Stand ist bei Schiffsschwingungen automatisch in der horizontalen Lage gehalten worden und wurde auch kursstabilisiert.

Die Zerstörer erhielten ein vereinfachtes Fla-Feuerleitsystem. Das Zentralgerät, der Fla-Schießautomat, gab Daten an die zentrale Fla-Feuerleiteinrichtung für Luft- und Seeziele. Das Feuer auf plötzlich auftauchende Ziele in kurzer Entfernung und bei schlechten Sichtverhältnissen konnte mit dem optischen Nachtzielgerät geführt werden.

Es ist auch eine Torpedofeuerleitanlage (PUTS) für Tag- und Nachtschießen entwickelt worden. Die Schiffstorpedos 53/38 und 45/33 waren hinsichtlich der Geschwindigkeit und Ladungsmasse den besten ausländischen Modellen gleichwertig. Die in die Bewaffnung im Juli 1941 aufgenommenen Dampfgastorpedos 53/39 (die schnellsten der Welt mit 51 kn) und die im September 1942 bereitgestellten blasenfreien elektrischen Torpedos ET-80 erhöhten die Schlagkraft und Effektivität der Torpedowaffe beträchtlich.

Die Entwicklung der Ankertauminen verlief vorrangig dahin, die Ladungsmasse zu vergrößern. In der Mine KB-3 befanden sich 300 kg Sprengstoff, was eine starke Vernichtungswirkung absicherte. Die Antennenminen AGSB waren zur Bekämpfung von U-Booten vorgesehen. Die Antennen überbrückten die gesamte Wasserschicht in den Grenzen der Einsatztauchtiefen feindlicher U-Boote.

Die Navigationsgeräte wurden ebenfalls verbessert. Der erste sowjetische Kreiselkompaß ist allseitig auf dem Zerstörer JAKOW SWERDLOW in der Ostsee und auf dem Eisbrecher TAIMYR im Nördlichen Eismeer getestet worden. In den Jahren des zweiten Fünfjahrplanes entwickelte man den Kreiselkompaß Typ «Kurs», dessen Zuverlässigkeit die Seeleute schätzen lernten. Ein weiterentwickeltes Modell dieses Kreiselkompasses «Kurs-2» erhielt der Zerstörerführer LENINGRAD. Man entwickelte und erprobte ebenfalls ein magnetostriktives Echolot. Die Schiffe wurden im weiteren mit neuen hydrodynamischen Fahrtmeßanlagen ausgerüstet. Auf dem Kreuzer KIROW wurde eine von ihnen erprobt.

Sehr schnell entwickelte sich die Elektronik auf den Schiffen, insbesondere für die Funktechnik. In den Jahren von 1927 bis 1934 nahm die sowjetische Industrie die Produktion einer komplexen Funkausrüstung für die Schiffe und Küstensignalstellen auf. Zur Anlage «Blokada-1» gehörten sieben LW- und MW-Funkstationen, zwei KW- und eine UKW-Station sowie vier Funkempfänger. Auf Schiffen verschiedener Klassen waren die Funkstationen «Uragan», «Storm», «Schkwal», «Bris», «Buchta», «Rjed», die Empfänger «Weter», «Jekor», «Dosor», «Kub-4» und andere Funkausrüstungen installiert. Zu der komplexen Funkausrüstung «Blokada-2» gehörten Funksender im KW-Bereich von 20 bis 200 m. Die neuen Funkempfänger «Purga», «Wichr», «Jersch», «Metel» und «Wjuga» konnten ebenfalls schon im KW-Bereich betrieben werden.

Mit steigender Anzahl von Funkanlagen auf den Schiffen wurde ihr gleichzeitiger störfreier Betrieb problematisch (nach moderner Terminologie: elektromagnetische Verträglichkeit). Auf diese Tatsache verwiesen die Prüfer. Anfangs lösten sie das Problem durch örtliche Trennung der Sende- und Empfangsanlagen auf dem Schiff. Die Konstrukteure sahen verschiedene Räume für die Funksende- und Funkempfangszentralen vor. Die Funkgeräte wurden aus der Funkempfangszentrale gesteuert.

Die erste sowjetische Schiffsfunkmeßstation (RLS) «Redut-K» wurde auf dem Kreuzer MOLOTOW der Schwarzmeerflotte installiert und erprobt. Sie erlaubte, Flugzeuge in einer Entfernung von 120 km zu orten. Ihre Effektivität schätzte das Flottenkommando so hoch ein, daß schon am 24. Juli 1941 zwischen dem Kreuzer, dem Flottenstab und der Luftabwehr-Kommandostelle von Sewastopol eine direkte Verbindung zur operativen Übergabe der Funkmeßbeobachtungsergebnisse eingerichtet wurde. Bis zum November 1943 ortete man mit der Station mehr als 9000 feindliche Flugzeuge. Bei massierten Angriffen konnte die Funkmeßstation gleichzeitig sieben bis acht Flugzeuggruppen verfolgen, was einen effektiven Einsatz der Lufabwehrwaffen erlaubte.

Im März 1944 ist auf dem Zerstörer GROMKI der Nordflotte unter Gefechtsbedingungen die Funkmeßanlage «Gjuis» getestet worden. Die Anlage demonstrierte hohe taktisch-technische und Betriebscharakteristika und wurde als Prototyp für die Entwicklung der nächsten Modifikationen von Funkmeßanlagen genutzt. Nach erfolgreicher Erprobung der Schiffsfunkmeßanlage «Gjuis-1M» auf dem Zerstörer STROGI der Baltischen Flotte und «Gjuis-18» auf dem Zerstörer OGNEWOI der Schwarzmeerflotte überführte man beide Anlagen zur Serienproduktion. Im Laufe des Krieges entwickelte und erprobte man nicht zur Funkmeßortungsanlagen, sondern auch Funkmeßwaffenleitanlagen (Geschützrichtanlagen). So wurden für die Leichten Kreuzer die Anlagen «Jupiter» und «Mars» und für die Zerstörer «Mars-2» und «Wympel-2» hergestellt.

Unter Berücksichtigung der zunehmenden Bedeutung von U-Booten für Gefechtshandlungen im Meer widmete das Flottenkommando der Entwicklung hydroakustischer U-Boot-Ortungsmittel erhöhte Aufmerksamkeit und rüstete neue Schiffe damit aus. Im Zeitraum von 1934 bis 1944 stellte die Industrie mehrere hydroakustische Anlagen her, die auf neuen und schon länger im Dienst befindlichen Schiffen getestet wurden. Für die U-Boote ist die Geräuschpeilstation «Mars» entwickelt worden, die sich seit den ersten Tagen des Großen Vaterländischen Krieges bestens bewährte.

Auf vielen Kreuzern und Zerstörern war die Unterwasser-Funkverbindungsanlage «Arktur» installiert. Analoge Anlagen der Typen «Wega» und «Sirius» erhielten die U-Boote. Für kleine Überwasser-Kampfschiffe wurde die Anlage «Persei» erarbeitet, und als Geräuschpeiler zum Orten von U-Booten waren die Typen «Poseidon» oder «Zefei-2» im Einsatz.

Die sowjetische aktive hydroakustische Ortungsanlage «Tamir», die lautlose Unterwasserziele orten konnte, erhielten die Schiffe ab 1940. Die staatlichen Abnahmeprüfungen des Prototyps von «Tamir» fanden im November 1940 auf dem U-Jäger MO-521 der Baltischen Flotte statt. Die Erprobungen verliefen erfolgreich, und die Anlage ging in Serienproduktion. 1941/42 wurden 295 «Tamir»-Anlagen auf den Kriegsschiffen installiert.

Weiterhin sind Infrarotpeiler entwickelt und erprobt worden. Das erste Modell, den Infrarotpeiler «Uran» mit einer stabilisierten optischen Achse, erhielt der Kreuzer KRASNY KAWKAS.

Die wachsende Zahl von neuen Feuerleit-, Ortungs-, Navigations- und Funkgeräten auf den Schiffen machte eine Vergrößerung des Prüfumfangs notwendig, und die Organisation der Erprobungen wurde komplizierter. Von den Prüfern waren tiefgründige und vielseitige Kenntnisse der neuen Flottentechnik gefordert.

Das Wirken der «Ständigen Kommission»

Im Jahre 1930 erschien eine Verordnung, die festlegte, wie die Kriegsschiffe zu den Abnahmeprüfungen vorzustellen und die Erprobungen zu organisieren waren. Die Hauptaufgabe der Abnahmeprüfungen bestand in der Kontrolle auf Übereinstimmung der Schiffsparameter mit den projektierten Werten und in der Erarbeitung von Empfehlungen und Änderungsvorschlägen zur Verbesserung der Gefechts- und Betriebseigenschaften der nachfolgenden Serienschiffe. Den Umfang der Überprüfungen und Erprobungen bestimmte das Prüfprogramm.

Für die Prüfungen wurde auf Vorschlag der Ständigen Kommission vom Flottenkommando die Zusammensetzung der staatlichen Kommission festgelegt. Die Kommission traf zu einem Zeitpunkt in der Werft ein, der es ihr erlaubte, sich mit dem Schiff und den Resultaten der Standerprobungen vertraut zu machen sowie den Beginn der Abnahmeprüfungen festzulegen. Am Ende der Prüfungen unterschrieb die Kommission die Abnahmeurkunde, in der sie das Schiff einschätzte, die hauptsächlichen Resultate aufführte und das Urteil für die Übergabe des Schiffes an die Flotte fällte. Außerdem ist auf der Grundlage der Vertragsbedingungen die Garantiezeit bestimmt worden.

Die Ständige Kommission hatte darauf zu achten, daß das Prüfprogramm ausreichend umfangreich war und die allseitige Erprobung des Schiffes gewährleistete. So wurde in einem Bericht an das Flottenkommando und die Leitung der Schiffbauindustrie vom Vorsitzenden der Kommission bemängelt, daß das Prüfprogramm der Nullserien-Überwasserschiffe kein gleichzeitiges Schießen aus allen Kalibern und keine Überprüfung der Waffenarten mit dem Spezifikationsvermerk «mit Überlast» (Minen, Wasserbomben) vorsah.

Die Bemerkungen der Ständigen Kommission zu den Programmen sind meist berücksichtigt und eingeführt worden. Die zusätzlich eingeflossenen Prüfungen erlaubten die Gefechts- und Betriebsqualitäten der abzunehmenden Kriegsschiffe vollständiger einzuschätzen, was andererseits den Konstrukteuren und Schiffbauern bei Projektierung und Bau neuer Schiffe half. Die Schiffbauer waren nicht in jedem Fall mit den Zusätzen zum Prüfprogramm sofort einverstanden, weil sie die Meinung vertraten, daß die Bewaffnung und die technischen Mittel schon in den Herstellerwerken ausreichend überprüft sein müßten. Die auf dem Schiff montierten Anlagen oder Maschinen sind jedoch mit den Schiffssystemen, der Elektrik, der Ventilation verbunden und unterliegen während des Betriebes Vibrationen oder werden umgestellt. Deshalb können die Prüffelderprobungen im Herstellerwerk die Prüfungen auf dem Schiff nicht ersetzen.

Die Ständige Kommission strebte immer danach, ins Programm komplizierte Erprobungen unter annähernden Gefechtsbedingungen einzubeziehen, wie beispielsweise das Schießen einer Breitseite oder das Torpedosalvenschießen. So bog sich u. a. das Deck des Kreuzers KIROW beim Breitseiteschießen durch und mußte verstärkt werden. Beim Fächerschießen kehrte ein Torpedo (Irrläufer) zum Schiff zurück. Im Schwarzen Meer streiften U-Boot-Torpedos beim Erproben der Torpedorohre manchmal den Spritzwasserschutz.

Zu guter Letzt sind die Programme abgearbeitet, mit den erforderlichen Ergänzungen vervollständigt und die Schiffe komplexer geprüft worden. Die Kommission konnte den Schiffen dadurch eine objektive und allseitige Einschätzung geben. Die Ständige Kommission hatte jederzeit die Übersicht, welche Werft auf hohem technischem Niveau arbeitete und welche Termine nicht hielt und qualitätsmindernd arbeitete. Das Flottenkommando und die Leitung der Schiffbauindustrie reagierten im allgemeinen schnell auf die Berichte der Ständigen Kommission. Daraufhin ist das Baugeschehen beschleunigt, die Herstellungsqualität und die Organisation der Abnahme und Übergabe von Schiffen sowie deren Technik verbessert worden. Man kann begründet sagen, daß die Ständige Kommission eine progressive Rolle bei der Entwicklung des sowjetischen Kriegsschiffbaus spielte. Die Schiffe, die allseitig von den staatlichen Kommissionen geprüft wurden, wiesen eine hohe Gefechtsbereitschaft und Zuverlässigkeit der Waffen und Anlagen auf.

Die 1939 auf der Ostsee abgenommenen Zerstörer STEREGUSTSCHI, das Minenabwehrschiff KRAMBOL, die U-Boote S-4, S-5 und S-6 traten sofort nach der Erprobung in Kampfhandlungen im Sowjetisch-Finnischen Krieg ein. Der Zerstörer GROSJASTSCHI (Kommandant: Korvettenkapitän *K. K. Tscheremchin*) nahm am Artillerieangriff auf die Insel Ute teil, und das Küstenschutzschiff PURGA (Kommandant: Oberleutnant *W. N. Filippow*) gab der Landungsoperation auf der Insel Lawensari Artillerieunterstützung. Auf den Seewasserstraßen waren die U-Boote der 2. Brigade aktiv, die 1939 unter dem Befehl von Kapitän zur See *D. M. Kosmin* stand. Alle drei Kommandeure dienten später längere Zeit in der Ständigen Kommission. Es sollte bemerkt werden, daß mit Beginn der Kriegshandlungen auf der Ostsee sich die Prüfbedingungen verschlechtert hatten. Nachtfahrten waren verboten. Große Kriegsschiffe durften sich nur hinter Räumfahrzeugen bewegen. Die zeitige Vereisung der See 1939 erschwerte zusätzlich die Erprobungen. Trotz der aufgeführten Erschwernisse konnte die Ständige Kommission qualitäts- und termingerechte Prüfungen sowie Übergaben der Kriegsschiffe absichern. Allein im Zeitraum von 1938 bis 1940 erhielt die Flotte 265 neue Kriegsschiffe verschiedener Klassen.

Im Dezember 1937 entstand das Volkskommissariat für die Seekriegsflotte. Seit April 1939 war der Flottenbefehlshaber, Kapitän zur See *N. G. Kusnezow*, Volkskommissar, der eine solide Ausbildung auf den Schiffen durchlaufen und Kriegserfahrungen in Spanien gesammelt hatte.

Infolge der erfolgreichen Realisierung der Schiffbauprogramme hatte die Seekriegsflotte zu Beginn des Großen Vaterländischen Krieges ungefähr 1 000 Kriegsschiffe und Fahrzeuge, darunter drei Schlachtschiffe, sieben Leichte Kreuzer,

59 Zerstörer und Zerstörerführer, 27 Küstenschutzschiffe, 80 Räumfahrzeuge, 212 U-Boote und 269 Torpedoboote.

«Der Krieg überraschte die Flotte nicht», schrieb Flottenadmiral der Sowjetunion *S. G. Gorschkow.* «Die Kriegsschiffe, Truppenteile und Verbände der Flotte sind rechtzeitig in volle Gefechtsbereitschaft versetzt worden und schlugen organisiert die ersten feindlichen Angriffe zurück, wobei sie kein einziges Kampfschiff und Flugzeug verloren.» [45, S. 18]

Im eingeschlossenen Leningrad

Anfang des Großen Vaterländischen Krieges befanden sich insgesamt 221 Kriegsschiffe auf den Werften der Sowjetunion im Bau, darunter drei Schlachtschiffe, zwei Schwere und zehn Leichte Kreuzer, 45 Zerstörer und 95 U-Boote. Der Krieg unterbrach den Bauablauf. Im Zusammenhang mit dem Vordringen des Feindes in Richtung Leningrad und in den Süden des Landes und anderweitiger Aufträge für die Werften ging der Schiffbau einschneidend zurück. Entsprechend einer Abstimmung des Flottenkommandos mit der Schiffbauindustrie beschränkten sich die Werften hauptsächlich auf die Herstellung von U-Booten und etwas später von Minenabwehrschiffen.

Die Schiffe mittlerer Wasserverdrängung mit einem fortgeschrittenen Festigungsgrad sind aus den vom Feind bedrohten Werften in andere Landesteile zur Absolvierung der Abnahmeprüfungen übergeführt worden. Auf der Ostsee wurden zu Kriegsbeginn die Zerstörer STATNY, STRASCHNY und SWIREPY erprobt. Auf den beiden letztgenannten Schiffen waren die See-Erprobungen der meisten Waffen und Anlagen schon mit befriedigenden Ergebnissen abgeschlossen worden. Aufgrund des Kriegszustandes beschloß das Kommando am 23. Juni, die Erprobungen dieser Zerstörer zu beenden und auf ihnen die Seekriegsflagge zu hissen.

Die STATNY stellte man der Ständigen Kommission zu den Abnahmeprüfungen am 18. Juni vor. In den drei Vorkriegstagen konnten teilweise die Hauptmaschinen überprüft und das Artillerie- sowie Torpedoschießen erprobt werden. Jedoch wurden viele Punkte des Programms nicht erfüllt. Die Kommission setzte die Erprobungen bis zum 27. Juni 1941 fort, und dann wurde das Schiff in Dienst der Baltischen Rotbannerflotte gestellt. An diesem Tage erhielten die baltischen U-Boot-Kräfte das Prototyp-U-Boot Stsch-406 der neuen Serie.

Auf Beschluß der Staatlichen Verteidigungskomitees vom 10. Juli 1941 wurde der Bau der Schlachtschiffe vom Typ «Sowjetski Sojus», aller Kreuzer und ein Teil der Zerstörer und U-Boote mit einem niedrigen Fertigstellungsgrad eingestellt. Infolge der Anstrengungen der Industrie konnte die Ständige Kommission in den ersten Kriegsmonaten an die Flotte sechs Zerstörer, fünf U-Boote und mehrere andere Kampfschiffe und -boote übergeben. Im Zeitraum Juli/August 1941 prüfte und nahm man von der Schiffbauindustrie ungefähr 30 kleine U-Jäger und TS-Boote ab.

Nach einem verkürzten Erprobungsprogramm wurde der Zerstörer SKORY von der Ständigen Kommission abgenommen. Einige U-Boote wurden auf Flüssen ins Landesinnere zum Abschluß des Baus und zu den Erprobungen übergeführt, wo man eigens dafür Abnahmestützpunkte eingerichtet hatte.

Die fast fertigen Zerstörer STROGI und STROINY sind auf Befehl des Militärrates der Leningrader Front in der Nacht zum 21. August auf eine Artillerieposition im Gebiet der Nowo-Saratower Kolonie gegenüber Ust-Ishora beordert worden. Unter Einbeziehung der Schiffsbesatzung wurden vorrangig die Arbeiten abgeschlossen, die die Geschütze und Feuerleitanlagen in Einsatzbereitschaft versetzten. Es waren keine Werkzeuge, Vorrichtungen und Druckluft vorhanden, es mangelte an Elektroenergie. Aber trotzdem konnte unglaublich schnell bei den ständigen Bomben- und Artillerieangriffen das Schiff in Betrieb genommen werden. Die Hauptkaliber- und Fla-Geschütze mußten gleich im Gefecht mit dem Feind geprüft werden.

Die Indienststellung der STROGI und STROINY in die Newa-Schiffsabteilung der Baltischen Flotte war offiziell am 31. August 1941. In jenen schweren Tagen kommandierten Fregattenkapitän *F. F. Tyrschklewitsch* und Korvettenkapitän *A. N. Gordejew* die beiden Kriegsschiffe.

Die turbinengetriebenen Räumfahrzeuge WLADIMIR POLUCHIN und WASILI GROMOW sind ebenfalls unter Feindfeuer erprobt worden. Anfang September 1942 erhielt der Kommandant der WLADIMIR POLUCHIN, Kapitänleutnant *S. W. Pankow*, den Befehl, den Kirchturm der Peterhofer Kirche zu beschießen, auf dem sich feindliche Beobachter und Artillerieposten eingenistet hatten. Die so erprobten Geschütze erhielten eine gute Bewertung. Unter diesen schwierigen Bedingungen konnte das gesamte Prüfprogramm erfolgreich erfüllt werden. Die Räumkräfte der Flotte erhielten somit vollwertige Minenabwehrschiffe.

1942 wurde die Erprobung der neuen und reparierten Schiffe im eingeschlossenen Leningrad ständig komplizierter. Es fehlten Seegebiete für die Fahrerprobungen. Die Prüfer und Abgabeingenieure fanden jedoch verschiedene Auswege. So erprobten sie das Küstenschutzschiff TAIFUN nach der Generalreparatur auf der Newa zwischen der Wolodarsker und Finnländischen Eisenbahnbrücke. Wie sollte aber bei diesen begrenzten Verhältnissen die Höchstgeschwindigkeit bei Vollastbetrieb beider Turbinen überprüft werden? Und auch hier fanden sie eine Lösung. Die Abnahmekommission prüfte jede Turbine einzeln und rechnete die Ergebnisse auf einen Zweiturbinenbetrieb um. Das Schiff absolvierte das verkürzte Programm erfolgreich und wurde im August 1942 in Dienst gestellt. Das Küstenschutzschiff JASTREB konnte trotz der Frontstadtbedingungen nach vollständigem Programm geprüft und an die Flotte mit einer hohen Einsatzbereitschaft übergeben werden.

Die Leningrader Schiffbauer erfüllten den Auftrag zum Bau von mehr als 65 TS-Booten und kleinen U-Jagd-Booten ehrenvoll. Kurzfristig konnten kleine gepanzerte U-Jagd-Boote projektiert und hergestellt werden. Den Bau dieser Boote beaufsichtigte Fregattenkapitän *A. N. Dontschenko*, der 1939 die Schiffbaufakultät der

Das Küstenschutzschiff JASTREB hat vor Anker liegend kleinen Flaggenschmuck gesetzt

Kleine gepanzerte U-Jagd-Boote vor den See-Erprobungen im «Päckchen» liegend

Seekriegsakademie abgeschlossen hatte. Im November 1942 liefen die gepanzerten U-Jagd-Boote zu den Abnahmen aus. Wegen der Eisverhältnisse im Finnischen Meerbusen konnten die Erprobungen zwar nicht im vollen Umfang absolviert werden, aber die ersten Ergebnisse verwiesen schon auf die hohe Qualität der Boote. Nicht ohne Grund wurden sie von den Seeleuten als «kleine Kanonenboote» bezeichnet. Im Sommer 1943 schloß man die ungekürzten Abnahmeprüfungen ab (Wasserverdrängung 61 t, Geschwindigkeit 23 kn, Panzerung 12 mm; Bewaffnung: 1× 37-mm-Geschütz – Automatik –, 1_2× 12,7-mm-MG, 16 Wasserbomben, einige Boote waren mit Geschoßwerfern ausgerüstet). Die U-Jagd-Boote waren hauptsächlich für Kampfhandlungen in den Schären der Ostsee und zur Feuerunterstützung der Landstreitkräfte vorgesehen. Man setzte sie außerdem zum Vorpostendienst, zum Geleitschutz von Frachtern und zum Truppen- sowie Techniktransport ein.

Für den Ladogasee bauten die Leningrader Werftarbeiter Trockenfrachtkähne mit einer Tragfähigkeit von 900 t. Der erste Kahn wurde im Frühjahr 1942 in der Rekordzeit von nur 20 Tagen hergestellt. Die Seeleute der Ladoga-Flottille prüften die Kähne im direkten Einsatz mit der Überführung von Frachten zwischen dem Ostufer im Gebiet der Siedlung Kobona und der Bucht Osinowez am Westufer des Ladogasees.

Auf den Kronstädter und Leningrader Werften wurden auch kleine Schiffe gebaut, wie Tender und Brückenboote mit einer Wasserverdrängung von 15 bis 25 t. Allein 1942 leitete *B. W. Plisow* den Bau von 118 Tendern. Sie transportierten praktisch unter beliebigen Wetterverhältnissen Menschen und Frachten auf der 30 km langen Route Kobona – Osinowez und legten dabei Nebelwände zum Schutz vor feindlichen Luftangriffen. Die Tenderabteilung der Ladoga-Flottille stand unter dem Befehl von Kapitän zur See *F. L. Jurkowski*. In der gleichen Flottille waren auch Kanonenboote erfolgreich im Einsatz, die von den Leningrader Schiffbauern und Kronstädter Werkstätten aus Frachtschuten gebaut wurden.

Eine der wichtigsten Aufgaben für die Leningrader Schiffbauer und baltischen Seeleute war die Reparatur der beschädigten Kriegsschiffe. Die Reparaturarbeiten mußten im allgemeinen unter feindlichen Artillerie- und Bombenangriffen ausgeführt werden. Häufig erhielten dadurch die Schiffe im Reparaturwerk größere Beschädigungen als in den Gefechten. Trotzdem mobilisierten die Werftarbeiter und Seeleute alle Kräfte, damit die Kriegsschiffe termingerecht ihren Gefechtsdienst erneut aufnehmen konnten. «Wir setzten die Arbeiten tags, nachts und sogar unter feindlichem Artilleriefeuer fort», sagte der Veteran des Shdanow-Werkes, der Schiffkonstrukteur *O. F. Jakob*.

Die reparierten Schiffe wurden in der Regel von ihren Besatzungen unter Aufsicht von Vertretern des Schiffbauamtes erprobt und abgenommen. Nach 43tägiger Reparatur (Ansetzen eines neuen Bugs für den von einer Mine abgerissenen) lief am 10. August 1941 der Kreuzer MAXIM GORKI unter Kapitän zur See *A. N. Petrow* zu den See-Erprobungen aus.

Die Zerstörerführer MINSK und LENINGRAD, das U-Boot M-90 und viele andere Kriegsschiffe durchliefen nach der Reparatur die vorgeschriebenen Erpro-

Ein Bunker, aus besonderem Schiffsstahl gebaut

bungen. Die Vertreter des Schiffbauamtes der Seekriegsflotte in Leningrad unter Leitung von Konteradmiral *A. A. Jakimow* nutzten eine originelle Lösung zur Erprobung der U-Boot-Hauptantriebsmotoren mit voller Last. Dipl.-Ing. *J. S. Martyntschuk* schlug vor, die U-Boote mit dem Bug in einer speziellen Vorrichtung aus Metall und Holz im Hafenbecken der Werft zu haltern und die Diesel mit voller Kraft laufen zu lassen. Zur Erhöhung der Kursstabilität wurden dabei am U-Boot-Heck kleine Anker ausgebracht.

Aus Qualitätsstahl bauten die Leningrader Werften starke Bunker. Die Operativgruppe zum Aufbau eines Verteidigungsgürtels aus 7000 «Schiffs»-Bunkern leitete Kapitänleutnant *P. G. Kotow* (später Admiral und Stellvertreter des Oberkommandierenden der Seekriegsflotte).

Die Ständige Kommission wurde im September 1941 nach Uljanowsk verlegt und beschäftigte sich vorrangig mit der Erprobung von im Ausbau befindlichen Kriegsschiffen im Kaspischen Meer und in den südlichen Häfen des Schwarzen Meeres, wo sich Abnahmestützpunkte befanden. Seit 1942 leitete Konteradmiral *W. F. Sajaz* die Kommission, der 1927 Kommandant des Zerstörers LENIN war und 1932 den Kreuzer KRASNY KAWKAS und ab 1937 die Kreuzerbrigade im Schwarzen Meer befehligte und danach die rückwärtigen Dienste der Schwarzmeerflotte.

Im Schwarzen und Kaspischen Meer

Anfang des Krieges befanden sich auf den südlichen Werften 30 Überwasser-Kriegsschiffe und mehr als zehn U-Boote im Bau: die Kreuzer FRUNSE und KUIBYSCHEW, die Zerstörerführer KIEW und JEREWAN, die Zerstörer SOWERSCHENNY und SWOBODNY, das Minenabwehrschiff Nr. 453, die U-Boote L-23 (Prototyp), L-24, M-117, M-118, M-120, Stsch-216, S-35 und zwölf TS-Boote.

Den Faschisten gelang es nicht, ein einziges kampffähiges Kriegsschiff zu erobern – nicht auf der Fahrt, nicht auf dem Stapel. Die Werften waren gesprengt und die Anlagen und Werkbänke ins Hinterland transportiert worden, damit einher ging die Evakuierung eines Großteils der Arbeiter und des ingenieurtechnischen Personals. Sie mußten die Schiffe in neu eingerichteten, wenig ausgerüsteten Werften ausbauen und reparieren sowie sie in anderen Seegebieten erproben.

Einige Kriegsschiffe durchliefen die Werks- und staatlichen Prüfungen entlang der Krimküste, meist allerdings nach verkürztem Programm. So z. B. kürzte man wegen den Kriegsbedingungen die Werkserprobung des Zerstörers BYSTRY, um ihn so schnell als möglich zur staatlichen Abnahme vorstellen zu können, die dann auch nur zehn Tage dauerte. Die BYSTRY nahm nach der Unterzeichnung der Abnahmeurkunde ihren Dienst in der Schwarzmeerflotte auf. Allerdings lief sie schon im Juli 1941 auf eine Mine und sank.

Das entsprechend dem staatlichen Prüfprogramm für den 22. Juni 1941 vorgesehene Auslaufen der U-Boote M-111, M-112 und M-113 fand aufgrund des Kriegsbeginns nicht statt. Das Flottenkommando hatte beschlossen, die Erprobungen ohne Auslaufen in See an der Anlegestelle in der Bucht zu vollenden, und Anfang Juli konnten die Abnahmeurkunden unterschrieben werden. Die Standerprobungen der U-Boote M-117, M-118 und M-120 führte man noch am ersten Kriegstag durch. Im Juli liefen die fast fertiggestellten U-Boote in Sewastopol ein, und von dort fuhren sie nach Otschamtschiri weiter. Nach ihrer Indienststellung am 28. Oktober 1941 fuhren sie viele Gefechtseinsätze, darunter Versorgungsfahrten in das eingeschlossene Sewastopol.

Mit eigener Kraft lief das fast fertige U-Boot L-23 am 10. Juli 1941 nach Sewastopol, wo die Geschütze montiert wurden und die Munition an Bord kam. Alle Anlagen waren zwar installiert, jedoch nicht erprobt worden. Am Bord befand sich damals auch die Übergabegruppe. Das U-Boot wurde nach Beendigung dieser Arbeiten vor der Kaukasusküste erprobt und im Oktober 1941 in die Schwarzmeerflotte eingegliedert. Nachdem es sich siebenmal in das eingeschlossenen Sewastopol durchgekämpft hatte, sank es im Januar 1944 im Gebiet Tarchankut mit der gesamten Besatzung und dem Kommandeur der U-Boot-Brigade, Kapitän zur See *A. A. Krestowski*.

Die L-24 lief als letztes Boot und ohne Akkumulatoren aus. Außerdem konnte die Montage einiger Hilfssysteme nicht abgeschlossen werden, weshalb das Flottenkommando beschloß, das U-Boot in der Überwasserlage nach Sewastopol zu überführen. Das Boot kommandierte der Held der Sowjetunion, Fregattenkapitän *I. A. Burmistrow*. Beim Auslaufen wurde es von feindlicher Artillerie beschossen, und im Gebiet Kap Tarchankut geriet die L-24 in einen starken Sturm. Durch die nicht vollständig verschlossenen Nietlöcher der Verschlußplatten über den Diesel- und Elektromotorabteilungen drang Wasser ein und beeinträchtigte den Betrieb mehrerer Anlagen. Das U-Boot schaffte es jedoch bis Sewastopol, wurde dann im Gebiet Poti erprobt und nach vollständiger Ausrüstung im April 1942 an die Flotte übergeben.

Im nach Sewastopol geschleppten U-Boot S-35 sind mehrere Dutzend Tonnen Buntmetall transportiert worden, die die Sewastopoler Werft zur Reparatur und Wiederherstellung von Schiffen dringend benötigte. Die Überfahrt verlief problematisch, da im Gebiet Otschakow der Schlepper auf eine Mine lief und sank. Der sich in der Nähe befindliche Tanker MOSKWA nahm die S-35 daraufhin bis nach Sewastopol in Schlepp.

Das Schicksal der nicht fertiggestellten Überwasserkampfschiffe, die mit eigener Kraft ausliefen oder geschleppt wurden, war vielgestaltig. Ohne abgeschlossene Standerprobungen lief auch der Zerstörer SWOBODNY von den Werftkais ab. Die Maschinenanlagen arbeiteten unregelmäßig. Man fand heraus, daß das Kesselwasser stark salzhaltig war, denn die Seewasserentsalzungsanlage war zu leistungsschwach. Nur dank dem selbstlosen Einsatz der Übergabemannschaft erreichte das Kriegsschiff Sewastopol. Einige Monate später durchlief die SWOBODNY erfolgreich die Prüfungen und wurde der Flotte übergeben.

Der Zerstörer hatte aber nur eine kurze Einsatzzeit. Im Juni 1942 gab die SWOBODNY dem Verwundetentransporter ABCHASIJA von Noworossisk bis Sewastopol Geleitschutz. Beim Entladen von Munition und Lebensmitteln in der Korabel-Bucht war der Zerstörer starken Fliegerangriffen ausgesetzt, die die Besatzung standhaft abwehrte, und sie bekämpfte mit dem Hauptkaliber Truppenansammlungen am Bahnhof Mekensiewy Gory. Bei den Fliegerangriffen wurden über 100 Bomben auf die SWOBODNY abgeworfen, wovon neun trafen. Die am Leben gebliebenen Seeleute kämpften bis zuletzt um die Erhaltung des Schiffes, und nach seinem Untergang, die ABCHASIJA sank ebenfalls, schlossen sie sich den Verteidigern Sewastopols an. Die Heldentat der SWOBODNY-Besatzung ist im Denkmal auf dem Kap Pawlow in der Südbucht verewigt.

Der Zerstörer SOWERSCHENNY wurde im September 1941 der staatlichen Abnahmekommission vorgestellt. Da lange Zeit die Projektgeschwindigkeit nicht erreicht werden konnte, waren mehrere Erprobungen in der Meßmeile erforderlich, wobei der Zerstörer am 30. September auf eine Mine lief, viele Arbeiter und Seeleute kamen dabei um. Der Zerstörer wurde in die Kasatscher Bucht Sewastopols geschleppt und eingedockt. Wegen der damals nicht zu behebenden schweren Beschädigungen beschloß man, das Kriegsschiff nicht zu reparieren. Die Geschütze sind demontiert und auf dem Malachower Hügel aufgestellt worden.

Die im Bau befindlichen Kreuzer wurden im Krieg nicht weiter ausgerüstet. Der Rumpf des Kreuzers FRUNSE war nacheinander in Sewastopol, Tuapse und Poti, während sein Achterschiff für die Raparatur des beschädigten Kreuzers MOLO-

TOW verwendet worden ist. Es war zwar etwas breiter und höher als das Heck der MOLOTOW, aber die Schiffbauer paßten jenes so gut an, daß der Kreuzer mit einem fremden Heck auf den Fahrtprüfungen im Mai 1943 die Projektgeschwindigkeit erreichte. Über diese außergewöhnliche Reparatur schrieb der ehemalige Direktor der Sewastopoler Werft «Sergo Ordshonikidse», *M. N. Surgutschew*, in seinen Erinnerungen: «Das Schiff sah wie ein neues aus. Ein unerfahrenes Auge konnte schwer die ‹Transplantation› eines fremden Hecks ausmachen. Darauf verwies höchstens das etwas angehobene Überdeck.» [46]

In den schweren Kriegsjahren ist auch der neue Prototypzerstörer OGNEWOI fertiggestellt und abgenommen worden, den man 1937/38 entwickelt hatte (Wasserverdrängung 2600 t, Länge 117 m, Breite 11 m, Geschwindigkeit 36 kn; Bewaffnung: $2_2\times$ 130-mm-Geschütze, $2_3\times$ 533-mm-TR, Fla-Waffen, Wasserbombenwerfer, Wasserbomben; hydroakustische Anlagen). Am Ausbau der OGNEWOI beteiligte sich die Besatzung unter Leitung des Kommandanten, Fregattenkapitän *P. A. Bobrownikow*. Alle taktisch-technischen Daten des Schiffes sowie Parameter der Bewaffnung und Anlagen wurden auf das geforderte Niveau gebracht. Auf dem Schiff war die Funkmeßanlage «Redan-2» zur Feuerleitung der Hauptkalibergeschütze und Fla-Waffen installiert.

Die Erprobung neuer und reparierter Schiffe gestaltete sich im Krieg äußerst schwierig, da es ständige Erprobungsgebiete dafür nicht gab. Die Schiffe prüfte man dort, wo zu diesem Zeitpunkt eine Feindberührung am unwahrscheinlichsten war. Das schloß jedoch die Minengefahr nicht aus, und es fehlte an Sicherungskräften. Der große Kriegsschiffbedarf der Flotte bedingte äußerst kurze Erprobungszeiten. Diese komplizierte Aufgabe löste die Ständige Kommission durch eine notwendige Vereinigung der staatlichen (Abnahme-) und Werkserprobung sowie Kürzung des Überprüfungsumfangs. Der Bewaffnung und Standkraft wurde dabei die Hauptaufmerksamkeit gewidmet. «Der Kampfschiffbau während des Krieges gestaltete sich äußerst kompliziert. Es mangelte an Produktionskapazitäten, Metall und Energie. Und trotz dieser Hemmnisse erhielt die Flotte weiterhin neue Kriegsschiffe. Im Zeitraum von 1942 bis 1944 sind von der Industrie zwei Leichte Kreuzer, sechs Zerstörer und Küstenschutzschiffe, 29 U-Boote, über 450 kleine Kampfboote und viele andere Schiffe und schwimmenden Mittel übernommen worden.» [42, S. 315]

Die Schiffbau- und Abnahmestützpunkte im Kaspischen Meer, wohin die Kriegsschiffe auf den Flüssen übergeführt wurden, erwiesen sich als sehr effektiv. In Baku durchliefen die großen U-Jäger die Erprobungen (Bewaffnung: 2× 85-mm-Geschütze, 2 sMGs, große Wasserbomben, 1 Wasserbombenwerfer – Heck). Die U-Jäger wollte man zur Sicherung vor Luftangriffen für Tanker auf den Routen Baku–Krasnowodsk–Astrachan einsetzen. Die 85-mm-Geschütze konnten jedoch wegen ihres zu geringen Erhöhungswinkels Flugzeuge nicht bekämpfen, und die Maschinengewehre waren dafür zu uneffektiv. Auf Vorschlag der Beauftragten der Ständigen Kommission, *B. W. Nikitin* und *N. E. Chawin*, die die Erprobungen der U-Jäger durchführten, wurde die Artilleriebewaffnung dieser Schiffe mit einer automatischen 37-mm-Fla-Waffe und einem sMG verstärkt. Vier U-Jäger der Kaspischen Flottille gaben den Tankschiffen auf dem Kaspischen Meer und der Wolga erfolgreich Geleitschutz und beteiligten sich später im Verband der Wolshsker Flottille an der Stalingrader Schlacht.

Ende 1942 sind die Standerprobungen und staatlichen Prüfungen der kleinen U-Boote M-200 (Prototyp, erhielt später den Namen MEST) und M-201 abgeschlossen worden. Die Abnahmeurkunden unterschrieb die staatliche Kommission im Frühjahr 1943. Außer den kleinen U-Booten erhielt die Flotte die mittleren U-Boote S-15, S-103 und S-104 und Mitte 1944 die S-16, S-19 sowie das kleine U-Boot M-202. Diese U-Boote sind im Kaspischen Meer ausgerüstet und anschließend in die Nordflotte übergeführt worden, in der sie noch während des Krieges zum Einsatz kamen. Später erhielt die Flotte die U-Boote M-203, S-18, S-21 und S-22. Die Fertigstellung dieser Schiffe beaufsichtigte eine Offiziersgruppe unter Leitung von *N. I. Beresin* und *N. I. Rybakow*. Die Bewaffnung und Anlagen der Kriegsschiffe sind entsprechend den Standerprobungsprogrammen abgenommen worden.

In den Kriegsjahren erhielt die Flotte insgesamt zwei Leichte Kreuzer, 54 U-Boote (vier Typ K, fünf Typ L, 16 Typ S, sieben Typ Stsch und 22 Typ M), 15 große U-Jäger vom Typ «Artillerist», Zerstörer, Räumfahrzeuge, Küstenschutzschiffe und Monitore und mehr als 870 Kampfboote.

Abnahme der Lend-Lease-Schiffe

Im zweiten Weltkrieg ist vom Kongreß der USA der Lend-Lease-Act (Leih- und Pachtgesetz) angenommen worden, der den amerikanischen Präsidenten die Vollmacht einräumte, «jedem Staat, dessen Verteidigung er als lebenswichtig für die Verteidigung der Vereinigten Staaten ansieht», Kriegsgeräte zu leihen, zu verpachten oder auf andere Weise zur Verfügung zu stellen. Das Lend-Lease-Gesetz räumte ein, daß die im Krieg eingesetzten oder verlorengegangenen militärischen Materialien nach Kriegsende nicht bezahlt werden brauchten. Es sollte bemerkt werden, daß die Annahme des Lend-Lease-Gesetzes vorrangig die eigenen Ziele verfolgte, sich von fremden Händen schützen und verteidigen zu lassen und maximal die eigenen Kräfte zu schonen. Außerdem kurbelten die Lend-Lease-Lieferungen die amerikanische Wirtschaft an und verhalfen den Monopolen zu profitablen Staatsaufträgen.

Die Sowjetunion erhielt über Lend-Lease von den USA und Großbritannien in den Jahren 1942 bis 1945 Flugzeuge, Panzer, Schiffe, Kraftwagen, Munition und Lebensmittel. Heute verbreiten bürgerliche Historiker unter Verfälschung der wahren Sachverhalte die Version, daß die Sowjetunion ihren Sieg über das faschistische Deutschland in starkem Maße diesen Lieferungen verdankt. Sie verschweigen, daß gerade das sowjetische Volk und seine Streitkräfte die Hauptlast des Krieges zu tragen hatten und ihnen die entscheidende Rolle bei der Zerschlagung des Faschismus zukam. Die vielen Anerkennungen der Führer von Staaten der Antihitlerkoalition, die das Bündnis mit der Sowjetunion im Krieg hoch schätzten, sind offensichtlich vergessen. So äußerte der Präsident der USA *F. Roosevelt*: «Im Lauf vieler Monate, ungeachtet der riesengroßen Verluste von Materialien, Transportmitteln und Territorien, verhinderte die Rote Armee den Sieg des mächtigsten Feindes ... Ich entbiete dem russischen Volk meine Hochachtung, in dem die Rote Armee ihre Wurzeln hat und aus dem sie Leute erhält und von dem sie versorgt wird ... Der Roten Armee und dem Volk der Sowjetunion gebührt ewig Ehre und Ruhm.» [47]

Trotz der komplizierten Lage in der ersten Kriegsperiode bewältigte die Sowjetunion die entstandenen Schwierigkeiten hauptsächlich mit eigenen Kräften. Die Lend-Lease-Lieferungen hatten keine wesentliche Bedeutung. Der Anteil der von der UdSSR erhaltenen Lend-Lease-Waren und -Materialien überschritt nicht 4 % der sowjetischen Industrieproduktion während des Krieges. Interessante Ziffern führte der englische Schriftsteller *A. Wert* in seinem Buch «Rußland im Krieg 1941–1945» an: «Im Zeitraum vom 22. Juni 1941 bis 30. April 1944 schickten die USA der Sowjetunion 10 Minenabwehrschiffe und 12 Kanonenboote.»

Großbritannien lieferte der UdSSR im gleichen Zeitabschnitt zwölf Minenabwehrschiffe. Es ist klar, daß solch eine von den Verbündeten gelieferte Schiffsanzahl keinen wesentlichen Beitrag zur Erhöhung der Kampfkraft der sowjetischen Seekriegsflotte beisteuern konnte. Mehrere Schiffe verschiedener Klassen, Fregatten, Räumfahrzeuge, große U-Jäger, TS-Boote, Schlepper, lieferten die USA der Sowjetunion im Jahre 1945 über Lend-Lease auf der Grundlage der Beschlüsse von Jalta. Diese Kriegsschiffe waren vorrangig für die Pazifikflotte vorgesehen. Für ihre Abnahme wurden spezielle Besatzungen gebildet.

Im Jahre 1945 war einer der Buchautoren an den Erprobungen und der Abnahme eines Minenabwehrschiffes vom Typ YMC in den USA beteiligt. Der Dampfer TOBOL, mit der speziellen Abnahmemannschaft an Bord, fuhr Anfang Juli aus Wladiwostok ab. Die Route erschien etwas ungewöhnlich. Der kürzeste Weg durch die La-Pérouse-Straße war nicht gefahrlos. Einige Tage vor dem Auslaufen der TOBOL hatte in diesem Gebiet ein japanisches U-Boot das sowjetische Handelsschiff TRANSBALT versenkt. Aus diesem Grunde fuhr die TOBOL durch den Tatarensund westlich von Sachalin entlang.

Zwei Wochen später legte der Dampfer am Kai des amerikanischen Flottenstützpunktes Cold Bay auf der Halbinsel Alaska an. Dort befand sich schon eine Gruppe sowjetischer Offiziere, *B. W. Nikitin*, *P. A. Faworow*, *T. N. Banin*, *K. P. Sergejew*, *W. T. Arutjunjan* und *I. A. Nikolajew*, zur Unterstützung der speziellen Besatzungen für die Erprobung und Abnahme der Schiffe. Alle abgenommenen und noch abzunehmenden Kriegsschiffe sind in die Sonderabteilung unter Konteradmiral *B. D. Popow* eingegliedert worden. Der Stabschef war Kapitän zur See *E. M. Simonow*.

Das für unsere spezielle Gruppe unter Leitung von *L. T. Kaljakin* vorgesehene Minenabwehrschiff traf erst einen halben Monat später ein. Auf dem Schiff waren ein Räumgerät mit Schneidgreifern vom Typ «Oropesa», ein kontaktloses elektromagnetisches Fernräumgerät, ein herunterklappbares akustisches Spierenräumgerät und ein akustisches Schleppräumgerät in Form von zwei im Wasser aufeinanderschlagenden Metallrohren. Dieser Räumkomplex gewährleistete das Räumen von Ankertau- und Grundminen verschiedener Zündprinzipien. Das elektromagnetische Räumgerät ist von einer gesonderten Anlage gesteuert worden, die den vorgegebenen Elektrospeisezyklus für das Räumgerät von einem speziellen Dieselgenerator mit einer Leistung von 540 kW absicherte.

Die Artillerie des Minenabwehrschiffes bestand aus einem 76,2-mm-Geschütz, zwei 20-mm-Geschützen Typ «Oerlikon» und zwei 12,7-mm-MGs Typ «Browning-Colt», die nach der Ankunft in der UdSSR aufgrund geringer Qualität demontiert wurden. Zur U-Boot-Ortung war auf dem Schiff eine hydroakustische Anlage vom Typ WEA-1 installiert. Zu den U-Boot-Abwehrwaffen gehörten zwei Ablaufgerüste am Heck, zwei Wasserbombenwerfer und 20 Wasserbomben.

Die Radaranlage SO-1 konnte Überwasser- und Luftziele orten, und das Kennungsgerät ABK und die Freund-Feind-Kennanlage BN erlaubten, die Landeszugehörigkeit des Zieles zu ermitteln. Die Navigationstechnik umfaßte einen Kreiselkompaß, zwei Magnetkompasse, Echolot, Log, Funkpeiler, Sextant, Chronometer und andere Geräte.

Anfang August trafen in Cold Bay zwei Minenabwehrschiffe mit den Bordnummern 285 und 287 zur Übergabe an zwei sowjetische Besatzungen ein. Das erste Schiff lief am 5. August 1945 erstmalig zu den Abnahmeprüfungen aus. Die sowjetischen Offiziere und Matrosen waren auf die Befehls- und Gefechtsstände zur Beaufsichtigung des Betriebes der Maschinen und Anlagen verteilt, die die amerikanischen Spezialisten bedienten. An Bord befanden sich zwei amerikanische und ein sowjetischer Dolmetscher. Befehlshaber von sowjetischer Seite war der Kommandeur der Räumdivision, Kapitänleutnant *A. K. Scheweljew*. Auf dem Schiff war weiterhin Kapitän zu See *Nikitin* anwesend, der Vertreter Abnahmegruppe, die zusammen mit der Schiffsleitung und amerikanischen Offizieren des Stützpunktstabes die Prüfprogramme, die Tageserprobungspläne, die Schieß- und Sicherungsaufgaben sowie andere für die Erprobungen wichtige Dokumente ausarbeitete.

Auf der ersten Fahrt wurden die Manöverelemente des Schiffes mit und ohne Räumgerät überprüft. In der Meßmeile wurden die Geschwindigkeiten bei verschiedenen Maschinenbetriebsregimen ermittelt, des weiteren die Logkorrektur, die Stoppstrecke und der Drehkreisdurchmesser. In den Grenzen des Erprobungsgebietes ist auch das Echolot getestet worden, wobei man bei geringeren Wassertiefen das Lot warf und die Ergebnisse mit den Echolotmessungen verglich.

Der Navigationsoffizier und der Elektriker prüften den Kreiselkompaß besonders sorgfältig. Der stabile Kompaßbetrieb wurde bei komplizierten Manövern mit scharfen Wendungen und verschiedenen Ruderlagen kontrolliert. Gleichzeitig prüfte man die Ruder von der Brücke innen und vom Havarieleitstand aus.

Zur Überprüfung der Ankeranlage wählte man eine Wassertiefe, bei der das Ankern mit fast vollständig gesteckter Ankerkette noch möglich war. Es wurden die Ankerkettenstopper und beim Hieven des Ankers die Stromaufnahme des Elektromotors der Ankerwinde kontrolliert.

Auf der zweiten Fahrt fand das Artillerieschießen statt. Man gab mehrere

Schüsse aus den 76,2-mm- und zwei bis drei Feuerstöße aus den automatischen 20-mm-Geschützen und aus den MGs ab. Die US-amerikanische Besatzung eilte mit den Prüfungen und der Schiffsübergabe. Deshalb sind viele Tests und Überprüfungen vereinfacht realisiert worden. So wurden die hydroakustische Ortungsstation nicht mit einem U-Boot und die aktive Unterwasserschallortungsanlage nur bei Sendebetrieb im Wasser geprüft. Der Hydroakustiker *Ganshin* erhielt etwas später einige Echosignale von einer nicht weit von uns liegenden amerikanischen Fregatte, die die Funktionstüchtigkeit der Unterwasserschallortungsanlage bestätigten. Die gesamte Funktechnik ist dann ebenfalls noch getestet worden.

Die U-Boot-Abwehrwaffen und Räumgeräte wurden an den letzten Tagen erprobt. An der tiefsten Stelle des Übungsgebietes warf man vom Minenabwehrschiff bei voller Fahrt vier Wasserbomben, je zwei von jedem Ablaufgerüst, und zwischen dem ersten und zweiten Paar wurde aus den Wasserbombenwerfern in Querrichtung nach backbord und steuerbord geschossen. Die Zünder waren auf eine Wassertiefe von mehreren Dutzend Metern eingestellt, die Wasserbombenserie löste richtig aus. Den Betrieb der Hauptdiesel, Elektroenergiequellen und verschiedener Hilfsanlagen des Schiffes kontrollierte die elektromechanische Abteilung im Laufe der gesamten Erprobungsperiode.

Das Schiff ist bereits 1942 fertiggestellt worden. Bis zum Eintreffen in Cold Bay war es schon viele Seemeilen gefahren, und deshalb wurden die Maschinen und Systeme von Grund auf neu eingestellt bzw. repariert.

Mit dem Eintritt der Sowjetunion in den Krieg gegen Japan am 9. August 1945 und der schnellen Zerschlagung der Kwangtung-Armee näherte sich der zweite Weltkrieg seinem Ende. Die Amerikaner verweigerten kategorisch notwendige Reparaturen, weil ihrer Meinung nach «der Krieg bald zu Ende gehen und die Schiffe nicht mehr gebraucht würden». Hierbei «vergaßen» sie das Aufgabenspektrum der Räumfahrzeuge, für die sich der Gefechtsdienst auch nach Kriegsende fortsetzt.

In der ersten Septemberdekade 1945 ist die Abnahmeurkunde für das amerikanische Minenabwehrschiff Nr. 285 unterschrieben und das Schiff von der Besatzung unter dem Kommando von Kapitänleutnant *L. Kaljakin* übernommen worden. Am nächsten Tag verließ das Schiff Cold Bay.

Der technische Zustand der verschlissenen Anlagen wurde schon auf der Überfahrt in die UdSSR offensichtlich. Im Gebiet von Sachalin fiel ein Antriebsdieselmotor aus. Das restliche Stück bis Wladiwostok fuhr das Schiff mit nur einem Motor. Nach der Ankunft wurde das Räumfahrzeug drei Monate gründlich repariert. Danach war es einige Jahre im Dienst, räumte Minen im Japanischen sowie im Gelben Meer und gab Kriegsschiffen Räumgeleit.

Nach dem zweiten Weltkrieg

Der Sieg der Sowjetunion im zweiten Weltkrieg führte zu einer tiefgreifenden Veränderung der internationalen Lage. Es bildete sich das sozialistische Weltsystem heraus. Der «kalte Krieg» und der ungehemmte Rüstungswettlauf der westlichen

Länder erforderten von der Sowjetunion eine weitere Verstärkung der Verteidigungskraft und Erhöhung der Gefechtsbereitschaft. In kürzester Frist wurde die Monopolstellung der USA bezüglich der Atomwaffen beendet. Die Nachrichtenagentur TASS meldete am 25. September 1949 die erfolgreiche Erprobung einer Atombombe in der UdSSR. Es wurden auch andere Verteidigungsmaßnahmen in Angriff genommen. Unter anderem stellten Partei und Regierung die Aufgabe, eine beschleunigte Entwicklung und Erneuerung der Seekriegsflotte einzuleiten. Im Gesetz zum Fünfjahrplan des Wiederaufbaus und der Entwicklung der sowjetischen Volkswirtschaft von 1946 bis 1950 hieß es: «Die Schiffbauwerften und Zulieferbetriebe, vorrangig in Leningrad und Nikolajew, sind vollständig wieder aufzubauen. Es sind neue Werften zu errichten. Die Leistungsfähigkeit der Fluß- und Seeschiffbaubetriebe ist zu erhöhen.» [48]

In den ersten zehn Nachkriegsjahren wurden die Kriegsschiffe nach Vorkriegs- und Kriegsprojekten gebaut. Es wurden jedoch stärkere Luft- und U-Boot-Abwehrwaffen montiert und verschiedene technische Verbesserungen eingeführt. Man rüstete aber die Schiffe wie früher mit «konventionellen Seekriegsmitteln aus – Artillerie, Torpedos, Minen und Wasserbomben». [49] Der Bau der Zerstörer vom Typ «Ognewoi» wurde nach einem wesentlich veränderten Projekt fortgesetzt. Die Nachkriegszerstörer stellten gegenüber dem Prototyp eine neue Qualität dar. Die Zerstörer der Serie vom Typ «Smely» hatten die gleichen Maschinenanlagen und Hauptkalibergeschütze wie der Schwarzmeer-Erstling, jedoch eine größere Wasserverdrängung, vollgeschweißten Rumpf, weiterentwickelte Funkmeßsysteme, Zielortungs- und Feuerleitmittel sowie erhöhte Seetüchtigkeit und längere Einsatzdauer.

In den 50er Jahren ist das Projekt für den Zerstörer WDOCHNOWENNY ausgearbeitet worden. Dank der ausgezeichneten Seetüchtigkeit und den guten Manövriereigenschaften, der hohen Geschwindigkeit, den modernen funktechnischen

Ein Zerstörer vom Typ «Smely»

Der sowjetische Zerstörer SWETLY auf Patrouillenfahrt

Mitteln, einer starken Artillerie, Minen- und Torpedobewaffnung erfreute sich der Zerstörer bei den Seeleuten einer hohen Wertschätzung. Die neuen Zerstörer waren mit mehreren Funkmeßanlagen verschiedener Bestimmung ausgerüstet. So wurde zur Ortung von Überwasserzielen und zur Navigation die Anlage «Rif» genutzt, die ihre Prüfung im Sommer 1948 auf dem Kreuzer MOLOTOW der Schwarzmeerflotte absolvierte. Die Anlage konnte ein großes Kriegsschiff in einer Entfernung von 20 bis 22 sm und das Sehrohr eines U-Bootes in 1 bis 1,5 sm, Wassersäulen von Spreng- und Splittergranaten im Abstand von 100 kbl orten. Im Oktober/November 1950 wurde auf dem Zerstörer BESSTRASCHNY (Schwarzmeerflotte) die Funkmeßanlage Typ «Sarja» zur Feuerleitung für die Artillerie- und Torpedobewaffnung erprobt und abgenommen. Mit dieser Anlage konnte das Feuer nach dem Einschlag (Wassersäule) korrigiert werden. Gleichzeitig erprobte man auf der BESSTRASCHNY die Artilleriewaffenleitanlage «Salp» für die Hauptkalibergeschütze. Das Antennensystem war hinsichtlich des Rollens und Stampfens sowie des Gierens stabilisiert, was einen Funkmeßkontakt mit dem Ziel selbst bei starkem Seegang gewährleistete.

Die Funkmeßanlage «Gjujs-2» zur Ortung von See- und Luftzielen arbeitete im Meterwellenbereich. Mit ihr konnten Flugzeuge in 14 bis 29 sm Entfernung und große Kriegsschiffe in 11 sm aufgespürt werden. Ein Küstenstreifen mit einer Höhe von über 1000 m wurde auf dem Funkmeßbildschirm bei einem Abstand von 75 sm sichtbar.

Die Bedingungen für die Erprobung neuer und instandgesetzter Schiffe blieben kompliziert, denn in vielen Gebieten bestand die Minengefahr weiterhin, es mangelte an Seeübungsplätzen, Prüfständen, Schiffen und Flugzeugen zur Sicherstellung der Prüfungen. Die teilweise im Krieg zerstörten Meßstrecken mußten überprüft oder neu eingerichtet werden. Trotz diese Erschwernisse konnte die Ständige

Kommission ein exakt funktionierendes Prüfsystem einrichten und in den ersten zehn Nachkriegsjahren eine bedeutende Anzahl neuer Kriegsschiffe verschiedener Klassen abnehmen.

So wurde der Zerstörer SMELY auf der Ostsee von einer staatlichen Kommission unter Leitung von Konteradmiral *N. O. Abramow*, der im Großen Vaterländischen Krieg die Donauflottille befehligt hatte, geprüft.

Die staatliche Kommission unter Vizeadmiral *M. S. Moskalenko* führte die Prüfungen des leichten Nullserienkreuzers TSCHAPAJEW (Wasserverdrängung 12000 t, Geschwindigkeit 35 kn; Hauptbewaffnung: $12_3\times$ 152-mm-Geschütze) durch. Die Baltische Flotte übernahm drei Kreuzer dieses Typs, die TSCHAPAJEW, die SHELESNJAKOW und die TSCHKALOW, und zwei, die FRUNSE und die KUIBYSCHEW, erhielt die Schwarzmeerflotte.

Im Jahre 1951 wurde der neue Kreuzer SWERDLOW abgenommen (Hauptbewaffnung: $6_2\times$ 100-mm-Geschütze – stabilisiert –, 32× 37-mm-Fla-Waffen, 2_5 TR). 1953 stattete die SWERDLOW Großbritannien einen Besuch ab. Die Besatzung demonstrierte dort höchstes seemännisches Können; das Schiff wurde innerhalb von zwölf Minuten vermoort (die Normen der britischen Admiralität sehen für diese Manöver bei Kreuzern eine Stunde und 20 Minuten vor).

Im weiteren sind die Kreuzer ADMIRAL SENJAWIN, DMITRI POSHARSKI, ALEXANDER SUWOROW u. a. erprobt und abgenommen worden. Im August 1958 weilten der Kreuzer ORDSHONIKIDSE und die Zerstörer SWOBODNY und STEPENNY zu einem Freundschaftsbesuch in Finnland. Auf dem Kreuzer ALEXANDER SUWOROW, der 1981 in Maputo (VR Moçambique) lag, war der damalige Präsident *Samora Machel*. Der Kreuzer OKTJABRSKAJA REVOLJU-

Der Kreuzer SWERDLOW hat anläßlich einer Flottenparade großen Flaggenschmuck angelegt

Der Kreuzer OKTJABRSKAJA REVOLJUZIJA in Fahrt

ZIJA beteiligte sich mehrmals an den Vergleichskämpfen in der taktischen sowie Gefechtsbereitschaft und erkämpfte sich achtmal den Preis des Oberkommandierenden der Seestreitkräfte.

Der Kreuzer KOMSOMOLEZ (ex TSCHKALOW) einlaufend in Rostock

Ein Küstenschutzschiff vom Typ «Kuguar»

Ein U-Boot mit dieselelektrischem Antrieb (Federzeichnung)

Die Kreuzer und Zerstörer der Nachkriegsjahre sind mit leistungsstarken Antriebsturbinen, Hochleistungsdampfkesseln neuester Bauart und einem entwickelten Steuer- und Regelsystem der energetischen Anlagen ausgerüstet worden. Die Fla-Waffen erhielten Verbesserungen hinsichtlich eines größeren Kalibers, der Feuergeschwindigkeit, höherer Geschoßanfangsgeschwindigkeit und weiterer Automatisierung der Feuerführung. Außer den Kreuzern und Zerstörern baute man auch andere Überwasserkampfschiffe, darunter die Küstenschutzschiffe vom Typ «Jastreb», dessen Nullserienschiff bereits 1944 auf der Ostsee abgenommen worden war, und «Kuguar». Die U-Boot-Flotte wurde mit neuen dieselelektrischen U-Booten aufgefüllt. Die U-Boote vom Typ «Tscheljabinski Komsomolez»

Das U-Boot TSCHELJABINSKI KOMSOMOLEZ

demonstrierten in der Gefechtsausbildung und auf Langstreckenfahrten ausgezeichnete Qualitäten und eine hervorragende Seetüchtigkeit. Im Vergleich mit den Vorkriegs-U-Booten wiesen sie eine höhere Geschwindigkeit und größere Tauchtiefe auf. Die Fahrt des U-Bootes in Sehrohrtauchtiefe mit Dieselmotoren ist mit dem Schnorchel gewährleistet worden. Im Schnorchelbetrieb konnten die Akkumulatoren ohne aufzutauchen geladen werden. Die Torpedowaffe der Boote wurde verstärkt. Die U-Boote erhielten hocheffektive hydroakustische Mittel, neue Navigations- und Nachrichtensysteme.

In der Nordflotte durchlief die Funkmeßanlage für U-Boote «Flag» erfolgreich die Prüfungen. Man konnte mit ihr Überwasserziele in einem Abstand von etwa 5 sm ausmachen und die Gegnerelemente bestimmen, die Daten gelangten zu den Torpedofeuerleitgeräten. Die Anlage wurde ebenfalls zu Navigationszwecken genutzt, und sie war in Überwasserlage und in Sehrohrtauchtiefe betriebsfähig. Die Antennenanlage befand sich auf einem ausfahrbaren und drehbaren Mast.

Auf einigen U-Booten wurden die ersten Raketenstartschächte installiert. Im September 1958 wurde erstmals von einem getauchten U-Boot (Kommandant, Kapitän zu See *S. I. Botschkin*) eine Rakete gestartet.

Die Raketen-Hochseeflotte

Mitte der 50er Jahre behandelte das ZK der KPdSU die Entwicklung der Seekriegsflotte und faßte den Beschluß zum Aufbau einer starken «Raketen-Atom-Flotte». Es wurden Kernenergie-Schiffsantriebsanlagen entwickelt, und die Industrie begann mit dem Bau von Atom-U-Booten. «Das war der Beginn zur zweiten Entwicklungsetappe der sowjetischen Seestreitkräfte.» [44, S. 259]

Da die Kernreaktoren für ihren Betrieb keine Luft benötigen, können die Atom-U-Boote praktisch unbegrenzt unter Wasser bleiben. Die Unterwassergeschwindigkeit der Atom-U-Boote nähert sich der von Schnellzügen.

Der Kernreaktor ist das Herz der Anlage. Dort wird die bei der Spaltung von Uranatomkernen frei werdende Wärmeenergie erzeugt, die dann in mechanische und elektrische Energie umgewandelt wird. Die kernenergetische Anlage von Atom-U-Booten besteht, unabhängig von konstruktiven Besonderheiten, aus zwei Hauptbereichen – Reaktor und Maschinenabteilung. Auf jedem Atom-U-Boot gibt es Reserveantriebsanlagen – Dieselgeneratoren kleiner Leistung, Akkumulatoren und Propellerelektromotoren. Die Akkumulatoren können von Dieselgeneratoren oder von Turbogeneratoren, die bei Reaktorbetrieb laufen, geladen werden. Die Reserveanlage wird gleichfalls zum Kaltstart des Reaktors benötigt.

Die Reaktorabteilung beinhaltet den eigentlichen Reaktor, die Wärmeenergiequelle, die Reaktorsteuer- und -regelsysteme, den Wärmeaustauscher, den Dampferzeuger, die Umwälzpumpen, die Hilfssysteme und Ausrüstungen des 1. Kreislaufes (wärmeübertragend, radioaktiv) sowie die biologische Schutzhülle und Kontrollsysteme der radioaktiven Strahlung. Zur Maschinenabteilung gehören die konventionellen Turbinen, die die potentielle Dampfenergie in kinetische Energie umwandeln, die Turbogeneratoren, die Haupt- und Hilfskondensatoren, die Öl-, Kondensat- und Speisewasserpumpen, Einrichtungen des 2. Kreislaufes, die Antriebswellen mit den Propellern usw. In einer Abteilung befinden sich die Torpedorohre und Gerüste mit Reservetorpedos. Es gibt weiterhin Kajüten für die Offiziere, Wohndecks für die Matrosen, die Offiziersmesse, die Kombüse und die Mannschaftsmesse, die auch als Kino dient. Das Hauptsteuerpult für die energetische Anlage befindet sich vor der Reaktorabteilung.

Das U-Boot wird von einem zentralen Leitstand aus, auch Zentrale genannt, befehligt. Dort befinden sich ebenfalls die Torpedoleiteinrichtung, das Sehrohr, der Ruderstand sowie andere Systeme und Anlagen. Die Maschinenabteilung ist neben der Reaktorabteilung angeordnet. In Abhängigkeit von der Unterklasse und dem Typ des Atom-U-Bootes sind die Räumlichkeiten unterschiedlich verteilt. So können sich die Mannschaftsdecks z. B. in der letzten Heckabteilung befinden, aber in den kernkraftgetriebenen Raketen-U-Booten ist dort die Raketenabteilung.

Die Energiekapazität der modernen Atom-U-Boote erhöhte sich im Vergleich mit den Vorkriegsmodellen fast hundertmal, die Tauchtiefe fünfmal und die Unterwassergeschwindigkeit drei- bis viermal. Die zunehmenden Antriebsleistungen und Geschwindigkeiten erforderten eine vollkommenere Schiffsform. Die Rumpfform eines Atom-U-Bootes ist einem Tropfen ähnlich, der das Ideal aus der Sicht der Hydrodynamik darstellt. Einer der Buchautoren (damals Kommandeur des Atom-U-Boot-Verbandes) legte zusammen mit einer Gruppe Wissenschaftler und Konstrukteure die ersten Meilen mit dem ersten Atom-U-Boot LENINSKI KOMSOMOL zurück, das Kapitän zur See *L. G. Osipenko* befehligte. Dieser See-Einsatz bleibt für immer in Erinnerung: gleichmäßige Fahrt, keine Vibrationen,

Das kernkraftgetriebene U-Boot LENINSKI KOMSOMOL am Nordpol

kein Klopfen, das den Diesel-U-Booten eigen war. Ungewöhnlich erschienen gleichfalls Tauchtiefe und Geschwindigkeit. Es begann eine neue U-Boot-Epoche. Für die erfolgreiche Einführung der neuen Technik und den dabei entwickelten Mut und die hohe militärische Meisterschaft erhielt *L. G. Osipenko* den Titel Held der Sowjetunion. Viele Offiziere des ersten Atom-U-Bootes wurden mit dem Leninorden oder dem Rotbannerorden und alle Matrosen mit der Uschakowmedaille ausgezeichnet. An der Erprobung des ersten Atom-U-Bootes nahmen u. a. die Kapitäne zur See *N. Sinowjew*, *B. Margolin*, *A. Wisjastschew*, *J. Misrachi*, *G. Wasiljew*, *A. Duschenok*, *W. Alexandrow* teil.

Die kernenergetischen Anlagen vergrößerten einschneidend den Aktionsradius und die Einsatzdauer der U-Boote. Die Dauer der ununterbrochenen Unterwasserfahrt wird nun hauptsächlich von der Kondition und Ausdauer der Besatzung begrenzt. Die kernkraftgetriebenen Raketen-U-Boote und die mit Raketen ausgerüsteten Marinefliegerkräfte wurden zu Hauptstoßkräften der Seekriegsflotte. Der damalige Oberkommandierende der Seekriegsflotte, Flottenadmiral der Sowjetunion *S. G. Gorschkow*, sagte schon 1968: «Die Basis unserer Seemacht sind die modernsten Kriegsschiffe – die Atom-U-Boote. Sie vereinen in sich eine mächtige Stoßkraft, Beweglichkeit, Gedecktheit und Fähigkeit, sich unbegrenzte Zeit in See aufzuhalten. Sie können den Feind in großen Entfernungen aus den Wassertiefen bekämpfen. Die Langzeitfahrten unserer Kriegsschiffe demonstrierten überzeugend die Zuverlässigkeit der sowjetischen Technik und Waffen sowie die ausgezeichnete Gefechts-, physische und moralisch-psychologische Ausbildung der Besatzungen.» [50]

Damals durchliefen die Atom-U-Boote komplizierte und vielseitige Erprobungen unter verschiedenen klimatischen Bedingungen. Immer öfter wurden Fahrten unterm Eis praktiziert. So belegte im Juli 1962 das U-Boot K-21 unter Kapitän zur See *W. N. Tschernawin* (heute Flottenadmiral und Kommandierender der sowjetischen Seekriegsflotte) den ersten Platz bezüglich der praktischen arktischen Untereisfahrt. Mit diesem Boot wurde die Manövriermethodik unter Packeis und das Auftauchen in einem Eisloch erarbeitet. Hieran nahmen Konteradmiral *A. I. Petelin*, der dann die Fahrt zum Nordpol leitete, und der Flaggnavigationsoffizier, Kapitän zu See *D. E. Erdman*, teil.

Zum Nordpol wurde erstmals das Atom-U-Boot LENINSKI KOMSOMOL entsandt, das unter dem Arktiseis bis zum Nordpol vordringen sollte. Die Aufgabe war schwierig und gefährlich. Die U-Boot-Fahrer «vertrauten jedoch der sowjetischen Technik, die von sowjetischen Arbeitern geschaffen wurde, und verstanden sich gegenseitig». [34, S. 240] Der Nordpol ist bezwungen worden. Einen hohen Ausbildungsstand zeigten das Navigationspersonal, die Elektriker und Hydroakustiker. Störungsfrei arbeiteten die Navigationsgeräte und die Fernsehtechnik, die im Polargebiet das Auftauchen in einem Eisloch, das nur wenig größer als das U-Boot war, ermöglichte. Der damalige Kommandant der LENINSKI KOMSOMOL, *L. M. Shilzow* (heute Konteradmiral), erinnert sich: «Wir tauchten auf, und unwillkürlich erfreuten wir uns an der Schönheit der Nordbreiten. Das bis zum Horizont reichende Eis hatte eine ungewöhnlich hellblaue Farbe. Wir maßen die Eisdrift infolge der Strömung und des Windes, führten andere Beobachtungen aus, sprachen über Funk mit dem Flottenstab, und nach dem Tauchen wurde Kurs auf den geheimnisvollen Punkt des Nordpols genommen.» [34, S. 242] Auf dieser Fahrt ist der Nordpol zweimal unterquert worden. Bei einem Auftauchen hißte man auf einem hohen Eishügel die Staatsflagge der UdSSR. Die Rückkehr der LENINSKI KOMSOMOL von diesem schweren Marsch gestaltete sich zu einem Feiertag. Auf Erlaß des Präsidiums des Obersten Sowjets der UdSSR vom 20. Juli 1962 wurde für die erfolgreiche Erfüllung des Regierungsauftrages dem Leiter der Expedition, Konteradmiral *A. I. Petelin*, dem Kommandanten des Atom-U-Bootes, Fregattenkapitän *L. M. Shilzow*, und dem Leitenden Ingenieuroffizier, Fregattenkapitän *R. A. Timofejew*, der Titel Held der Sowjetunion verliehen. Alle Teilnehmer der Nordpolfahrt erhielten Orden und Medaillen.

«Die Fahrt ... eröffnete nicht nur den Nordpol für die U-Boote, sondern ... erstmals erfuhren die sowjetischen Menschen von den neuen Kriegsschiffen – einer mächtigen Waffe zur Verteidigung der sozialistischen Errungenschaften.» [51]

Ein Jahr später hörte das Land von neuen Nordpolbezwingern. Dasselbe Atom-U-Boot, unter dem Kommando von Fregattenkapitän *J. A. Sysojew*, tauchte am 27. September 1963 erstmals in der Seefahrtsgeschichte genau am Nordpol auf, an dem Punkt, von dem jede Richtung nach Süden zeigt. «Wir standen schweigend inmitten von aufgetürmten Eisschollen auf dem Eispanzer, und dann umarmten wir uns», erinnert sich Vizeadmiral *J. A. Sysojew*. [52, S. 244] Auf dem Punkt mit der geographischen Breite 90° Nord sind die Staatsflagge und die Seekriegsflagge der UdSSR gehißt worden. Der Kommandant des U-Bootes und der Leiter der Fahrt, Flottenadmiral *W. A. Kasatonow*, erhielten für die ausgezeichnete Ausführung des Auftrages und den gezeigten Mut die hohe Auszeichnung eines Helden der Sowjetunion. Das U-Boot wurde als erstes Schiff der Seekriegsflotte in Friedenszeiten zu einem Rotbannerschiff.

Einen komplizierten arktischen Marsch führte das U-Boot unter dem Kommando von Kapitän zur See *A. N. Michailowski* durch. Es fuhr nördlich um Nowaja Semlja in die Karasee und dann parallel zur Lomonossow-Unterwassergebirgskette. Neben der driftenden sowjetischen Eisstation «Nordpol» tauchte es auf, nachdem es vorher Funkverbindung aufgenommen hatte. Die Besatzung überreichte den Polarforschern eine Grußadresse: «Den ruhmreichen sowjetischen Polarforschern von den U-Boot-Fahrern am Tag des bedeutsamen Treffens im Eis der Arktis.» [52, S. 233f.]

Der Held der Sowjetunion, Admiral Dr. sc. *A. P. Michailowski* trug viel zur Entwicklung der Seekriegswissenschaften bei, indem er seine Erfahrungen aus vielen Fahrten in verschiedene Gebiete der Weltmeere analysierte und verallgemeinerte. Er schrieb ohne Unterbrechung seines Dienstes zuerst die Dissertation für den Doktor eines Wissenschaftszweiges (A) und dann für den Doktor der Wissenschaften (B). *A. P. Michailowski* war damals Chef der Nordflotte.

Im Leben kommen mitunter äußerst markante und bedeutende Ereignisse vor, die ihre Spuren auf dem gesamten weiteren Lebensweg hinterlassen. Solch eine Begebenheit war für einen Autor dieses Buches die Transozeanfahrt einer U-Boot-Gruppe im Februar/März 1966, die er leitete. In der Erinnerung blieben die Abschiedsworte vom damaligen Oberkommandierenden der Seekriegsflotte, Flottenadmiral der Sowjetunion *S. G. Gorschkow*, an die Teilnehmer der Fernfahrt über die zuteil werdende hohe Ehre und Verantwortung, als erste unbekannte Wege in den Tiefen dreier Ozeane und vieler Meere zu befahren. Er äußerte seine feste Überzeugung, daß die Seeleute vorbildlich ihre Pflicht erfüllen und den Ruhm der sowjetischen Flotte vergrößern würden.

Das Gedächtnis läßt das Geschehen dieser Tage wieder aufleben. Es ertönte der Befehl: «Leinen los!» Von der Brücke des Flaggschiffs konnte man beobachten, wie die U-Boote ablegten. Es war eine kalte Februarnacht. Über See zog sofort dichter Nebel auf. Die sichere Fahrt gewährleisteten die Offiziere und Matrosen auch unter solchen schwierigen Bedingungen. Die Vorbereitung der U-Boote auf die Fahrt war unter ungünstigen Bedingungen verlaufen. Starker Frost und durchdringender Wind erschwerten das Laden einiger Dutzend Tonnen Proviant und anderweitiger Reserven. Es wurde Tag und Nacht gearbeitet. Die Maschinen und Bewaffnung überprüfte man sorgfältig. Alle Fahrtteilnehmer durchliefen eine gründliche medizinische Untersuchung. Keiner wurde jedoch aus gesundheitlichen Gründen ausgemustert. Am Vorabend des Auslaufens besuchte der Kommandeur die U-Boote, und gemeinsam mit dem Mitglied des Militärrates sprach er mit den Besatzungen. Der Militärrat bestätigte die Bereitschaft der Kriegsschiffe zur Erfüllung der Regierungsaufgabe. Die Tauchtanks füllten sich, die U-Boote gingen in vorgegebener Tauchtiefe auf Kurs. Über die Kommandoanlage wandte sich der Leiter dieser

Fahrt an die Besatzungen: «Uns steht eine wichtige und verantwortungsvolle Fahrt bevor. Wir sollen in der Unterwasserlage die Erde umrunden. Das wird die erste Gruppenerdumrundung von Atom-U-Booten über eine Strecke von mehr als 45000 km unter Wasser sein.» Den Teilnehmern jener Reise war klar, daß sie nicht wegen eines Rekordes solch einen weiten Weg zurücklegen würden, sondern die Technik unter extremen klimatischen Bedingungen erprobt und praktische sowie wissenschaftliche ozeanographische Untersuchungen durchgeführt werden mußten. Die Marschroute wurde so gelegt, daß die Schiffe in mittleren, äquatorialen und polaren Breiten sowie in antarktischen Meeren kreuzten. Die klimatischen Kontraste äußerten sich in außergewöhnlichen Wassertemperaturunterschieden – von Minusgraden in der Arktis und nahe der Antarktis bis +26 °C am Äquator. Das Fahren in unbekannten Gebieten bei lückenhaften oder gänzlich fehlenden Informationen vom hydrographischen Dienst und die vollständige Abgeschiedenheit von der Außenwelt stellten spezifische Erschwernisse für die Besatzungen dar. Auf der Fahrt erhielten die nicht besonders ausgewählten Besatzungen die übliche Verpflegung, und der Ersatzteilvorrat überschritt nicht die festgelegten Normen.

Die Abteilung fuhr in auseinandergezogener Formation. Die Verbindung zwischen den Schiffen wurde mittels der hydroakustischen Anlagen aufrechterhalten. Manchmal trennten sich die U-Boote für eine bestimmte Zeit, um sich dann an einem befohlenen Punkt zu treffen. Während der Fahrt wurden Gefechtsausbildungsaufgaben so trainiert, daß sie im allgemeinen eine maximale Annäherung an Gefechtsbedingungen darstellten. Es wurden beispielsweise Übungen durchgeführt, die mit einem Langzeitmanövrieren der U-Boote einhergingen, wobei die Funker die Aufgabe hatten, ständig die Verbindung mit den Küstenfunkstationen aufrechtzuerhalten. Alle Aufgaben wurden mit guten Noten erfüllt. Die Besatzungen handelten aufeinander abgestimmt und exakt. Ohne Störungen arbeiteten die kernenergetischen Anlagen, die elektronischen Funk- und Navigationsgeräte sowie die Schiffssysteme. Anfangs machte sich der Kommandeur der Abteilung Sorgen, daß die Leute zu sehr der zuverlässigen Technik vertrauen würden und selbstzufriedene Tendenzen aufkommen könnten, die auf einer solchen Fahrt sehr gefährlich sind. In der ersten Zeit wurde täglich völlig unerwartet mehrmals Alarm ausgelöst. Die Aufmerksamkeit der Besatzungen durfte nicht nachlassen – in der Tiefe der Ozeane kann vieles passieren.

Die Atom-U-Boote kreuzten nicht selten in Gebieten mit unbekannten Strömungen und mit Eisbergen. Nur eine genaue Berechnung bei dem äußerst seltenen Auftauchen auf Sehrohrtiefe und eine zuverlässige hydroakustische Beobachtung gewährleisteten eine sichere Fahrt unter komplizierten Bedingungen. Unabhängig vom störungsfreien Betrieb der Anlagen wurden auf den U-Booten planmäßig prophylaktische Durchsichten der Maschinen und Geräte durchgeführt. Einzelne Störungen konnten kurzfristig lokalisiert und beseitigt werden.

Mehr als anderthalb Monate in dem Stahlpanzer des U-Bootes eingeschlossen, über sich eine meterhohe Wasserschicht und Tausende Seemeilen von der heimatlichen Küste entfernt, verloren die Seeleute nicht die Verbindung zum Sowjetland. In den Tiefen der Ozeane feierten sie den Tag der Sowjetarmee und den Tag der Seekriegsflotte. In der Freizeit trieben die Seeleute Sport und betätigten sich kulturell. Auf dieser langen Unterwasserfahrt, die mit bedeutenden physischen und psychischen Belastungen verbunden war, lernten die Kämpfer sich näher kennen und die Härten ertragen.

«Der Ozean», schrieb der damalige Chef des Hauptstabes der Seekriegsflotte, Flottenadmiral *G. M. Jegorow*, «ist ein strenges Examen für die Geschlossenheit und den Ausbildungsstand der Besatzung, ihre ideologische sowie psychologische Festigkeit, Wachsamkeit und Gefechtsbereitschaft.» [36, S. 3] Die Besatzungen arbeiteten mit voller Hingabe. Nach 25 000 sm unter Wasser traf die Abteilung im Bestimmungshafen ein. Diese Fahrt bestätigte nochmals die hohen Gefechts- und Betriebsqualitäten der sowjetischen Atom-U-Boote und demonstrierte der Welt, daß es für die sowjetischen Atom-U-Boote keine unerreichbaren Stellen in den Weltmeeren gibt. Für die vorbildliche Erfüllung der Aufgabe und für Mut, Standhaftigkeit und seemännische Meisterschaft wurde einigen Teilnehmern der Unterwasser-Erdumrundung auf Beschluß des Präsidiums des Obersten Sowjets der UdSSR der Titel Held der Sowjetunion verliehen. Viele Besatzungsmitglieder wurden mit Orden und Medaillen ausgezeichnet. Eine Unterwasser-Erdumkreisung führte ebenfalls eine Atom-U-Boot-Abteilung unter dem Kommando von Vizeadmiral *W. K. Korobjow* aus.

Im Jahre 1968, während der Übung «Sewer», stand die allseitige Überprüfung des taktischen Zusammenwirkens der U-Boote und Marinefliegerkräfte mit den Kriegsschiffen verschiedener Klassen im Mittelpunkt. Das Manöver fand in den Weiten des Nordatlantiks, in der Ostsee, im Europäischen Nordmeer und in der Barentssee statt. Daran nahmen die Baltische, die Nordflotte und die verbündeten Flotten der VR Polen und der DDR teil. Die U-Boote der «Östlichen» lösten erfolgreich die Manöveraufgabe: Sie liefen dem Stoßverband der «Westlichen» entgegen und verhinderten einen Schlag auf lebenswichtige Gebiete der «Östlichen». Auf der Seite der «Östlichen» wirkten die U-Boot-Fahrer der Nordflotte.

Für die Erfolge seiner Besatzung bei der Gefechtsausbildung erhielt zu Ehren des 100. Geburtstages von *W. I. Lenin* ein kernkraftgetriebenes Raketen-U-Boot der Nordflotte den Namen LENINEZ. Der Kommandant der LENINEZ, Kapitän zur See *W. L. Beresowski*, erhielt für vorbildliche Aufgabenerfüllung bei den Erprobungen des Schiffes den Titel Held der Sowjetunion.

Im Oktober 1967 überreichte Flottenadmiral der Sowjetunion *S. G. Gorschkow* der Gardebesatzung des kernkraftgetriebenen Raketen-U-Bootes der Nordflotte KRASNOGWARDEJEZ ein Ehrenbanner des ZK der KPdSU, des Präsidiums des Obersten Sowjets der UdSSR und des Ministerrates der UdSSR zur ewigen Aufbewahrung. Die KRASNOGWARDEJEZ ist eines der besten Schiffe der Flotte. Alle Schießübungen legen die Gardeseeleute mit Auszeichnung ab. Die KRASNOGWARDEJEZ kreuzte auf einer Fernfahrt mehrmals den Äquator, wobei keine einzige Störung an den Anlagen und Systemen auftrat. Mehr als 20 Offizieren und Matrosen wurden Orden und Medaillen dafür verliehen, der Kommandant erhielt den Leninorden. Mit hohen Bewertungen ist das Raketen-U-Boot auch beim Manöver «Okean» bedacht worden.

Das Raketen-U-Boot 50 LET SSSR

Die Besatzung des Atom-U-Bootes der Nordflotte 50 LET SSSR (Kommandant: Kapitän zur See *W. Anochin*) wandte sich 1972 an die Kämpfer der sowjetischen Streitkräfte mit dem Aufruf zum sozialistischen Wettbewerb. Diese Initiative fand ein massenhaftes Echo in der gesamten Armee und Flotte, und die Besatzung dieses Atom-U-Bootes, unter Konteradmiral *W. P. Frolow*, wurde so zu einem der Bahnbrecher dieser Bewegung.

Das Raketen-U-Boot der Nordflotte 60 LET WELIKOGO OKTJABRJA ist für die guten Ergebnisse im sozialistischen Wettbewerb des Jahres 1978 mit der Wanderfahne des KPdSU-Gebietskomitees ausgezeichnet worden. Das Schiff war auch 1979 bei den Wettkämpfen der Seekriegsflotte erfolgreich. Sein Kommandant, Konteradmiral *W. Naumow*, figuriert auf der Ehrentafel im Zentralen Museum der Streitkräfte der UdSSR.

Die U-Boot-Waffen wurden und werden ständig verbessert. Auf dem XXVI. Parteitag der KPdSU wurde erwähnt, daß in den USA ein neues U-Boot vom Typ «Ohio» mit «Trident-1»-Raketen gebaut worden war. Einen ähnlichen U-Boot-Typ, «Taifun», gibt es auch in der Sowjetunion. Zu diesem Sachverhalt schreibt Flottenadmiral der Sowjetunion *S. G. Gorschkow*: «... wir geben zwar der Entwicklung der Unterwasserkräfte die Priorität, vertreten aber die Meinung, daß nicht nur U-Boote, sondern auch Überwasserkriegsschiffe verschiedener Bestimmung benötigt werden. Letzte haben außer einer Verstärkung der Gefechtsstabilität der U-Boote ein breit gefächertes Aufgabengebiet in Friedens- wie auch in Kriegszeiten zu bewältigen.» [53]

Ende der 50er Jahre waren die Überwasserschiffe aller Klassen einschneidenden

Veränderungen unterworfen. Die Gefechtsaufgaben der Überwasserkriegsschiffe sind infolge der Einführung von Raketen, neuesten funkelektronischen Geräten, Gasturbinenantrieben sowie den damit verbundenen hohen Geschwindigkeiten, guten Manövrierfähigkeiten und der langen Einsatzdauer ohne Anlaufen von Stützpunkten bedeutend erweitert worden. Es wurden mehrere Serien Hochsee- und Küsten-U-Boot-Abwehr-Schiffe gebaut.

Im Schwarzen Meer erprobte man die großen U-Boot-Abwehr-Schiffe vom Typ «Komsomolez Ukrainy» erfolgreich. Die Gardeschiffe dieses Typs erbten den Namen der Schwarzmeerschiffe, die sich im Großen Vaterländischen Krieg ausgezeichnet hatten. So wurde die KRASNY KAWKAS zu Ehren des gleichnamigen Gardekreuzers benannt. Im Juli 1973 statteten die KRASNY KAWKAS, der Raketenkreuzer GROSNY und der Zerstörer PROWORNY unter dem Befehl von Konteradmiral *J. I. Wolobujew* Frankreich einen Flottenbesuch ab.

An den Erprobungen und Abnahmen der KRASNY KRIM, die ebenfalls den ehrenvollen Namen eines Gardekreuzers trägt, nahmen die Buchautoren teil. Unter dem Befehl von Konteradmiral *W. I. Akimow* besuchten die KRASNY KRIM und der Kreuzer SHDANOW den französischen Hafen Toulon als Gegenbesuch zu dem des französischen Kreuzers COLBERT in Leningrad. Im Juli 1983, am Vorabend des Tages der Seekriegsflotte, kehrte die KRASNY KRIM von einer turnusmäßigen Ausbildungsfahrt zurück. Auf dem Marsch demonstrierte der Komman-

Das große UAW-Schiff KOMSOMOLEZ UKRAINY

Das große UAW-Schiff SOOBRASITELNY

dant, Fregattenkapitän *L. Mantschenko*, meisterhafte Taktik, denn im Rahmen der Übung zeigten die Raketenartilleristen ausgezeichnete Ergebnisse beim Schießen auf Luftziele. Der angenommene Gegner wurde mit der ersten Rakete vernichtet.

Die SOOBRASITELNY, die den Namen des ehemaligen Zerstörers trägt, weilte in Häfen Kubas, Jugoslawiens, Guineas und Algeriens. Im Jahre 1976 besuchte der 1. Sekretär des ZK der Bulgarischen Kommunistischen Partei und Vorsitzende des Staatsrates der VR Bulgarien, *Todor Shiwkow*, die SOOBRASITELNY. Am Deckhaus der ODARENNY leuchten drei Sterne für die Siege bei Wettkämpfen. Seine Besatzung ist im Besitz einiger Preise des Oberkommandierenden der Seekriegsflotte für Fla-Raketen- und Torpedoschießen sowie erfolgreicher U-Boot-Suche.

Unter den Spitzenreitern des sozialistischen Wettbewerbs waren die großen U-Boot-Abwehr-Schiffe SKORY, SDERSHANNY und RESCHITELNY. In den Jahren 1974/75 stattete die SKORY zweimal jugoslawischen Häfen Freundschaftsbesuche ab. Am ersten Besuch nahmen noch die großen U-Boot-Abwehr-Schiffe NIKOLAJEW und SMETLIWY und am zweiten die SDERSHANNY und der Kreuzer SHDANOW teil. Ausdauer und Beständigkeit sowie hohes seemännisches Können bewies die Besatzung des großen U-Boot-Abwehr-Schiffes NACHODTSCHIWY auf einer Fernfahrt.

In der Pazifikflotte waren die STROGI, SPOSOBNY und STEREGUSTSCHI in der Gefechts- und politischen Ausbildung besonders erfolgreich. Die SPOSOBNY gewann z. B. die Wettkämpfe der Seekriegsflotte in der taktischen Ausbildung. Sie besuchte im Sommer 1976 mit einer Abteilung der Pazifikflotte unter dem Kommando von Konteradmiral *W. F. Warganow* Kanada. Fast zur selben Zeit lief die OTWASHNY der Baltischen Flotte unter der Flagge des Vize-

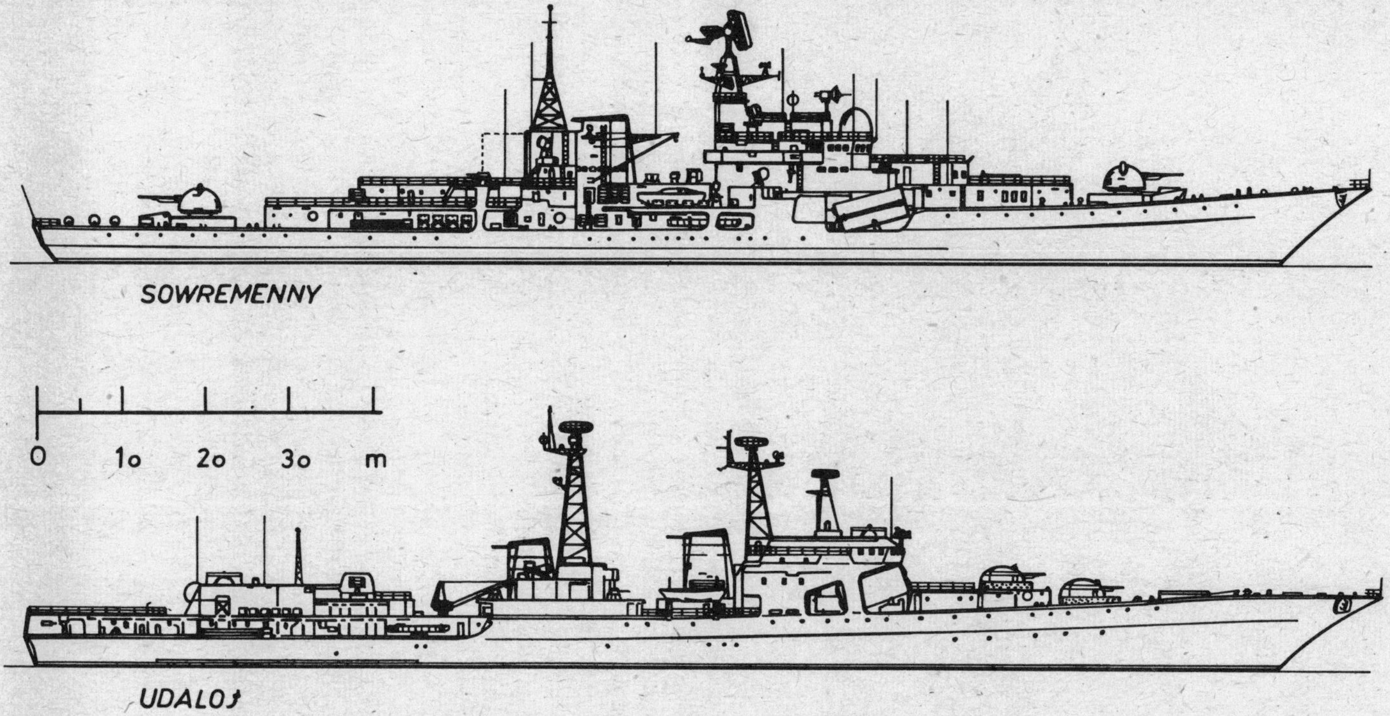

Risse von großen UAW-Schiffen der sowjetischen Seekriegsflotte

Das große UAW-Schiff NIKOLAJEW

admirals *W. M. Leonenkow* in einen britischen Hafen ein. Eine Fernfahrt der OBRASZOWY unter Korvettenkapitän *A. Tatarinow* verlief unter schwierigsten klimatischen Bedingungen, die aber die Besatzung hervorragend meisterte. Auf der Rückfahrt wurde das Schiff entsprechend dem Übungsplan plötzlich von einem fiktiven Feind angegriffen. Die Funkmeßgasten hatten ein schnelles, tieffliegendes Ziel geortet, die Raketenartilleristen wehrten in Sekundenschnelle den Angriff ab, das Ziel wurde mit einem Start vernichtet.

Die OTTSCHAJANNY der Nordflotte erhielt während eines Manövers 1983 den Gefechtsbefehl, eine Aufklärungsfahrt in ein entferntes Seegebiet durchzuführen. Die Besatzung löste die Aufgabe unter Einsatz verschiedener Tarnmittel erfolgreich, und auf dem Marsch zu den «gegnerischen» Hauptkräften wandte sie eine taktische Finte an. Im Artillerieduell mit den «feindlichen» Überwasserschiffen behielt die OTTSCHAJANNY die Oberhand.

Eine neue Serie großer U-Boot-Abwehr-Schiffe erhielt Städtenamen. Eines der bekanntesten Schiffe, die OTSCHAKOW, lief 1976 zum Raketen- und Artillerieschießen unter der Flagge des Oberkommandierenden der Seekriegsflotte aus.

Viele Jahre schon wartet das große U-Boot-Abwehr-Schiff KERTSCH mit hervorragenden Ergebnissen in der Gefechtsausbildung auf. Unter Fregattenkapitän *J. Gusew* weilte das Schiff 1978 im Atlantischen Ozean und im Mittelmeer. Auf dieser Fahrt konnte der Maschinengefechtsabschnitt u. a. 270 t Schmier- und Treibstoffe sparen. «Sei ein sparsamer Schiffseigentümer», heißt es in einem Punkt der sozialistischen Verpflichtungen der Besatzung.[54]

Tausende Seemeilen legte die TASCHKENT (Kommandant: Fregattenkapitän

Das große UAW-Schiff BOJEWOI hat auch Flügelraketen an Bord

W. Jelowski) unter komplizierten klimatischen und meteorologischen Bedingungen zurück, wobei die Besatzung hohes seemännisches Können demonstrierte. 1983 erschien an der Brücke der TASCHKENT das Zeichen «Ausgezeichnetes Schiff», das es für eine erfolgreiche Ozeanfahrt erhielt, auf der es mit der ersten Rakete ein kleines manövrierendes Ziel getroffen hatte. Die PETROPAWLOWSK ist gleichfalls «Ausgezeichnetes Schiff». Ihr Kommandant, Korvettenkapitän *A. Kusmin*, war Delegierter des XXVI. Parteitages der KPdSU. Den Ehrennamen «Ausgezeichnetes Schiff» und die Rote Wanderfahne des Gebietskomsomolkomitees erhielt ebenfalls die WLADIWOSTOK.

Eine andere Serie großer UAW-Schiffe erhielt die Namen russischer und sowjetischer Heer- und Flottenführer. Das erste Schiff war die VIZEADMIRAL DROSD (Nordflotte). Diesen Namen übernahm es vom ehemaligen Gardezerstörer der Baltischen Flotte, der in den Kriegsjahren viele ruhmreiche Gefechte zu verzeichnen hatte. Das Kampfschiff belegte mehrmals den ersten Platz unter den Raketen-Überwasserschiffen der Seekriegsflotte. Nach dem Manöver «Okean» statteten die VIZEADMIRAL DROSD und der Zerstörer GREMJASTSCHI Kuba einen Freundschaftsbesuch ab.

Gute Noten erhielten in der Gefechtsausbildung die großen U-Boot-Abwehr-Schiffe ADMIRAL SOSULJA, ADMIRAL MAKAROW und ADMIRAL JUMASCHEW. Die Besatzungen dieser Schiffe bewiesen auf vielen Weltmeeren unter extremen meteorologischen Bedingungen ihr hohes seemännisches und militärisches Können. Die Initiative der U-Boot-Fahrer der Nordflotte im sozialistischen Wettbewerb unterstützte als eines der ersten Schiffe das große U-Boot-Abwehr-Schiff KRONSTADT. Es zeichneten sich diesbezüglich ebenfalls die Pazifikschiffe MARSCHALL WOROSCHILOW und ADMIRAL OKTJABRSKI aus. Mit der Besatzung letzteren Schiffes traf sich 1976 der Kandidat des Politbüros des

Das große UAW-Schiff ADMIRAL MAKAROW, deutlich ist auf der Heckplattform der UAW-Hubschrauber zu erkennen

ZK der KPdSU *M. S. Solomenzew*. Hohe Wertungen erhielten auch die vorbildlich erfüllten Übungsaufgaben der MARSCHALL TIMOSCHENKO auf einer Langzeit-Ozeanfahrt 1982. Der Marsch gestaltete sich hinsichtlich der gestellten Aufgaben sowie des Wetters – heftige Stürme, hohe Luftfeuchtigkeit, schroffe Temperaturumschläge – kompliziert. Der ausgezeichnete Vorbereitungsstand der Seeleute erlaubte ihnen jedoch, alle Schwierigkeiten zu meistern und die Hochseehärteprüfung zu bestehen.

Das Raketenschießen des großen U-Boot-Abwehr-Schiffes WASILI TSCHAPAJEW beobachtete der damalige Oberkommandierende der Seekriegsflotte. Das Luftziel wurde mit der ersten Rakete vernichtet. Die Sommerausbildungs-

Ein Küstenschutzschiff vom Typ «Bodry»

periode 1983 begann für das große U-Boot-Abwehr-Schiff ADMIRAL NACHIMOW mit einer Ozeanfahrt, bei der sich besonders die Besatzungen der Schiffshubschrauber auszeichneten. Unter komplizierten Wetterbedingungen spürten sie auf Grenzentfernung ein Unterwasserziel auf und übermittelten dessen Koordinaten präzise an ihr Schiff.

Die sowjetische Seekriegsflotte hat auch kleine U-Boot-Abwehr-Schiffe, die für die Suche und Bekämpfung von U-Booten in Küstengebieten vorgesehen sind. Das beste Schiff dieser Klasse in der Schwarzmeerflotte ist die ODESSKI KOMSOMOLEZ.

Die Küstenschutzschiffe erhielten eine Weiterentwicklung mit den Serien vom Typ «Bodry» und «Komsomolez Litwy». Die Prüfungen der BODRY in der Ostsee unter Leitung von Kapitän zur See *A. G. Kriwonosow* verliefen auf einem hohen organisatorischen und technischen Niveau. 1974 wurde die BODRY unter Fregattenkapitän *E. A. Popeko* (heute Konteradmiral) «Ausgezeichnetes Schiff» und erhielt die Rotbanner-Wanderfahne des Gebietskomitees der KPdSU, wenig später den Wimpel des Verteidigungsministers der UdSSR. Im Sommer 1975 besuchte sie mit einer Schiffsabteilung unter dem Admiral *W. W. Michailin* die VR Polen. Das gleichtypige Küstenschutzschiff BDITELNY hat einen guten Ruf in der Baltischen Flotte.

Zu den führenden Schiffen im sozialistischen Wettbewerb gehören die DRUSHNY, die SILNY, RASITELNY, die RASUMNY, die LETUTSCHI und die DEJATELNY, die alle Aufgaben der U-Jagd und des Raketenschießens mit ausgezeichneten Ergebnissen erfüllten.

In der Nordflotte gewann 1982 die BESSMENNY das Zielschießen auf Küstenziele. Vordere Plätze im sozialistischen Wettbewerb belegten die Küstenschutzschiffe KRASNODARSKI KOMSOMOLEZ in der Schwarzmeerflotte,

Kleines sowjetisches UAW-Schiff

die ARCHANGELSKI KOMSOMOLEZ der Nordflotte, die PRIMORSKI KOMSOMOLEZ in der Pazifikflotte und die KOMSOMOLEZ LITWY in der Baltischen Flotte. Das Küstenschutzschiff SOWJETSKI ASERBAIDSHAN war 1983 das beste Schiff der Kaspischen Flottille.

In den 60er Jahren wurden in der Seekriegsflotte Schiffe in Dienst gestellt, deren Hauptwaffe UAW-Hubschrauber sind. Dem ersten von ihnen ist der Name der Hauptstadt des Sowjetlandes verliehen worden. Der U-Boot-Abwehrkreuzer MOSKWA ist mit wirksamen U-Boot-Abwehrwaffen, Fla-Raketen und Geschützen ausgestattet und hat einen großen Aktionsradius. Die U-Boot-Abwehrhubschrauber gewährleisten eine effektive Suche und Bekämpfung von U-Booten. Bezüglich der Gefechtsqualitäten übertrifft der Kreuzer MOSKWA viele ausländische Nachkriegs-U-Boot-Abwehrschiffe wesentlich. (Der erste sowjetische Schiffshubschrauber ist auf dem baltischen Kreuzer MAXIM GORKI im Dezember 1950 von den Testpiloten *D. Jefremow* und *J. Gridjuschko* erprobt worden.) Einen guten Ausbildungsstand zeigte die Besatzung der MOSKWA beim Manöver «Okean» und anderen Übungen. Für die Erfolge im sozialistischen Wettbewerb zum 100. Geburtstag von *W. I. Lenin* erhielt der UAW-Kreuzer eine Jubiläumsurkunde. Vorbildlich verrichtet auch der gleichtypige UAW-Kreuzer LENINGRAD seinen Dienst; so beteiligten sich seine Hubschrauberbesatzungen am Minenräumen im Golf von Suez. Unter schwierigen Bedingungen (kräftezehrende Hitze, Sandstürme) wirkten die Flieger selbstlos, standhaft, willensstark und qualifiziert.

Die neuen, größeren flugzeugtragenden U-Boot-Abwehr-Kreuzer KIEW, MINSK und NOWOROSSISK sind mit senkrechtstartenden Flugzeugen und

Der UAW-Kreuzer LENINGRAD

Der UAW-Kreuzer KIEW mit Start- und Landebahn für Aufklärungsflugzeuge

Hubschraubern ausgestattet. Die Eprobungen erbrachten den Beweis, daß die moderne Navigationstechnik der Kreuzer praktisch einen Allwetter-Flugzeugeinsatz und Flüge bei extrem schlechten Sichtverhältnissen erlaubt. Im Jahre 1979 konnte sich beispielsweise kein einziges «gegnerisches» U-Boot der Verfolgung durch die MINSK entziehen. Die Seeleute des UAW-Kreuzers vertraten 1983 die Sowjetunion ehrenvoll bei einem Besuch im indischen Hafen Bombay.

Die Ausrüstung von Überwasserkampfschiffen mit Raketen führte in den 60er und 70er Jahren zu neuen Raketenschiffen und -schnellbooten. Der Schwarzmeer-Raketenkreuzer GROSNY, Anfang der 60er Jahre fertiggestellt, war das erste Kriegsschiff dieser Klasse. Seine Hauptwaffe waren Raketen, und die Zusatzbewaffnung stellten Universal- und Fla-Geschütze dar. Der Kreuzer ist für die Bekämpfung von Überwasserschiffen, Landungstransporten und Geleitzügen vorgesehen. Die staatliche Kommission, die den Kreuzer abnahm, stand unter dem Vorsitz von Vizeadmiral *N. I. Schibajew*. Die Besatzung des Kreuzers erzielte später hervorragende Ausbildungsresultate. «Unter der Flagge des Oberkommandierenden der Seekriegsflotte führte der Kreuzer GROSNY das Übungsschießen meisterhaft durch. Die komplizierten taktischen und sich schnell ändernden Bedingungen erforderten von den Seeleuten entschlossene und fehlerlose Handlungen. Die Initiatoren des Wettbewerbs in der Flotte bestanden die Reifeprüfung.» [55]

Den legendären Namen WARJAG erhielt ein 1965 in Dienst gestellter Raketenkreuzer der Pazifikflotte. Im Ausbildungsjahr 1984 übernahm er die Führung im sozialistischen Wettbewerb. Der Raketenkreuzer ADMIRAL FOKIN, ein Schwesterschiff der GROSNY, wurde bekannt durch seine Treffsicherheit bei der Bekämpfung von Luft- und Seezielen, die er im allgemeinen mit der ersten Rakete

Der Raketenkreuzer GROSNY vor Anker

Der Raketenkreuzer SLAWA in See

trifft. Fernfahrten in den Stillen und Indischen Ozean führten das Schiff unter dem Befehl von Kapitän zur See *M. F. Pitschkura* zu mehreren asiatischen Häfen. Im Gästebuch des Kreuzers findet man Eintragungen in verschiedenen Sprachen. Eine von ihnen: «Ich konnte mich bei der Besichtigung des Kreuzers ADMIRAL FOKIN von den Erfolgen der sowjetischen Industrie überzeugen.» Im Jahre 1979 statteten die ADMIRAL FOKIN, das große U-Boot-Abwehrschiff STROGI und der Zerstörer WOSBUSHDENNY der Sozialistischen Republik Vietnam einen Freundschaftsbesuch ab.

Der Raketenkreuzer der Schwarzmeerflotte ADMIRAL GOLOWKO, der Zerstörer NACHODTSCHIWY und das Küstenschutzschiff KRASNODARSKI KOMSOMOLEZ unter dem Kommando von Vizeadmiral *B. J. Jamkow* weilten 1973 in Rumänien. 1975 lief der Kreuzer mit einer Schiffsabteilung, die Konteradmiral *W. I. Akimow* kommandierte, zu einem Besuch in Tunis ein. Im September 1983 besuchte das Politbüromitglied des ZK der KPdSU und damaliger Verteidigungsminister, Marschall der Sowjetunion *D. F. Ustinow*, den neuen Raketenkreuzer der Schwarzmeerflotte SLAWA. Dieses moderne Kriegsschiff ist mit neuesten Waffen-, Steuer- und Antriebssystemen ausgerüstet. *D. F. Ustinow* wandte sich an die Seeleute des Kreuzers mit den Worten: «Lernt den Feind mit der ersten vernichtenden Salve, mit der ersten Rakete oder mit dem ersten Torpedo bei Grenzschußweiten, unter komplizierten Wetter- und Navigationsbedingungen sowie bei starker funkelektronischer Gegenwirkung zu bekämpfen.» [56]

Auch die Seeleute der SLAWNY zeichneten sich wiederholt bei der Lösung schwieriger Aufgaben aus und demonstrierten dabei beste Organisation und gegenseitige Abstimmung.

Die Seekriegsflotte hat ebenfalls kleine Raketenschiffe vom Typ «Sarniza», die mit modernen Raketenwaffen und elektronischer Technik ausgerüstet sind. Sie

Kleines Raketenschiff

weisen eine gute Manövrierfähigkeit, Seetüchtigkeit und Einsatzdauer auf. Zu den besten Schiffen der Pazifikflotte zählte 1983 das kleine Raketenschiff MUSSON.

Die Erprobungen des Nullserien-Raketenschnellbootes (RS-Boot) KIROWSKI KOMSOMOLEZ leitete Kapitän zur See *W. A. Solomatin*. Das RS-Boot KRIM-

Ein sowjetisches RS-Boot mit abnehmbaren Containern

Ein TS-Boot vom Typ «Komsomolez» während einer Flottenparade in Leningrad

STADTSKI KOMSOMOLEZ ist dem Leningrader Marinestützpunkt zugeordnet.

Zu den Erfolgsreichsten im sozialistischen Wettbewerb der Baltischen Flotte zählen die Besatzungen der RS-Boote MITSCHURINSKI KOMSOMOLEZ und TAMBOWSKI KOMSOMOLEZ. Ein anderes Boot, die KIROWSKI KOMSOMOLEZ, erhielt viermal hintereinander den Preis des Oberkommandierenden der Seekriegsflotte. Die Komsomolgruppe dieses Schnellbootes erhielt einen Platz im Ehrenbuch der Baltischen Rotbannerflotte.

Im Dienst der Seekriegsflotte stehen ebenfalls große TS-Boote und kleine Artillerieschiffe. Die Besatzung des kleinen Artillerieschiffes CHABAROWSKI KOMSOMOLEZ ist schon längere Zeit «Ausgezeichnetes Schiff». «In den Übungsgefechten bewies der Kommandant Entschlossenheit, Initiative und Verwegenheit.» [57]

Ein wesentlicher Mangel der Vorkriegsschiffbauprogramme waren die dort nicht berücksichtigten speziellen Landungsschiffe. Die Notwendigkeit solcher Schiffe zeigte sich während des Krieges, als Dutzende Male verschiedene Landungsoperationen realisiert werden mußten. Große und mittlere Landungsboote tauchten im zweiten Nachkriegsjahrzehnt in der sowjetischen Seekriegsflotte auf. Zuverlässig erledigen ihren nicht leichten Dienst die großen Landungsboote ALEXANDER TORZEW, PETER ILJITSCHEW, KRASNAJA PRESNJA, KRIMSKI KOMSOMOLEZ, WORONESHSKI KOMSOMOLEZ und die TOMSKI KOMSOMOLEZ. Große Ausbildungserfolge kann die Besatzung des großen Landungsbootes IWAN ROGOW verzeichnen.

Großes sowjetisches Torpedoschnellboot unter der Flagge der Volksmarine der DDR

Das große Landungsschiff KRIMSKI KOMSOMOLEZ setzt während einer Übung SPW ab (Zeichnung)

Ein Tragflügelgrenzboot im Einsatz

Während des Manövers «Okean» demonstrierten die sowjetischen Soldaten ihren hohen Ausbildungsstand. Unter äußerst komplizierten Bedingungen wurde eine Landungsoperation im Polargebiet durchgeführt. Die Landungskräfte fuhren unter Kriegsschiff- und Fliegerdeckung, überwanden die «feindliche» Gegenwehr aus der Bewegung, landeten und bildeten einen Brückenkopf an der Küste.

Ein sowjetisches Luftkissen-Versuchsfahrzeug während der See-Erprobung

«Eisige Wellen ergossen sich über die Schwimmpanzer und schwimmfähigen Schützenpanzerwagen. Sie bewegten sich jedoch hartnäckig vorwärts. Schon faßten die ersten Landungstruppen Fuß auf dem verschneiten Ufer», schrieb ein Manöverberichterstatter.

Für die Seekriegsflotte sind Tragflügelboote und Luftkissenfahrzeuge entwickelt worden. Das erste Tragflügelboot hatte der französische Erfinder *Charles D'Alembert* bereits 1891 projektiert und erprobt. Schon 1934 erprobte die Sowjetunion ihr erstes Luftkissenfahrzeug L-1 und das zweite, L-5, 1936, das eine Geschwindigkeit von 130 km/h entwickelte und sich sowohl auf dem Wasser als auch an Land bewegen konnte. Die hohe Manövrierfähigkeit und Geschwindigkeit der neuen Tragflügelboote mit Schürzen erlauben ihren Einsatz vor allem beim Schutz der Seegrenzen.

Sie können sich über Wasser und Eis, auf Festland, über Sümpfe, Hindernisse und Gräben fortbewegen. Es sind direkte Nachfahren des ersten «Luftkissenbootes» vom Typ L-1, das ein Kollektiv unter Leitung von Prof. *W. I. Lewkow* geschaffen hatte. Große Verdienste bei der Vervollkommnung von Luftkissenfahrzeugen erwarb sich der Flugzeugingenieur *S. P. Wolkow*.

Mit den Luftkissenfahrzeugen änderten sich die Anforderungen an die Übungsgebiete und die Bestimmung des Schiffstandortes (besonders bei Fahrten im Kü-

Luftkissen-Landungsschiff der Baltischen Flotte

stenstreifen) mittels Kursanzeigers und Fahrtmeßanlage. Bei Erprobungen von Luftkissenbooten in der Meßmeile fiel auf, daß die Genauigkeit der Standortbestimmung wesentlich von der Kurskrümmung abhängt. Die Fahrtstrecke des Luftkissenfahrzeuges zwischen zwei Beobachtungen wich von einer geraden Linie ab (Winddrift). Im weiteren berücksichtigten die Prüfer Windrichtungsänderungen in Wassernähe.

Nach Meinung ausländischer Spezialisten kann man Luftkissen-Landungsschiffe mit einer Wasserverdrängung bis zu 5000 t und einer Geschwindigkeit bis zu 90 kn bauen. Sie halten gleichfalls Stauflügel-Landungsschiffe (Bodeneffektfahrzeuge) mit Geschwindigkeiten bis zu 200 kn für möglich, die schnelle Manöver ins Landungsgebiet gewährleisten.

«Überwasserkampfschiffen kommt die Hauptrolle im Kampf gegen die Minengefahr zu», schrieb Flottenadmiral der Sowjetunion *S. G. Gorschkow*. [45, S. 45]

Groß war der Bedarf an Minenabwehrschiffen im Krieg. Sie wurden auch in der Nachkriegsperiode gebaut. Das Minenräumen setzte sich noch mehr als ein Dutzend Jahre nach Kriegsende fort. So konnte man auf der Ostsee noch bis 1959 Räumfahrzeuggruppen sehen, wo die Schiffe im allgemeinen in Dwarslinie Räumstreifen für Räumstreifen in dem gefährdeten Gebiet überliefen. Nach dem Krieg erschienen neue Typen von Minenleg- und -räumschiffen sowie von Reederäumfahrzeugen.

Die Teilnahme sowjetischer Schiffe beim Minenräumen im Golf von Suez wurde schon erwähnt. Die Räumfahrzeuge der Pazifikflotte mußten den weiten Weg von Wladiwostok bis zum Hafen Ghurdaqua zurücklegen. An den Räumarbeiten beteiligten sich ebenfalls Schiffe der Schwarzmeerflotte. Das war ein echter Härtetest

Ein sowjetisches Minenabwehrschiff hat über die Toppen geflaggt

für Schiffe und Besatzungen. Das Räumen begann am 15. Juli 1974. Die Räumfahrzeugabteilung stand unter Befehl von Kapitän zur See *A. Apollonow*. Er war an vielen Räumaktionen in verschiedenen Meeren beteiligt.

Besonders zeichnete sich dabei das Minenabwehrschiff der Pazifikflotte SACHALINSKI KOMSOMOLEZ unter dem Kommando von Korvettenkapitän *Sch. Sijajew* aus. Die Schiffseinheit unter dem Befehl von Fregattenkapitän *W. Kolobjow* entschärfte 14 Minen. Mehr als 6000 Stunden verbrachten die Seeleute in den Minenfeldern. Die Schiffe legten mit den Räumgeräten mehr als 17000 sm zurück.

«Kairo, 9. September (TASS). Der offizielle Vertreter des Ministeriums für Auswärtige Angelegenheiten der Arabischen Republik Ägypten erklärt, daß die sowjetischen Schiffe und Hubschrauber im Golf von Suez ein Gebiet mit einer Länge von 34 km und einer Breite von 5 km vollständig von Minen räumten.» [58]

Zwei Jahre zuvor war eine Expedition sowjetischer Schiffe unter Konteradmiral *S. Sujenko* auf Bitte der Regierung der Volksrepublik Bangladesh in den Hafen Chittagong zum Räumen des Hafenbeckens und seiner Zugänge von gesunkenen Schiffen und Minen beordert worden. Der Expedition gehörten Minenleg- und räumschiffe, Reederäumfahrzeuge, Werkstattschiffe, Taucherboote und andere Schiffe der Seekriegsflotte an. Innerhalb von zwei Jahren hob und schleppte die Expedition 26 Schiffe mit einer Gesamtwasserverdrängung von 100000 t. Die sowjetischen Seeleute räumten das Fahrwasser in einer Länge von 30 sm und einer Breite von 2 sm. Sehr qualifiziert führten die Spezialisten für Schiffsbergung und Taucher ihre Tätigkeit aus. Die Arbeit der sowjetischen Expedition wurde von der Regierung der Volksrepublik Bangladesh und der Bevölkerung des Landes entsprechend gewürdigt.

Das Schulschiff der Sowjetischen Seekriegsflotte PEREKOP

«Die Arbeiten, insbesondere das Minenräumen des Suezkanals, hatten grundsätzliche Bedeutung für die Weltschiffahrt und in erster Linie für die Länder Europas, weil sie die Nutzung eines der wichtigsten Transitknotens zwischen der westlichen und östlichen Erdhälfte erneut gewährleisteten», schrieb Vizeadmiral Dr. sc. *K. A. Stalbo*. [59]

Zu den besten Schiffen der Schwarzmeerflotte zählen die Räumfahrzeuge SIGNALTSCHIK und NAWODTSCHIK.

Der kernkraftgetriebene Raketenkreuzer KIROW in See

Die Besatzung des Minenabwehrschiffes KOMSOMOLEZ KALMYKI der Kaspischen Flottille war 1983 Initiator des sozialistischen Wettbewerbs.

Mehrmals eroberte das Räumfahrzeug der Pazifikflotte PRIMORSKI KOMSOMOLEZ die Preise des Oberkommandierenden der Seekriegsflotte und des Flottenkommandeurs.

Verantwortungsvoll versieht im Mittelmeer das Minenabwehrschiff TURBINIST seinen Dienst.

Die Seekriegsflotte besitzt auch spezielle Schulschiffe, auf denen Schüler von Seeoffiziersschulen und Seekriegsakademien sowie Flottenspezialisten ihr Praktikum absolvieren. Das Schulschiff CHASAN ging z. B. 1983 mit Offiziersschülern der Seeoffiziershochschule für Funkelektronik «A. S. Popow» Leningrad-Petrodworez auf Große Fahrt in den Atlantischen Ozean. Das Schwesterschiff PEREKOP stattete 1980 unter der Flagge des Chefs der Seeoffiziershochschule für Unterwasserkräfte «Leninscher Komsomol», Vizeadmiral *G. Newolin*, der mexikanischen Hafenstadt Veracruz einen offiziellen Besuch ab.

In den letzten Jahren fand die Kernenergie auch auf Überwasserkriegsschiffen Anwendung. So erhielt die Nordflotte 1981 den kernkraftgetriebenen Raketenkreuzer KIROW, der den verpflichtenden Namen und die Traditionen des Kreuzers der Baltischen Flotte übernahm. Das Ausbildungsjahr 1982 beendete dieses Schiff als bestes Überwasserkampfschiff der Flotte. Zwischenzeitlich wurde ein weiteres Schiff dieses Typs, die FRUNSE, in der Pazifikflotte in Dienst gestellt.

Unter den speziellen Sicherungsschiffen der Seekriegsflotte nimmt die große Anzahl der ozeanographischen Forschungsschiffe und hydrographischen Schiffe eine besondere Stellung ein. Sie sind für die allseitige Erforschung der Ozeane (Tiefenmessungen, Bestimmung des Meeresreliefs und des Charakters vom Meeresboden, Meeresströmungen, Ebbe und Flut sowie physikalische Felder der Erde) vorgesehen. Außerdem verbringen sie Navigationsmittel im Ozean und betreuen sie. Die ozeanographischen und hydrographischen Schiffe sind mit Systemen und Geräten

Ein ozeanographisches Forschungsschiff der UdSSR

zur genauen Ermittlung der Koordinaten für die Messungen und Arbeiten sowie mit Auswertungsanlagen ausgerüstet. Einzelne Schiffe haben Geräte zum Erstellen und Drucken von Karten und Hilfsmitteln.

Die ersten speziell gebauten ozeanographischen Forschungsschiffe waren die NEWELSKOI, die POLJUS und die WASILI GOLOWNIN, die von 1961 bis 1964 in Dienst gestellt wurden. Innerhalb von 20 Jahren beteiligten sie sich an vielen Expeditionen, darunter an internationalen Programmen. Allein in den Jahren 1968/69 umrundete die POLJUS im Rahmen von ozeanographischen Untersuchungen einmal unseren Erdball. Die Expedition leitete damals Admiral *L. A. Wladimirski*. Die WASILI GOLOWNIN nahm unter anderem an der Flugsicherung und Betreuung der Wasserlandung der sowjetischen kosmischen Raumstation «Sond-5» im Indischen Ozean teil. Dabei wurde die Station an Bord des Schiffes gehoben und in den Hafen von Bombay zur Weiterleitung in die Sowjetunion befördert.

In den 60er Jahren sind die hydrographischen Schiffe vom Typ «Azimut» gebaut worden. Später folgten die hydrographischen Schiffe vom Typ «Arktika», die den «Azimut»-Schiffen ähnelten. In den letzten Jahren wurde die Abteilung der ozeanographischen Forschungsschiffe und hydrographischen Schiffe mit neuen Schiffen aufgefüllt, darunter von Werften aus Ländern des Warschauer Vertrages. Die größten Schiffe der Abteilung sind die AKADEMIK KRYLOW und die ABCHASIJA. Sie sind für komplexe ozeanographische Forschungen in beliebigen eisfreien Gebieten der Weltmeere bestimmt. Es sind Zweipropellerschiffe, die einen Schlingerkiel, ein Pleuger-Ruder und ein Bugstrahlruder zur dynamischen Positionierung haben. Auf den Schiffen gibt es einen Hubschrauber und Boote zum Vermessen von Sandbänken und Riffen im Flachwasser.

Die WLADIMIR KAWRAJSKI ist speziell für Forschungen in der Arktis gebaut worden. Die Eiserkundung sowie der Transport von Menschen und Materialien an nichteingerichtete Küsten realisiert der Schiffshubschrauber. Die Dienst- und Wohnräume des Schiffes sind mit einer speziellen Klimaanlage für arktische Bedingungen ausgerüstet.

Im Jahre 1983 fand die erfolgreiche Erdumrundung der ozeanographischen Forschungsschiffe ADMIRAL WLADIMIRSKI und FADDEJ BELLINGSHAUSEN ihren Abschluß. Die Reise führte hauptsächlich in antarktische Gebiete des Ozeans und wiederholte an vielen Stellen die Route der ersten russischen Antarktisexpedition der WOSTOK und MIRNY unter *F. F. Bellingshausen* und *M. P. Lasarew*. Vor der Fahrt erhielten die Schiffe zusätzlich eine autonome Station zum Empfang von Sputniksignalen, und der Hubschrauberkomplex wurde verbessert. Die Fahrt erlaubte, den geographischen Ort mehrerer Inseln in den südlichen Breiten und vieler Antarktisküstenpunkte zu präzisieren. Die Expedition konnte sehr genau die Koordinaten des magnetischen Südpols und seine Drift bestimmen.

Die Hydrometeorologen verbanden ihre wissenschaftliche Arbeit mit dem Sammeln und der Analyse einer Unmenge von Informationen der Wetter-, Schiffs- und Kosmosstationen. Sie belieferten das Expeditionskommando laufend mit aktuellen Informationen zur Eis- und Seelage sowie mit der Wetterprognose. Die Hydrologengruppe untersuchte die Meerestiefen und die Atmosphäre und konnte so mit neuen Erkenntnissen zum Meeresströmungssystem um die Antarktis aufwarten.

Die Kommandanten, Fregattenkapitän *R. Pantschenko* und Korvettenkapitän *N. Jerin*, stellten ihr hohes seemännisches Können bei der 147 Tage währenden Fahrt, davon 60 in Eisfeldern und in Gebieten mit Eisbergen, unter Beweis, wobei ungefähr 35000 sm zurückgelegt wurden. Die Schiffstechnik bestand die Langzeiterprobung unter komplizierten antarktischen Bedingungen, stürmischem Wetter und Wechsel der Klimazonen. Flottenadmiral der Sowjetunion *S. G. Gorschkow* schätzte die Resultate der Expedition in einem Glückwunschtelegramm an die Teilnehmer der Fahrt mit folgenden Worten ein: «Auf dem Marsch demonstrierten die sowjetischen Seeleute ausgezeichnetes seemännisches Können, trugen ehrenvoll die Flagge der Heimat auf der Route der ersten russischen antarktischen Expedition, führten umfangreiche ozeanographische Forschungen aus und erhielten wertvolle wissenschaftliche Ergebnisse ...»

Unter Leitung der Kommunistischen Partei der Sowjetunion ist eine Seekriegsflotte geschaffen worden, die der gesamten Welt die Erfolge der sowjetischen Wissenschaft und Technik verdeutlicht und die staatlichen Interessen der sowjetischen Heimat schützt. Die Partei erzog talentierte Wissenschaftler, Schiffbauer, eine glänzende Flottenführergeneration, die grenzenlos der Heimat ergeben ist, und allseitig vorbereitete Offiziere und Matrosen.

In der Flottenformation marschieren die Schiffsprüfer gleichfalls zu neuen Erfolgen. Im Jahre 1977 sind das 50jährige Jubiläum der Ständigen Kommission zur staatlichen Abnahme der Schiffe für die Seekriegsflotte in der sowjetischen Periode und 1984 der 75. Jahrestag der Gründung der Ständigen Kommission zur Erprobung der Schiffe der russischen Flotte begangen worden. Diese Jubiläen gestalteten sich zu großen Feiertagen für die Erprobungsgruppe und für alle Mitwirkenden am Bau und an der Abnahme von Kriegsschiffen.

In den Nachkriegsjahren diente in der Ständigen Kommission auch Kapitän zur See *S. M. Sergejew*. Unter seinem Kommando verlegte 1941/42 der Eisbrecher MIKOJAN von Batumi nach Archangelsk. Die MIKOJAN lief am 25. November 1941 aus Batumi aus, und noch heute wundern sich Historiker, wie es dem Schiff gelang, die Kriegsschauplätze Schwarzes Meer, Bosporus und Dardanellen-Meerenge zu passieren. Im Ägäischen Meer griffen italienische TS-Boote und torpedotragende Flugzeuge den Eisbrecher an. *Sergejew* entwickelte dabei höchste Meisterschaft, um geschickt allen abgeschossenen Torpedos auszuweichen. Er wählte für die weitere Fahrt die ungewöhnliche Route durch den Suezkanal, entlang der Ostküste Afrikas, um das Kap der Guten Hoffnung in den Atlantischen Ozean. Südamerika wurde um das Kap Hoorn umschifft. Weiter fuhr das Schiff über San Francisco bis Providenija (Tschuktschen-Halbinsel) an der Beringstraße. Die Aufgabe war jedoch noch nicht erfüllt. Man mußte noch ins Weiße Meer über den nördlichen Seeweg gelangen. Endlich, am 2. Dezember 1942, legte der Eisbrecher an der Pier des Hafens Archangelsk an. Kapitän zur See *S. M. Sergejew* erwies sich später in der Ständigen Kommission als ein erfahrener und mutiger Schiffsprüfer.

Als Prüfer von Kriegsschiffen dienten zu verschiedenen Zeiten viele bekannte Seeleute, Helden der Sowjetunion. Für große Verdienste bei der Erprobung neuer U-Boote und moderner Marinetechnik erhielt 1984 der Kapitän zur See *W. P. Rykow* den Orden Held der sozialistischen Arbeit.

Das Kollektiv der Prüfer ist die letzte Instanz, die das Kriegsschiff vor dem See-Einsatz testet und überprüft. Die straffe Organisation der Erprobungen, ein eingespieltes Abnahmekollektiv und hohe Forderungen an die Qualität und Zuverlässigkeit der abzunehmenden Waffen und Technik sind eine Gewähr für die Kampffähigkeit des Kriegsschiffes und für die Ausbildungserfolge seiner Besatzung.

Die sowjetischen Kriegsschiffe tragen würdig die Flagge ihrer Heimat und beschützen das Land sowie die friedliche Arbeit ihres Volkes. In jedem Schiff ist die Arbeit von Wissenschaftlern, Konstrukteuren, Arbeitern, Technikern und Ingenieuren verwirklicht. Zweifellos haben die Schiffsprüfer an der Erstellung und Vervollkommnung von Kriegsschiffen einen nicht geringen Anteil.

Anhang

Begriffe und Erläuterungen

Aktionsradius
Entfernung, die ein Schiff mit eigenen Treibstoffreserven vom Ausgangsort bis zum Ort der nächsten Auffüllung zurücklegen kann.
Backstagbrise
Lage des sich bewegenden Schiffes zum Wind, bei der der Winkel zwischen der diametralen Schiffsfläche und der Windrichtung zwischen 90° und 180° liegt.
Bilge
Sammelraum für Schwitz- und Leckwasser, der an der tiefsten Stelle des Schiffsbodens angeordnet ist.
Brander
Ein mit Brenn- und Sprengstoff beladenes Schiff, das man anzündete und mit dem Wind oder der Strömung zu feindlichen Schiffen treiben ließ.
Brigantine (Schonerbrigg)
Ein 2-Mast-Segelschiff, dessen Fockmast vollgetakelt ist und dessen Großmast ein Gaffelsegel hat.
Davit
Galgenartige Vorrichtung zum Aussetzen von Gegenständen nach außenbords.
Dombrowski, A. W.
1917 stellte sich der spätere Kommandant des Schlachtschiffes POLTAWA vorbehaltlos auf die Seite der Werktätigen. Im Jahre 1920 wurde er Chef der Marine im Schwarzen und Asowschen Meer. Für die gekonnte Verteidigung der Zugänge zum Donbass gegen die Weißen und Interventen erhielt er eine persönliche Danksagung von *Frunse*. Danach war er Stabschef des Revolutions-Flottenkomitees und später Hochschullehrer.
Draftsman
Zeichner, Konstrukteur. Diese Bezeichnung trugen Absolventen der Fachschule für Schiffsarchitektur.
Drift (Winddrift)
Durch Wind hervorgerufene Strömung des Oberflächenwassers (Driftstrom), die eine Ortsveränderung treibender Gegenstände bewirkt.
Dwarslinie
Formation von Kriegsschiffen, bei der mehrere Schiffe in festgelegten seitlichen Abständen nebeneinander fahren.
Fieren
Leine oder Kette abgleiten lassen.
Fregatte (Mitte des 19. Jahrhunderts)
Ein 3-Mast-Schiff mit zwei Batteriedecks (ein offenes, ein geschlossenes) für den Einsatz vor allem auf Seewasserstraßen.

Freibord
Mittschiffs senkrecht nach unten gemessener Abstand von Oberkante Decksstrich bis Oberkante der entsprechenden Lademarke, der dem Schiff eine Reserveschwimmfähigkeit garantiert.
Galeere (10. bis 18. Jahrhundert)
Ruderkampfschiff der italienischen Seestädte; hatte 1 oder 2 Lateinersegel.
In Rußland gründete *Peter I.* eine Galeerenflotte, die bis Ende des 18. Jahrhunderts existierte und vor allem in Schären handelte. Die ersten 23 bauten 1696 italienische Baumeister in Woronesh.
Galiot
Küstensegler im 19. Jahrhundert mit Gaffelsegeln (vorrangig in der Nordsee).
Galvanier
Mannschaftsdienstgrad in der russischen Flotte; Spezialist für Wartung und Instandhaltung der Artillerieelektrotechnik.
Hauptspezialist
Im heutigen Sprachgebrauch ist er Kommandeur eines Gefechtsabschnittes oder der Leiter eines Dienstes.
Heißen
Leichten Gegenstand hochziehen.
Hieven
Mit Leine oder Kette eine Last anheben.
Kaliber
Innendurchmesser, lichte Weite von (Geschütz-)Rohren.
Kanonenboot
Flachgehendes Artillerieschiff für Kampfhandlungen in küstennahen Seegebieten und auf Flüssen.
Klipper
Im 19. Jahrhundert schnelle, schlanke, meist als Vollschiff getakelte Segler.
Konduktor
Dienstgrad in der russischen Flotte für Unteroffiziere auf Zeit.
Korvette
Zur Segelschiff ein 2- oder 3-Mast-Schiff mit einem offenen Batteriedeck.
Die Korvetten NOWIK, WOJEWODA und BOJARIN sowie die Klipper PLASTUN, DSHIGIT und STRELOK umrundeten als erste russische Propeller-Segelschiffe 1882 den Erdball.
Krängen
Vorübergehende seitliche Neigung eines Schiffes um seine Längsachse, hervorgerufen durch Seegang, Wind oder Rudermanöver.
Kreuzerlage
Überwasserlage eines ausgetrimmten U-Bootes, bei der Hauptwasserballastzellen leer und die Schnelltauchzellen geflutet sind (Schnelltauchbereitschaft).
Lenzen
Wasser oder andere Flüssigkeiten aus dem Schiff entfernen.
Lunker
Bei der Erstarrung eines Gußkörpers entstandener Hohlraum durch Schwindung (keine Gasblase).
Mechaguk
Abteilung für Mechanik der Schiffbauhauptverwaltung in Rußland.

Meßmeile
Mit Richtbaken und Tonnen ausgestattetes Seegebiet genau bestimmter Länge und Richtung zur Geschwindigkeitsbestimmung von Schiffen. Die Meßmeile wird in Hin- und Rücklauf (auch drei Durchläufe) durchlaufen, um Strömungs- und Windeinflüsse auszuschließen.
Minenkreuzer
Die russische Klassifizierung dieser Schiffe lautete analog den Torpedobooten «Minnonosez» – «Minny Kreiser». Nach ihrer Aufgabe entsprachen sie international den Torpedoboot-Zerstörern.
Monitor
Veraltete Klasse sehr flacher, gepanzerter Kampfschiffe mit geringem Tiefgang für Artillerieschläge in Küsten- und Binnengewässern (max. Wasserverdrängung 8 000 t).
Ochtinsker Werft
1806 wurde die private Ochtinsker Werft verstaatlicht, erhielt den Namen «Admiralitätswerft» und baute Kriegsschiffe. Im Jahre 1896 wurde die Admiralitätswerft für 35 Jahre an die Aktiengesellschaft «Crayton und Co.» verpachtet mit der Auflage zur Umrüstung des Betriebes. Nach Ablauf des Pachtvertrages sollten alle Bauten in den Besitz des Marineministeriums übergehen. Die Firma «Crayton und Co.» existierte jedoch nur bis 1913.
PAMJAT ASOWA
Im Jahre 1905 wehte auf diesem Kreuzer die rote Fahne der ersten russischen Revolution. Nach der grausamen Abrechnung mit den Aufständischen wurde das Schiff umbenannt und hieß von 1907 bis 1917 DWINA.
Prahmen
Flachrumpfschiff.
Schlachtschiff
Schiff mit starker Artilleriebewaffnung und Panzerung zur Bekämpfung des Gegners auf See und in Stützpunkten gegen Küstenbefestigungen.
Schlagseite
Neigung eines Schiffes um die Längsachse durch unsymmetrische Masseverteilung (Ladung, Treibstoff, Fluten).
Schlingern
Bezeichnung für alle Schiffsbewegungen (Rollen und Stampfen) im Seegang.
Schwojen
Drehbewegung ankernder Schiffe bei Änderung von Wind- oder/und Stromrichtung.
Segeln am Wind
Kurs eines Schiffes zum Wind, wenn der Winkel zwischen der diametralen Schiffsfläche und der Windrichtung weniger als 90° beträgt.
Stabilität
Vermögen eines Schiffes, einem Drehmoment (Drehmanöver, Seegang, Landungsverschiebung, Fluten) entgegenzuwirken, um die ursprüngliche Schwimmlage wieder einzunehmen. Sie ist durch die metazentrische Höhe bestimmt und beeinflußt das Verhalten des Schiffes bei Seegang und Wassereinbruch.
Stringer
Längsverband des Schiffsrumpfes.
Timman
Ältester Schiffszimmermann in der Segelflotte.
Torpedoboot-Zerstörer
Zur Bekämpfung gegnerischer Torpedoboote vorgesehenes Schiff, aus dem später der Zerstörer zur Bekämpfung von Schnell- und U-Booten hervorging.

Trimmen
Änderung der Längsschwimmlage eines Schiffes durch Masseänderung in Längsschiffrichtung.
«Uschakow»-Zerstörer
Zu Ehren der siegreichen russischen Flotte unter Admiral *F. F. Uschakow* von 1789 bis 1801 gegen die Türken, Schweden und Franzosen erhielten die neuen Zerstörer die geographischen Namen der Schlachten (KERTSCH, HADSHIBEJ, KALIAKRIA, FIDONISI, KORFU, CERIGO, SANTE und LEWKAS).
Vermooren
Ankern mit zwei Ankern, die in verschiedene Richtungen ausgebracht werden, so daß sich beim Schwojen nur ein kleiner Drehkreis ergibt.
WITJAS
So hieß auch eine 1862 von *Arzeulow* gebaute Propellerkorvette, auf der der Forscher *Miklucho-Maklaj* 1870/71 reiste. 1882 erhielt diese Korvette den Namen SKOBELEW.

Quellenverzeichnis

1 Дополнение к Актам историческим, собранное и изданное Археографической комиссией. Т. 5. Спб. 1853.
2 Судостроение, 1972, № 12, с. 68, 69.
3 Записки Ученого комитета Главного морского штаба. У. XII, Спб. 1835, с. 67.
4 Материалы для истории русского флота. Спб. 1879.
5 Быжовский, И. А.: Петровские корабли. Ленинград, Судостроение, 1982, с. 42.
6 Указатель правительственных распоряжений по морскому ведомству. Спб. 1826.
7 Лазарев, М. П.: Документы. Т. I. Москва, Военмориздат, 1952, с. 243.
8 Полонский, Н. А.: Парусные линейные корабли Черноморского флота. Судостроение, 1978, № 8.
9 Макаров, С. О.: Документы. В 2-х т. Москва, Военмориздат, 1960.
10 ЦГА ВМФ, ф. 421, оп. 8, д. 33, л. 332.
11 Деятельность: Вице-адмирала С. О. Макарова в судостроении. Ленинград, Судостроение, 1977, с. 36.
12 Яковлев, И. И.: Корабли и верфи. Ленинград, Судостроение, 1973.
13 Быховский, Н. А.: Корабельных дел мастера. Ленинград, Судпромгиз, 1961, с. 122.
14 ЦГА ВМФ, ф. 425, оп. 1, д. 183, л. 63.
15 ЦГА ВМФ, ф. 418, оп. 1, д. 1868, л. 56.
16 Вице-адмирал Корнилов. Москва, Воениздат, 1947, с. 11.
17 История русско-японской войны. Т. 5. Спб. 1909, с. 1043–1045.
18 Цветков, И. Ф.: Линкор «Октябрьская революция». Ленинград, Судостроение, 1983, с. 19.
19 ЦГА ВМФ, ф. 425, оп. 1, д. 39, л. 5.
20 ЦГА ВМФ, ф. 425, оп. 1, д. 21а.
21 ЦГА ВМФ, ф. 425, оп. 1, д. 335а, л. 72, 73.
22 ЦГА ВМФ, ф. 425, оп. 1, д. 183.
23 ЦГА ВМФ, ф. 425, оп. 1, д. 233.
24 ЦГА ВМФ, ф. 425, оп. 1, д. 253, л. 355.

25 ЦГА ВМФ, ф. 425, оп. 1, д. 293.
26 Красный флот, 1925, № 8, с. 5.
27 Ленин, В. И.: Военная переписка (1917–1920). Москва, Воениздат, 1956, с. 256.
28 КПСС в резолюциях и решениях съездов, конференций и пленумов ЦК. Т. 2. Москва, Госполитиздат, 1970, с. 256.
29 Селяничев, А. С.: Великий подвиг Балтики. Москва, Просвещение, 1968, с. 110.
30 Фрунзе, М. В.: Избранные произведения. Т. 2. Москва, Воениздат, 1957, с. 391.
31 ЦГА БМФ, ф. Р-890, оп. 1, д. 1, л. 68.
32 Горшков, С. Г.: Военно-морские флоты в войнах и в мирное время. Морской сборник, 1972, № 8, с. 16.
33 Димитриев, В. И.: Атакуют подводники. Москва, Воениздат, 1973, с. 46.
34 Колышкин, И. А.: Корабли-герои. 2-е изд. Москва, ДОСААФ, 1976.
35 Краснознаменный Балтийский флот, 1934, 31 янв.
36 Морской сборник, 1978, № 7.
37 Героические корабли российского и советского ВМФ. Москва, Воениздат, 1981, с. 168.
38 Никитин, Б. В.: Катера пересекают океан. Лениздат, 1980, с. 37.
39 Научно-мемориальный музей Н. Е. Жуковского. инв № 216/5, с. 34.
40 Meister, J.: Der Krieg in den osteuropäischen Gewässern von 1941–1945, München 1958.
41 Болгари, П. П. и др.: Черноморский флот (исторический очерк). Москва, Воениздат, 1973, с. 233.
42 Кузнецов, Н. Г.: Курсом к победе. Москва, Воениздат, 1972.
43 Герчанюк, Н. М. и др.: Дважды Краснознаменный Балтийский флот, Москва, Воениздат, 1978, с. 226.
44 Горшков, С. Г.: Морская мощь государства. Москва, Воениздат, 1979.
45 Горшков, С. Г.: Военно-морской флот.Москва, Знание, 1977.
46 Сугручев, М. Н.: Корабли возвращаются в строй. Симферополь, Таврия, 1972, с. 237.
47 Военно-исторический журнал, 1977, №7, с. 52.
48 Боевой путь советского Военно-Морского флота. Москва, Воениздат, 1974, с. 486.
49 Смирнов, Н. И.: Военно-Морской флот в послевоенные годы. Военно-исторический журнал, 1976, №7. с. 29.
50 Правда, 1962, 28 июля.
51 Красная звезда, 1982, 20 июня.
52 Козлов, И. А.; Шломин, В. С.: Краснознаменный Северный флот. Москва, Воениздат, 1977.
53 Морской сборник, 1973, № 2, с. 21.
54 Морцкой сборник, 1979, № 6, с. 17.
55 Судостроение, 1982, № 5, с. 51.
56 Красная звезда, 1983, 10 сент.
57 Красная звезда, 1983, 24 авг.
58 Правда, 1974, 7 июля.
59 Морской сборник, 1980, № 1, с. 86.
60 ЦГА ВМФ, ф. 404, оп. 3, д. 48, л. 46.

Literaturverzeichnis

Ачкасов, В. И.; Павлович, Н. Б.: Советское военно-морское искусство в Великой Отечественной войне. Москва, Воениздат, 1973.

Басов, А. В.: Флот в Великой Отечественной войне. Москва, Наука, 1980.

Бережной, С. С.; Матвеев, В. И.; Вайнер, Б. А.: Русские и советские моряки на Средиземном море. Москва, Воениздат, 1976.

Боевая летопись русского флота. Москва, Воениздат, 1958.

Боевой путь советского Военно-Морского флота. Москва, Воениздат, 1967.

Борзенко, С.; Непомнящий, К.: Визит дружбы. Москва, Воениздат, 1956.

Ванеев, Г. И.: Черноморцы в Великой Отечественной войне. Москва, Воениздат, 1978.

Военно-исторический журнал, 1973, №10.

Головко, А. Г.: Вместе с флотом. Москва, Воениздат, 1960.

Емельянов, Л. А.: Подводные лодки в Великую Отечественную войну. Москва, Воениздат, 1981.

Ерошенко, В. Н.: Лидер «Ташкент». Москва, Воениздат, 1966.

Захаров, С. Е.; Захаров, М. Н.; Багров, В. Н.: Тихоокеанский флот. Москва, Воениздат, 1966.

Залесский, Н. А.: Краб – первый в мире подводный заградитель. Ленинград, Судостроение, 1967.

Записки по гидрографии, 1972, №189; 1977, №198, 199.

История второй мировой войны 1941–1945 гг. Т. 3. Москва, Воениздат, 1974.

Козлов, И. А.; Шломин, В. С.: Краснознаменный Балтийский флот в героической обороне Ленинграда. Лениздат, 1976.

Красная звезда, 1968, 13 июля: 1973, 3 июля, 4 и 12 авг.; 1975, 21 авг.; 1976, 15 авг.; 1980, 13 февр., 6 марта, 18 апр.; 1981, 4 февр., 10 марта; 1983, 7 янв., 3 и 24 февр., 1 и 15 марта, 7 апр., 30 июня, 2, 20, 21 и 31 июля, 17 сент., 11 и 21 окт., 13 дек.: 1984, 23 февр., 13 окт.

Краснов, В. Н.: Локация с подводной лодки. Москва, ДОСААФ, 1968. Краснознаменный Балтийский флот в завершающий период Великой Отечественной войны. Москва, Наука, 1975.

Крылов, А. Н.: Мои воспоминания. Ленинград, Судостроение, 1979.

Лобанов, М. М.: Начало советской радиолокации. Москва, Советское радио, 1975.

Лобанов, М. М.: Развитие советской радиолокационной техники. Москва, Воениздат, 1982.

Молчанов, В. А.: Возвращение из глубин. Ленинград, Судостроение, 1982.

Морской сборник, 1968, №11; 1970, №10; 1971, №2, 3; 1972, №4, 5, 6, 8, 9, 11; 1973, №2, 6, 11, 12; 1974, №7, 11, 12; 1975, №2, 3, 7, 11, 12; 1976, №1, 2, 6, 8, 9, 11; 1977, №5, 10, 11, 12; 1978, №5; 1979, №11; 1980, №1, 2, 3; 1981, №4; 1982, №1, 10; 1983, №6, 7, 9, 12; 1984, №6.

Нева, 1982, №4.

Правда, 1962, 20 июля; 1974, 7 июня; 1980, 10 янв.

Родионов, А. И.: Ударная сила флота. Москва, ДОСААФ, 1977.

Советские Вооруженные Силы. Москва. Воениздат, 1978.

Сорокин, А. И.: Мы с атомных. Москва, ДОСААФ, 1972.

Советская военная энциклопедия. В 8-ми т. Москва, Воениздат, 1976–1980.

Степанов, Ю. Г.; Цветков, И. Ф.: Эскадренный миноносец «Новик». Ленинград, Судостроение, 1981.
Страж Балтики, 1974, 18 дек.
Судостроение, 1966, №7; 1971, №4, 5; 1973, №2; 1974, №2, 5, 7; 1975, №4, 7; 1976, №2; 1977, №3, 10; 1978, №5, 6, 7, 11; 1979, №7; 1980, №2, 10; 1981, №1, 2, 7; 1982, №6, 7, 9, 10; 1983, №1, 3, 4, 5; 1984, №1, 8.
Ткаченко, Б. А.: История размагничивания кораблей советского Военно-Морского флота. Ленинград, Наука, 1981.
Флеров, Н. Г.: Корабль имени Революции, Москва, ДОСААФ, 1967.
Хесин, С. С.: Моряки в борьбе за советскую власть. Москва, Наука, 1977.
Хлостяков, Г. Н.: вечный огонь. Москва, Воениздат, 1976.
Хорьков, Г. И.: Советские надводные корабли в Великой Отечественной войне. Москва, Воениздат, 1981.
ЦГА ВМФ. Приказ по флоту и морскому ведомству от 13 марта 1924, №13.
ЦГА ВМФ, ф. 401, оп. 3, д. 48; ф. 427, оп. 1, д. 319; ф. Р-890, оп. 1, д. 1; ф. 890, оп. 1, д. 114.

Zusätzliche Literatur zur deutschsprachigen Ausgabe

Autorenkollektiv: Heldenschiffe der sowjetischen Seekriegsflotte, Rostock, 1981.
Морской энциклопедический справочник, том 1. Ленинград, Судостроение, 1986.
Schapiro, L. S.: Schnelle Schiffe. Berlin, Militärverlag, 1985.
Schiffner, M.; Dohmen, K.-H.; Friedrich, R.: Torpedobewaffnung. Berlin, Militärverlag, 1987.
transpress Lexikon Seefahrt. Berlin, transpress Verlag, 1984.

Quellenverzeichnis

zusätzlich aufgenommener Bilder in der deutschsprachigen Ausgabe

Archiv Hückstädt (1), Archiv Israel (1), Archiv Mehl (2), Armeemuseum der DDR (1), Lemachko (6), Marinemuseum Leningrad (3), Morskoi Sbornik (1), Novosti (2), Schäfer, K. (1), Schäfer (3), Seemann (2), Sudostroenie (1)

Schiffsregister

Tabelle 1: Angaben zu russischen Panzerschiffen

Name	Stapel-lauf	Wasserver-drängung (t)	L × B × T (m)	Seitenpan-zerung (mm)	Leistung (kW)
PETER WELIKI	1872	10400	100,5 × 19,3 × 7,7	203 ... 356	8250
JEKATERINA II.	1886	11050	100,9 × 21,0 × 8,6	203 ... 406	9100
IMPERATOR ALEXANDER II.	1887	9240	101,6 × 20,4 × 7,5	102 ... 356	8300
NAWARIN	1891	10210	105,9 × 20,4 × 8,0	305 ... 406	9140
GEORGI POBEDONEZ	1892	11030	100,9 × 21,0 × 8,6	203 ... 406	13150
SISOI WELIKI	1894	10400	105,3 × 20,7 × 7,6	305 ... 406	8500
POLTAWA	1894	11500	112,6 × 21,3 × 8,1	254 ... 368	11260
ROSTISLAW	1896	10140	105,3 × 21 × 7,6	254 ... 368	8800
OSLJABJA	1898	12674	130,0 × 21,8 × 7,9	178 ... 229	15060
KNJAS POTJOMKIN TAWARITSCHESKI	1900	12900	113,2 × 22,2 × 8,4	203 ... 229	10600
ZESAREWITSCH	1901	12960	117,2 × 23,2 × 7,9	160 ... 249	16300
BORODINO	1901	15280	118,7 × 23,2 × 8,9	145 ... 194	15800
IMPERATOR PAWEL I.	1907	18750	138,4 × 24,4 × 8,8	102 ... 216	18600
POLTAWA	1911	26000	180,0 × 26,1 × 9,2	125 ... 225	50000

Anmerkung: Angaben nach Sudostroenie H. 7/78, S. 68f.
Alle verbliebenen Schiffe wurden ab 1907 zu Linienschiffen umklassifiziert.
TR – Torpedorohre, MG – Maschinengewehr

v (kn)	Aktionsradius (sm)	Besatzung Offz./Mannschaft	Bewaffnung (Artillerie-mm-; TR)
14,3	2900	24/417	4×305, 2×229, 4×87, 2×44; 2 TR
15	2800	26/607	6×305, 7×152, 2×64, 8×47, 4×37; 7 TR
13,8	3200	26/585	2×305, 4×229, 8×152, 4×64, 10×47, 8×37; 6 TR
5,9	2500	26/596	4×305, 8×152, 2×64, 18×47, 12×37; 6 TR
6,5	2400	26/616	6×305, 7×152, 2×64, 8×47, 10×37; 7 TR
15,7	2800	26/560	4×305, 6×152, 2×64, 12×47, 16×37; 6 TR
6,3	2800	26/625	4×305, 12×152, 2×64, 12×47, 28×37; 6 TR
5,8	2900	26/606	4×254, 8×152, 2×64, 12×47, 12×37; 6 TR
8,3	6200	25/744	4×254, 11×152, 20×75, 2×64, 20×47, 8×37; 5 TR
6,0	3300	26/705	4×305, 16×152, 14×75, 2×64, 6×47, 2×37, 4MGs; 5 TR
8,2	3700	28/750	4×305, 12×152, 20×75, 2×64, 20×47, 2×37, 10 MGs; 4 TR
7,6	3200	30/800	4×305, 12×152, 20×75, 2×64, 20×47, 2×37, 10 MGs; 4 TR
8,5	3300	31/924	4×305, 14×203, 12×120, 2×64, 4×47, 8 MGs; 2 TR
3,0	3500	32/1094	12×305, 16×120, 2×75, 1×47; 4 TR

Tabelle 2: Kräftebestand der sowjetischen Seekriegsflotte am 22. Juni 1941

Schiffsklasse	Nord-flotte	Baltische Flotte	Schwarz-meerflotte	Pazifik-flotte	Gesamt
Schlachtschiffe	–	2	1	–	3
Kreuzer	–	2	5	–	7
Zerstörer	8	21	16	14	59
U-Boote	15	65	47	91	218
Wachschiffe	7	7	2	6	22
TS-Boote	2	48	84	135	269
Kanonenboote	–	1	4	–	5
Panzerboote	–	4	22	–	26
Wachboote und U-Jäger	15	33	28	19	95
Minensuchboote	2	33	22	76	133
Minenleger	1	6	3	8	18
Netzleger	–	2	–	2	4
Monitore	–	–	5	–	5
Marineflugzeuge	116	656	626	1183	2581

Anmerkung: Angaben nach G. J. Chorkow, Sowjetische Überwasserschiffe im Großen Vaterländischen Krieg. Militärverlag, Moskau, 1981, S. 9.

Tabelle 3: Angaben zu sowjetischen Überwasserkampfschiffen (1941 bis 1945)

Klasse Name/Typ	Wasser- verdrängung (t)	L × B × T (m)	Lei- stung (kW)	V (kn)	Besat- zung	Bewaffnung (Artillerie-mm-; TR; M; WB)
Schlachtschiff SEWASTOPOL	31 275	184,5×26, 9×9,6	44 865	21,5	1 546	12×305, 16×120, 6×76, 16×37; 4 TR
Kreuzer KRASNY KRIM	7999	158,4×15, 3×5,6	34 030	22,0	852	15×130, 6×100, 4×45, 10×37; 6 TR; 90 M
Kreuzer KRASNY KAWKAS	9030	169,5×15, 7×6,5	40 452	29,0	878	4×180, 12×100, 2×76, 4×45, 10×37; 4 TR
Kreuzer KIROW	9436	191,0×17, 6×6,1	83 111	36,0	872	9×180, 8×100, 10×37; 6 TR; 100 M
Zerstörerführer BAKU/ «Leningrad»	2 680	127,5×11,7×4,2	48 510	42,0	311	5×130, 2×76, 6×37; 8 TR
Zerstörer GREMJASTSCHI	2 380	112,8×10, 2×4,1	35 304	37,0	246	4×130, 2×76, 4×37; 6 TR
Küstenschutzschiff «Uragan»	619	71,5 × 7, 4×2,5	4 623	23,0	878	2×102, 3×37; 3 TR
TS-Boot Typ G-5	17	20,0×3, 5×0,6	1 249	48,0	7	2×12,7 MGs; 2 TR
TS-Boot Typ D-3	31,1	21,6×3, 9×0,9	1 874	32,0	9	2×12,7 MGs; 2TR
Kanonenboot KRASNAJA ABCHASIJA	1 400	74,6×10, 3×3,6	551	8,0	169	3×130, 2×76, 2×45, 2 × 37; 180 M

Tabelle 3: Fortsetzung

Klasse Name/Typ	Wasser-verdrängung (t)	L×B×T (m)	Lei-stung (kW)	V (kn)	Besat-zung	Bewaffnung (Artillerie-mm-; TR; M; WB)
Panzerboot Typ-I	150	36,1×5,4×1,5	735	18,0	38	2×85, 2×12,7 MGs
U-Jäger Typ MT-4	56	26,9×4,2×1,5	1918	27,0	32	2×45, 2×12,7 MGs; 32 WB
U-Jäger «Artillerist»	240	49,0×5,8×2,0	2425	25,0	36	1×76, 2×37, 3×12,7 MGs; 16 M; 34 WB
Minensuchboot «Gafel»	494	62,0×7,2×2,2	2058	18,0	66	1×100, 1×45, 3×37; 37 M
Minensuchboot «100-Tonner»	180	39,0×5,5×1,5	1059	14,0	25	2×45, 2×12,7 MGs; 10 M

Anmerkung: Angaben nach Chorkow: Sowjetische Überwasserkampfschiffe im Großen Vaterländischen Krieg. Militärverlag, Moskau, 1981, S. 260ff.
Einige Panzerboote hatten anstelle der 2 x 85-mm-Geschütze 2 x 100-mm-Geschütze.
M–Minen, WB–Wasserbomben